배신

21세기를 사는 지혜, 배신
© 김용철, 정혜신, 진중권, 정재승, 정태인, 조국 2008

초판 1쇄 발행 2008년 9월 12일
초판 6쇄 발행 2012년 4월 26일

지은이 김용철, 정혜신, 진중권, 정재승, 정태인, 조국
펴낸이 이기섭
편집인 김수영
기획편집 임윤희 김윤정 정회엽 이지은
마케팅 조재성 성기준 정윤성 한성진 정영은
관리 김미란 장혜정
디자인 DesignZoo

펴낸곳 한겨레출판(주) www.hanibook.co.kr
주소 서울시 마포구 공덕동 116-25 한겨레신문사 4층
전화 02-6383-1602~3
팩스 02-6383-1610
대표메일 book@hanibook.co.kr

ISBN 978-89-8431-284-5 03810

21세기를 사는 지혜

배
신

한겨레출판

배신의 예방접종을 실시합니다

다섯 번째 〈한겨레21〉 인터뷰 특강 주제를 '배신'으로 정한 것은 절묘했습니다.

저희 기자들을 비롯한 여러 사람들로부터 주제를 공모해서 투표를 거친 끝에 낙점을 받은 게 '배신'이었는데, 아무래도 〈한겨레21〉이 처음으로 보도한 김용철 변호사의 삼성 비리 폭로와 그 후폭풍에서 영향을 받지 않았나 싶습니다. 김 변호사의 양심 고백을 높이 사는 한편으로 "누릴 것 다 누리고 나서 배신한 게 아니냐"는 쑥덕거림이 많았던 것도 사실이니까요.

그래서 첫째 날 강사는 당연하게도 김 변호사였습니다. 당시는 삼성 특검의 수사가 한창 진행중이었고, 특검 사무실 주변에 삼성을 두둔하는 정체불명의 시위대가 출몰하기 시작한 때였습니다. 인터뷰 특강을 진행하는 처지에선 내심 걱정이 됐습니다. 이들이 특강 행사장을 기습해 불미스런 일이라도 벌어질까 봐 경찰에 미리 연락을 해두기도 했습니다. 그러나 이런 기우는 3월 24일 특강 현장에서 감동과 환희로 바뀌었습니다. 김 변호사를 보러 경상도에서 일부러 상경한 중년 남성부터 직장인, 새내기 대학생까지 500여 명이 대형 행사장을 꽉 채웠고, 그들 모두는 김 변호사의 팬이었습니다. 또 한 차례 인터뷰 특강의 '대박'을 확인하는 순간이었습니다.

'배신'이라는 주제 선정이 절묘했던 진짜 이유는 4월 초까지 이어졌던 특강 직후부터 우리 사회에 무지막지한 배신이 잇따라 감행됐다는 데 있습니다.

우선, 삼성 특검은 4월 17일 용두사미 수사 결과를 발표함으로써 김 변호사는 물론 재벌 개혁의 열망을 품은 국민 모두를 배신했습니다. 또 법원은 7월 16일 상식을 초월하는 판결로 이건희 전 삼성 회장의 혐의를 대부분 벗겨줌으로써 배신의 대열에 합류했습니다. 4월 18일 정부는 미국산 쇠고기 수입의 빗장을 완전히 풀어버렸습니다. 국민과 대화도 없이, 면밀한 검토도 없이, 이명박 대통령과 조지 부시 미 대통령의 캠프 데이비드 별장 정상회담을 앞둔 시점에 덜컥 발표된 수입 개방 조치는 국민에 대한 배신이었습니다. 이후 촛불시위가 이어지는 동안에도 이 대통령과 정부는 수시로 말을 바꾸며 배신행위를 이어갔습니다. 가히 배신의 시대요, 배신의 나라라고 할 만합니다. 다시 한 번 '배신'을 주제로 인터뷰 특강을 연다면, 이명박 대통령과 조준웅 특검, 민병훈 재판장 등을 꼭 모셔야겠다는 생각이 듭니다.

인터뷰 특강에 나선 강사들은 이런 사태를 예견이라도 한 듯, 지금 다시 읽어봐도 무릎이 쳐지는 강의로 청중을 사로잡았습니다. 배신이 창궐하는 세상에서 울분과 절망에 몸서리치는 이들에게 큰 위안과 희망이 될 법한 강의였습니다. 그때 인터뷰 특강을 들었던 분들은 미리 예방주사를 맞은 덕에 덜 고통스럽게 배신의 시대를 견뎌가고 있지 않을까 생각도 해봅니다. 이 책을 통해 늦게라도 인터뷰 특강을 접하는 독자들도 배신의 세상에서 살아가는 법을 제대로 터득할 수 있으리라 기대합니다.

'삼성의 배신, 나의 배신'이라는 주제로 진솔하고도 확신에 찬 이야기 보따리를 풀어놓은 김용철 변호사, '배신의 정신분석'을 주제로 개인과 사회 모두에 적용할 수 있는 멋진 처방을 내놓은 정신과 전문의 정혜신 씨, 늘 논쟁의 최전선에 서 있었던 경험을 바탕으로 유쾌하면서도 진중하게 '대중의 배신, 논객의 배신'을 논한 진중권 교수, 다양한 실험 결과와 이론을 통해 '배신의 딜레마, 배신의 과학'을 설명하면서도 묵직한 메시지를 전달해준 정재승 교수, 광우병 위험과 한미FTA에 대한 명쾌한 분석으로 정부의 배신행위에 대한 해부도를 그려낸 정태인 전 대통령비서실 국민경제비서관, 지식인이라는 자신의 존재를 과감히 배반하면서 '지식인의 배신'에 매섭게 매를 내리친 조국 교수, 이 모든 강사들께 깊이 감사드립니다. 자칫 딱딱할 수 있는 특강을 화려하고 즐거운 인문학 파티로 이끈 것은 사회를 맡은 배우 오지혜 씨의 재능 덕분이었습니다. 특강 기획과 진행에 힘쓴 유현산 기자와 '배신'이라는 매혹적인 주제를 생각해낸 임지선 기자의 이름도 여기에 남겨야 하겠습니다.

자, 그럼, 매정하게 떠나간 첫사랑부터 말 안 듣는 자녀, 돈 떼먹고 달아난 거래처 직원, 촛불시위에서 느낀 울분 등 처절한 배신의 기억을 제각기 떠올리고 이를 한 번 뿌드득 간 뒤 책장을 넘기십시오. 책을 덮을 때면 살짝 미소 짓고 있는 자신을 발견할지도 모릅니다.

2008년 9월
〈한겨레21〉 편집장 박용현

^{사회}〉오지혜 _{배우}

연극배우이자 영화배우. 우리겨레하나되기운동본부 산하 북녘어린이영양빵
공장 홍보대사. 현재 MBC 라디오 '오지혜의 문화야 놀자' 진행. 연극 〈지하
철 1호선〉, 〈날 보러 와요〉, 〈비언소〉, 영화 〈8월의 크리스마스〉, 〈와이키키
브라더스〉, 〈안녕 형아〉, 〈다찌마와리〉 등 출연. 1997년 〈비언소〉로 백상예술
대상 연극부문 신인상, 2001년 〈와이키키 브라더스〉로 청룡영화제 여우조
연상 수상. 저서 『딴따라라서 좋다』, 『여자에게』(공저).
'제2회 인터뷰특강―상상력'에서 강연과 '제3회 인터뷰특강―거짓말'의 사회
를 맡았다.

삼성의 배신, 나의 배신

나 는 배 신 의 D N A 를 가 졌 는 가 ?

김용철

삼성의 배신, 나의 배신

2008년 3월 24일(월)

나는 배신의 DNA를 가졌는가?

김용철
변호사·(전)삼성 구조조정본부 법무팀장

사회자 조금이라도 괜찮은 세상을 만들어보고자 준비한 〈한겨레21〉 인터뷰 특강이 올해로 5회째를 맞았습니다. 반갑습니다. 배우 오지혜입니다.

　얼마 전에 저희 부부가 뉴스를 보다가 삼성에 대한 보도를 보게 되었어요. "저놈들 아주 나쁜 놈들이네. 전국적으로 불매운동이라도 일어나야 하는 것 아냐?" 하고 한참 욕을 했지요. 그리고 다음 날, 프린터가 고장 나서 사러 갔거든요. 굉장히 잘나가는 거라고, 아주 좋은 제품이라고 칭찬을 하기에 사왔어요. 써보니까 정말 좋더라고요. 그런데, 다시 보니 '쌈쌩'이더군요. ^(웃음) 그리고 제가 내레이션 아르바이트를 가끔 하거든요. 하루는 모처에 아르바이트를 하러 갔는데, 제가 자주 같이 일하는 친구가

하는 작업이었어요. 알고 보니 그날 작업물의 주제가 '리움미술관 찬양'
이더라고요. 그래서 제가 그 친구에게 "내가 아무리 알바비가 궁하기로서
니, 〈한겨레〉 필자가 리움을 찬양하는 건 거시기하지 않아?"라고 양해를
구했죠. 집으로 돌아오는 길에 '아, 우리는 정말 삼성민국의 사람들이로
구나. 이건희 씨의 사과를 받는 것보다 국가를 개혁하는 게 더 쉽지 않을
까?' 하는 생각을 해보았습니다.

김용철 변호사님은 "법대로만 한다면 하나도 어려울 게 없는데, 지금
분위기로 봐서는 공소유지가 가능한 정도에서 흐지부지될 가능성이 높
다"고 하세요. 그러면서 이것은 특정 변호사 한 명의 양심과 자질 문제가
아니라 우리 국민의 수준 문제라고 말씀했거든요. 우리의 수준이 달린 문
제입니다. 남을 보고 썩었다고 당당히 비난하려면 익숙한 습관과의 이별
이 선재되어야 할 것 같고요, 그 다음에는 강력한 여론이 형성된 만큼 연
대의 힘이 필요하다고 믿습니다.

모든 재판에는 결정적 증거가 있으면 극적 반전이 일어나죠. 살아 숨
쉬며 걸어 다니는 결정적 증거물이 우리에게 있습니다. 2008년 이 땅의 뜨
거운 감자, 김용철 변호사를 여러분께 소개합니다.^(청중 박수)

김용철 초등학교 때 반장선거 나간 이후로 이렇게 많은 사람 앞에서 이야기해
보는 건 오늘이 처음이에요.^(웃음) 할 수 없이 인터뷰할 기회가 최근에 좀
있었고, 아주 예전에는 사건 났을 때 기자들이 검사실에 쫓아와서 사진을
찍는데, 나중에 보니까 제가 한 말은 안 나가고 얼굴만 나가대요. 말은 자
기들이 하고 싶은 말로 나가고. 옛날 언론이죠. 자기들이 하고 싶은 말 하
면서 내 얼굴만 나가니까 내가 거짓말한 셈이 되더라고요.

제가 그 동안 소속이 없던 날이 하루도 없었어요. 대학교 재수도 안 해

봤으니까요. 그런데 지금은 사실상 백수로 지내고 있죠. 지금 누가 직업을 물으면 '참고인'이라고 해요.(웃음) 지금 특검 참고인을 하고 있는데, 참고인 여비를 저한테는 한푼도 주질 않대요. 피의자성 참고인이라 그런가봐요.

사회자 그럼 생활은 어떻게 하고 계신 거예요?

김용철 생활……. 그거, 너무 사적인 질문인데. 제가 너무 알려지는 바람에 구걸을 할 수도 없는 노릇이고, 아직 은행에서 신용으로 조금 빌려주더라고요. 그런데 벌써 한계가 다 돼가요. 그래도 여기저기 얻어먹지는 않으려고 애쓰고 있어요.

사회자 요즘 전국의 기운을 한몸에 다 받고 계시니까, 변호사님 개인의 기운 소모도 많으실 것 같아요. 많이 피곤하시다고 들었어요. 건강은 괜찮으신가요?

김용철 의사들은 병이 있다고 합디다. 당뇨도 있다고 하고. 병원 갈 때마다 약을 한 뭉치씩 주니까 먹긴 먹는데…… 그런데 병은 다들 있지 않을까요? 자신이 모를 뿐. 저는 아들이 의사라서, "아빠는 종합병원일 거다. 병원 가봐라" 해서 발견된 거죠. 저처럼 중년 넘어가는 사람이라면 누구나 마음의 병, 몸의 병 있지 않겠어요? 저는 제가 특별히 병이 있다고 생각 안해요.

사회자 여러분, 변호사님이 혹시 너무 피곤해서 쓰러지시면 가지고 계신 사탕을 강단으로 던져주세요.(웃음) 자, 제가 먼저 몇 가지 질문을 드리고 내려가면 변호사님께서 여러분에게 오늘의 주제를 가지고 말씀해주실 텐데요. 오늘 주제가 참 섹시하죠? '삼성의 배신, 나의 배신.' 이 주제로 변호사님의 이야기가 끝나면 다시 제가 올라와서 40분가량 여러분의 질문을 받는 시간을 갖도록 하겠습니다. 변호사님, 매일 아침 눈을 뜨면 제일 먼저 어떤 생각이 드세요?

김용철 저요?(웃음) 제가 옛날에 검찰에서 일할 때는 이상하게도 사람 잡아넣고 처벌하는 직업인데도 눈만 뜨면 출근하고 싶었어요. 그리고 퇴근하기가 싫었어요. 그것도 병이죠. 그래서 일하다가 12시가 넘으면 가급적 퇴근을 안 했어요. 출퇴근 시간이 아까우니까. 서랍에는 속옷하고 양말을 항상 보관해두었죠. 그런데 회사를 갔더니 거기는 매일 퇴근을 하데요. 매일 퇴근하는 데 익숙지 않다 보니까 아침에 일어날 때마다 이상했는데, 요즘은 더 이상해요. 아예 출근 시간이 없잖아요.

더 달라진 것은, 요즘 만나는 분들은 전에 만났던 사람들과 달라요. 예를 들자면 해고 노동자랄지, 노조원들이랄지, 진보신당 분들이랄지. 전의 저 같으면 지구 반대편에서 평생 이름도 얼굴도 몰랐을 분들을 만나는 일로 시간을 보내고 있어요. 지금 제 변호인들도 보수나 보상이 전혀 없이 자기가 옳다고 생각하는 일을 위해 사는 사람들이에요. 본인들로서는 힘든데 말이죠. 저도 이런 분들을 알게 되고, 또 그런 삶을 살게 된 것을 참 다행으로 생각합니다. 안 그랬으면 저, 사치하고 뱃가죽에 더 기름기 꼈을 거예요.

할 일 은 분 명 히 있 을 것 이 다

사회자 20년 후에는 어떤 일을 하고 계실 것 같으세요?

김용철 20년 후면 70 넘어가잖아요.

사회자 70이면 이제 막 노인 소리 들을 때 아닌가요? 요즘 60이면 노인정에서 차 심부름해요. (청중 웃음)

김용철 그러게요. 제가 자격증이라고 변호사 자격증 하나 있는데, 살인면허 비슷한 운전면허나 마찬가지예요. 법정에 한 번도 서본 적 없는 변호사거든요. 하지만 제가 할 일은 분명히 있을 것 같아요. 제가 도와줄 수 있을 정도의 일도 많이 있더라고요. 보수만 안 받고 도와준다면 누구든지 좋아하더구만요. 제가 70살까지 살아 있다면 그런 일이라도 할 수 있을 것 같아요.

사회자 인권 변호사 같은 거요?

김용철 그걸 뭐라고 부르는지는 잘 모르겠어요. 요즘 정의구현사제단 신부님들에게서 성당에 들어오는 민원 같은 일들을 들어요. 대부분은 해결 불가능한 일들이에요. 하지만 그런 이야기들을 듣고 조그마한 도움이라도 드릴 수 있다면 좋겠어요. 어차피 저는 사제단 신부님들께 제 모든 걸 의탁한 거니까, 이제 평생 같이 가야 되겠죠.

사회자 김 변호사님께서 어디선가 이런 이야기를 하셨어요. "내가 삼성에 입사한 것은 삼성이나 나 모두에게 비극인 것 같다"라고요. 그런데 지금 결론적으로 보자면, 우리 국민들에게는 참 좋은 일이 아니었나 생각합니다. 물론 김 변호사님은 영웅도 아니고, 원래부터 훌륭한 인생만 살아온 분이라고 말할 수도 없습니다. 지금 하시고 계신 이 일도 처음 시작과는 많이 다른 양상으로 전개돼서 본인의 의지와 상관없이 진행된 부분도 있을 거고요. 이런 상황에서 지금 가족들이 김 변호사님을 바라보는 시각은 어떠한가요? 아 참, 손자도 둘이나 있으시대요.

김용철 제가 스물둘에 결혼하고, 제 아들이 스물넷에 했어요. 저는 아들놈이 좀 늦었다고 생각해요. (청중 웃음) 20대 초반에 가야 돼요, 경제적 이유를 빼고는. 체력 있을 때 자식을 키워야죠. 우리집 진돗개가 이번 설에 새끼를 낳았는데, 만 일 년이 안 돼서 낳더라고요.

사회자 제가 서른넷에 초산을 했는데, 우리 애는 뭡니까?^(청중 웃음) 학습 지진아가 되는 거 아닐까 모르겠어요. 어느새 자신의 자녀를 키우게 된 김 변호사님의 자녀분과 요즘 대화를 나누시나요?

김용철 제 큰놈이 레지던트 의사로 신경외과에 있거든요. 아들이 병원에 있다 보니까 제가 다른 병원에를 못 가요. 직원 부모라고 병원비를 깎아주니까 다른 곳에 갈 수가 없어요.^(청중 웃음)

제가 회사에 다닐 때 아들이 의과대학을 다니고 있었는데, 저한테 편지를 썼어요. 지금도 갖고 다니는데, '회사가 아빠 맘에 들지 않는 일을 시키는 것을 알고 있다'라는 내용이더라고요. 그러면서 나보다 훨씬 어린 놈이, "직장이 마음에 들어서 다니는 사람이 얼마나 있겠느냐"고 하면서, 내 친구들의 예를 들었어요. "의사니, 회계사니, 변호사니 아빠 친구들 중에 누구누구 전부 다 자기 일이 마음에 들어 하는 사람이 누가 있느냐, 다 처자식 위해 하는 거지." 우리집에서는 나를 변호사 그만두면 밥 굶기 딱 좋은 사람이라고 보는 거예요. 그래서 자기 학교 등록금도 못 댈 것 같으니까, 제발 좀 다녀달라 이런 이야기예요.^(청중 웃음) 아침에 자꾸 출근 안 하려고 그러니까……

그런데 제가 요즘 자식들에게 부탁받는 것은 가족들 이야기는 되도록 하지 말아달라는 거예요. 부담스러운가 봐요. 저야 어차피 내놓은 거니까. 제 아들놈 같은 경우는 같이 일하는 선후배·동료들 보기에 부담스러우니까 가족들 이야기는 하지 말아달라 해서, 제가 약속을 지키겠다고 했어요. 그런데 인터뷰 중에 제 손주 사진을 찍으려는 사람들도 있더라고

요. 손주 얼굴이 언론에 나가면 안 되죠. 물론 잘생겼어요. (청중 웃음)

가족들이 다들 바빠서 한 달에 한 번씩 '부킹' 해야 밥 먹을 수 있는 사정이에요. 엊그저께 손주 생일인데 같이 식사도 못 하고, 청바지 5만 원짜리 하나 사줬어요. 실업자가 되다 보니까 그 이상은 못하겠더라고요.

사회자 가족들이 응원해주시나요?

김용철 가장 제 편이 되어주는 사람들이죠. 작은놈 같은 경우는 군대 막 제대했는데, "아빠가 지금 가장 아빠다운 일을 하고 있는 것 같다"고, 남의 속도 모르는 소리를 하더라고요. 애비가 얼마나 괴로운 줄 모르고…… (청중 웃음) 잘못해서 배신의 DNA를 가진 아이들로 낙인찍힐 수도 있는데, 아직 철이 없는 거죠.

사회자 전 지구인에게 존경을 받는다 해도 가족이 불신한다면 과연 성공한 인생인가 싶어요. 김 변호사님은 매일매일 뉴스에 나오시다 보니까, 정작 연예인인 저보다 더 연예인 같으세요. 이 정도로 인구에 회자되는 분이다 보니, 저는 가족들의 생각을 가장 여쭤보고 싶었어요. 그런데 "아빠다운 일을 하고 있는 것 같다"고 했다니, 자녀분들이 김 변호사님을 자랑스러워하는 것이 느껴져서 참 다행이네요. 그럼, 지금부터 '삼성의 배신, 나의 배신'이라는 주제로 김용철 변호사님의 강연을 듣도록 하겠습니다.

그 저 시 키 는 대 로 일 했 을 뿐 인 데

김용철 여러분께서 저에 대해 잘 아시겠지만, 제가 학교 선생님도 아니고 공부를 많이 한 사람도 아닙니다. 대학원을 다섯 군데 다녔지만 한 군데도 못

마쳤어요. 고시 공부 때문에 병역 기피, 연기를 위해 3년제 교육대학원도 다녔어요. 왜냐면 장가를 일찍 가다 보니까 애들을 길거리에 놔두고 군대를 가게 생겼거든요. 게다가 또 지금은 불교대학 재학생인데 신부님들을 만나는 바람에 말도 못 꺼내고, 못 다녀요. 제가 2년 전에 수계(受戒) 받았거든요. 이러다 보니 종교도 이리 갔다 저리 갔다 기웃거리는 셈이 돼버렸지만, 저는 종교는 한 개만 가져야 한다고 생각하지는 않아요. 아니, 부처님, 천주님 다 도와주시면 뭐 어때요? 종교논쟁 하자는 건 아니예요. 그저, 제 무식한 논리니까요.

오늘 주제가 '배신'이죠. 작년에 제가 다니던 회사에서 갑자기 좀 쉬라고 그러니까, 쉬는 게 아니라 나오지 말라는 거였는데, 눈치도 없이 쉬느라고 제 처가 작업실로 쓰려고 양평 쪽에 갖다놓은 컨테이너에서 지냈어요. 거기서 기다리다가 나오지 말라는 통보를 받았죠. 저는 좀 멍청해요. 남들이 말하면 그대로 들어요. 뒷생각이 뭔지 못 읽어요. 그래서 우리 애들이 저하고 영화를 안 보려고 그래요. 영화 다 보고나서 '그거 뭐였냐'고 물어보니까. 좀 심오한 영화에는 '복선'이라는 게 있답디다. 전 복선을 못 읽어요. 설명을 해줘야 알아들으니까, 한쪽에 장애가 있는 거죠.

제가 직업이랍시고 검사라는 걸 했어요. 검찰에서는 인정해주는 분들도 있었고, 서울, 부산, 인천 특수부 검사를 했고, 대통령 수사도 하고 재벌 수사도 했는데, 검사는 제게 직업이 아니었어요. 직업이라고 하면 생계를 꾸리고 노후를 대비할 수 있어야 하는데, 검사는 그게 안 되는 일이에요. 남들은 일 끝나면 술도 사고 그러는데, 저는 수사 맡았던 애들 데리고 집에 가서 떡라면 끓여 먹었어요. 제가 청렴했다는 뜻은 아니고, 검사실의 계장들은 타자기도 자기 돈으로 사야 했어요. 타자기 먹끈도 자기

돈으로 사고 전화기도 사야 했고. 지금은 컴퓨터가 지급이 된답디다. 이런 시절이었으니, 검사는 직업이 아니죠. 그래서 저는 '이건 직업이 아니다, 취미생활이다' 이런 생각이 들더라고요. 검사 1년차 말에 시골에 있는 부모님한테 SOS를 했어요. 사고 쳐서 돈 필요하다고. 그랬더니 부모님 말씀이 "어설프게 똑똑한 자식 둬서 돈 든다" 그러시더라고요.

제가 서울지검에 근무할 때가 YS정권 말기인데, 검찰총장 이하 제 동료 검사 전원, 부장, 차장, 서울 검사장 전원이 PK(부산·울산·경남) 출신이었어요. 저 빼고 100퍼센트 다. 저는 그런 거 몰랐어요. 어느 기자가 말해주더라고요. 저는 제 학교 선배들도 잘 몰라요. 호남향우회, 해병전우회, 고대교우회 소속돼 있지만, 한 번도 모임에 가본 적도 없고. 그래서 그 기자에게 물어봤어요. 나는 왜 여기 와 있는 거냐고요. 다 PK라는데. 그랬더니, 경력 관리가 아니라 일할 놈도 하나 있어야 하지 않겠냐고 합디다.

제가 멍청하게 일을 해요. 전두환 대통령 돈 찾아내라고 했을 때는 석 달 만에 퇴근했으니까요. 얼마나 멍청했냐면, 목이 칼칼해서 보니까 사무실 안에 먼지가 눈사람처럼 굴러다니더라고요. 보안 때문에 청소 아주머니도 못 들어오게 했거든요. 압수해놓은 돈이 200억이나 쌓여 있으니까. 10억짜리 채권도 있고. 그러다 보니 내 직원들도 불안한 거예요. 재밌는 거는 전두환 대통령의 변호인이 우리가 추적한 150억을 갖다 냈는데, 목록에 없는 돈 17억이 딸려 들어왔어요. 그래서 굉장히 고민했어요. 이거 수사팀에 수사비로 주는 건가?(청중 웃음) 이렇게 실수함으로써 또 새로운 돈이 한 덩어리 발견되었죠.

지금이야 계좌 추적을 하지만, 전두환 씨 때만 해도 금융실명제 전이기 때문에 저는 현금 추적을 했어요. 당시는 영장이 필요 없었어요. 가명

21세기를 사는 지혜, 배신

이니까. 그래서 1990년대 초반에 서울 지역에서 인출된 10억 이상을 모두 찾아냈어요. 그때 찾아낸 전두환 씨 돈이 1조에서 450만 원 빠졌어요. 받아 챙긴 돈이.

삼 성 에 기 대 한 건 글 로 벌 스 탠 더 드

제가 검찰에서 퇴직을 한 게, 부장 진급 시점이었어요. 지금 부장이 된 동료들이 들으면 언짢겠지만, 당시 제가 느끼기에는 부장이 썩을 부(腐), 내장 장(腸) 같더라고요. 후배들의 수사를 독려하는 게 아니라, 위의 뜻을 받들어서 후배들이 수사를 못하게 막는 큰 역할을 하는 것 같아 보였어요. 그래서 '내가 할 짓은 아니다' 하고 마음먹었죠. 지금 검찰의 이야기가 아니에요. 그때는 잘나가는 친구, 좋은 친구들을 둬서 후배들한테 근사하게 술 한 잔 살 수 있어야 훌륭한 보스가 되는 시절이었는데, 저는 그런 거 못하겠더라고요.

그래서 사표를 냈는데, 반려가 됐어요. '대통령 귀중'을 안 썼다고 반려를 시키대요. 그러더니 대검 검찰부에서 검찰 조사를 하겠대요. '무슨 사고라도 쳤나' 하고. 그래서 그때 차장님이 퇴직 사유를 묻기에 솔직한 제 상황을 이야기했어요. 당시 제 아들이 대학을 갈 때가 됐어요. 그런데 비싼 등록금을 빚내야 하고 술 사줄 만한 스폰서를 둔 부장검사가 될 자신이 없다고 했더니, 그 사람 얼굴 표정이 변하대요. 가만히 생각해보니까 며칠 전에 그 차장님 친구분이 와서 밥 샀거든요. 그래서 그분을 비난한 것처럼 돼버렸어요. 그렇게 눈치가 없어요.

그때는 제가 이미 삼성 쪽에 가기로 되어 있었어요. 거기서 저를 스카우트한 게 아니고 삼성 쪽에서 변호사를 모집한다는 광고를 보고 제가 전화했어요. 이름은 이야기 안 하고, 특수부 검사도 지냈고 내일 모레 부장 진급할 사람인데 변호사 개업하기는 싫고 애 대학교도 갈 때 됐고 해서 국가 다음으로 안 망할 회사인 삼성에 관심이 있다고 의사타진만 했죠. 그랬더니 일주일 안에 연락이 오대요. 누군지 찾아낸 거예요. 그리고 그쪽에서는 저에 대한 조사가 끝나 있었어요.

　　저는 변호사는 절대 안 하고 싶었어요. 초임 검사 때, 변호사 법조 비리를 단속하기 위해 집에서 샤워하고 있던 후배 변호사를 체포해온 적이 있어요. 통장을 보니까, 검사 통장이랑 비슷해요. 법조계에 고질적인 문제가 있거든요. 판사, 검사, 변호사 삼자가 공갈극을 하는 것 같다는 느낌이 들더라고요. 검사는 잡아넣고, 판사는 풀어주고, 변호사는 그 사이에서 빼먹고, 뒤로 다시 들어가서 호주머니까지 흔들어서 또 빼먹는 법조 삼자의 공갈극을 보는 것 같았어요. 이런 제 표현이 언론용으로는 부적합했습니다마는, 그때 제 어린 마음에는 정말 변호사 안 하고 싶다는 생각이 들었어요. 그래서 기업에 들어간 거죠.

　　저는 검찰이라는 직종에 있었기 때문에, 이의가 있으면 윗사람에게 항의도 하고 윗분 책상을 친 적도 있어요. 윗분과 뜻이 다른 경우에는 다른 검사 시켜서 처리하라고 한 적도 있어요. 어떤 때는 깨진 병으로 남의 목 푹 찌른 놈을 풀어주라는 윗분도 있어요. 그럴 때는 끊었던 담배를 할 수 없이 다시 피우게 돼요. 내 도장 찍고 영원히 남을 문서에 사람 죽인 놈을 풀어주라고 쓰라니, 내 손주가 볼 때 "우리 할아버지는 무슨 짓을 한 거야?" 할 거 아녜요, 이게. 사람 죽인 놈을 풀어주고 벌금 받고 있으니 이상하지요?

나로서는 당연한 것이었는데, 윗분들이 보기에는 '저거 다루기 힘든 놈이다' 싶었나 봐요. 검찰국에서 '다루기 힘든 검사'라는 소리를 했다고 해요. 제가 참 답답한 것은 이런 저를 보고 호남 사람이 어떻고 고대가 어떻고 해대는데, 시기를 같이하여 또는 달리하여 같은 학교를 다녔다는 것이 무엇이 그리 중요합니까? 그리고 우리 아버지, 상계동에 자리 잡을 뻔했는데, 왜 무 농사 짓는다고 저 밑에까지 내려가서 나 전라도 놈 만들어 놨냐 이거예요. 그것만 아니었어도 좀 나았을 텐데 말이에요.

그래서 나는 삼성에 들어가면서, 기업이라면 글로벌 스탠더드를 가지고 회사법에 따라서 합리적으로 일하겠거니 생각했어요. 그런데 들어가 보니 OJT라는 게 있어요. 입문교육, 그러니까 'On the Job Training'이라던가? 말하자면 통치사료처럼 회장님 말씀을 녹화해둔 것을 하루 종일 듣는 거예요. 처음에는 '사이비교 교주 아냐?' 하고 생각할 정도로 이상했어요.

사장단 60명 점잖은 양반들이 그분하고 식사할 때는 와인이나 국물을 안 마셔요. 화장실을 갈 수 없으니까. 회장님 성품이 특이해서 6시간 이상을 가만히 앉아 있거든요. 그런데 저는 얼마나 눈치가 없냐면, 그때 집에서 걸려온 전화도 받아요. "김 변호사, 무슨 급한 일 있나?" "아니요, 그냥 집에서 전화 왔어요." 아니, 금요일이나 토요일 밤에 연락도 없이 12시까지 안 오니, '밥이나 먹었나' 하고 집에서 연락하지요. "회장님하고 회의 중이다" 하면 집에서 안 믿어요. 무슨 회의를 밤 12시까지 하겠어요? 하여튼 조금 독특한 문화가 있어요. 비난을 하자는 것은 아니고, 그 나름대로 신비주의적인 통치 방법을 가지고 있는 것 같아요.

어떻든 OJT 끝날 무렵에, 제게 노사전담을 해달라고 하대요. 무노조,

비노조 삼성 만드는 일이지요. 제가 검찰에 있을 때, 공안검사 시키면 사표 내겠다고 했어요. 제가 광주일고를 나왔으니 공안 하면 대공, 정치 이런 건 안 시키고 학생 공안 시킬 것이 틀림없잖아요. 그러면 제 후배, 동료들 잡아넣고 얼마나 괴로울 일이에요? 그래서 공안 검사를 안 했는데, 기업에 들어와서 그걸 한다니 말이 안 되죠. 하지만 삼성에서 인사 때 자기 의견을 말하는 것은 쉽지 않은 노릇이에요. 안 하겠다고 했더니 변호사로서 적응하는 게 빠를 거라고, 법무실에서 근무하라고 하대요. 그때 제가 1년 4개월 동안 끊었던 담배를 다시 피웠어요. 검사는 그만뒀죠, 변호사 하기 싫어서 기업에 왔더니 그 싫은 변호사를 하라는 거예요. 그래도 저, 조직에 순응하는 사람이에요. 배신의 DNA 가진 사람 아니에요. 인사명령에 따르겠다고 하고 담배 피웠어요.

이제 나쁜 인연이 돼버렸는데, 삼성이라는 기업 안에는 정말 훌륭한 부분이 많아요. 저, 거기서 좋은 적도 많았어요. 이전에는 자나 깨나 범죄만 생각했는데, 이곳은 눈 뜨면 참 성실하고 예의 바르고 좋은 사람들만 만나니까 좋았어요. 다만 시스템적인 부분을 거론하자는 것이지요. 목구멍이 포도청이라고 먹고살기 위해 거기서 근무하는 사람들이 아니라, 그 안에서 더 많은 권력, 더 많은 영향력을 갖기 위해 이것이 정상인지 비정상인지 판단을 일부러 하지 않는 시스템이 문제가 된다고 말하는 거예요. 저는 누구를 구속하거나 처벌해야 한다고 말할 자신도 없어요.

삼성에 계신 분들이 제가 배신했다고 말한다면 이런 이유도 있을 거예요. 제가 7년 정도 근무하고 나서 부사장 진급 제의를 받았어요. "지금 진급하든지 연말에 하든지 골라서 해라, 회사도 골라서 가라." 굉장한 제의죠. 삼성에서 사장단 진급을 제의했는데 나간 사람은 역사상 아직 없대요. 구조본 팀장으로 있다가 나간 사람도 아직 없대요. 그런데 저는 그냥 나갔잖아요. "됐습니다. 제가 너무 오래 있었습니다. 그것은 제 역할이 아닙니다." 그렇게 말하고 그 길로 나왔거든요. 그걸 또 배신이라고 보나 봐요. 삼성의 인사명령을 어긴 게 배신이라는 거죠. 그런데 저로서는 사장단이 되면 진짜로 공범이 될 것 같았어요. 심지어는 부부 간에 조직을 잘 이용하라는 제의도 받았어요. 부부 동반으로 외국 여행도 좀 하고, 월급쟁이로서 즐길 수 있는 부분을 즐기라고요. 그걸 제가 거절하면서 몸이 많이 안 좋다고 말했어요. 마침 당뇨도 확인이 됐고, 곤란할 때는 칭병하는 게 제일 좋으니까요.

여러분이 저를 보시면 아시겠지만, 그렇게 공손한 사람도 아니고 직장이랍시고 그 잘난 검사를 했잖아요. 당시만 해도 검사에게 모욕적인 언사쯤은 허용되던 시기예요. 지금은 그렇지 않지만. 장관 데려다놓고, "너 같은 놈이 장관 하니 나라가 이 모양이지" 하기도 하고, 서울대에서 박사까지 받고 훌륭하신 분한테 "니가 의사냐?" 이렇게 첫마디로 모욕을 줘요. 제가 원래는 참 숫기 없고 말을 못하던 사람이에요. 그런데 검사를 하면서는 말하기 싫어하는 사람을 앉혀놓고 사나흘 날밤을 새가면서 뱃속에 있는 소리까지 다 내놓게 하는 거죠. 나중엔 제가 무슨 소리를 하고 있는지도 몰라요. 상대방의 말을 꺼내기 위해 이런 과정을 거치다 보니 말도 많아지고 거칠어진 게 있죠.

욕도 일부러 배웠어요. 서른 살이 될 때까지 상욕을 해본 적이 없는데, 검사가 되니까 선배들이 "너는 벽에다 얼굴 좀 문지르고, 욕 좀 배워라" 그러더라고요. 제가 그때는 좀 곱게 생겼어요. (청중 웃음) 그래서 남자에게 쓰는 욕, 여자에게 쓰는 욕을 아주 상스러운 걸로 한 개씩 배웠어요. 그런데 쓸 일은 없더라고요. 제가 초임 때 옆방이 마약 검사 방이었거든요. 그래서 그 방에서 계속 비명 소리가 나주기 때문에, 제가 욕할 일이 없었죠. 당시 마약은 가업이어서 시아버지가 구속되면 며느리가 만들고 그랬거든요. 그러다 보니 심문이 힘들었죠.

이건 아주 옛날 이야기예요. 요즘은 그렇지 않아요. 검찰을 보호하자는 게 아니라, 세상이 바뀌어서 그런 식으로 수사하는 게 허용되지도 않죠. 차라리 수사 능력이 떨어지더라도 무력으로 수사하지 않아요. 미국화 현상이죠. 미국은 진범이 50퍼센트도 안 잡히잖아요. 게다가 재판에서 50퍼센트가 무죄로 나가죠. 그러니 진범이 처벌되는 건 20~30퍼센트예요. 하지만 지금 우리가 밤거리를 돌아다닐 수 있는 건 그나마 치안이 살아 있다는 거 아니겠어요?

그런데 이렇게 공손하지 못한 검찰이 오로지 한 분한테만 약해요. 저는 왜 그런지 잘 몰랐는데, 삼성에 들어가서 그것을 알게 됐죠. 삼성이라는 곳이 원래부터 그렇게 영향력이 있지는 않았어요. 자산 서열 2~3위였죠. 삼성물산 건설은 도급 순위가 100위 안에 겨우 들 정도였어요. 그런데 1997~98년에 IMF 기간 거치면서 경쟁 기업들이 알아서 찢어지거나 망하거나 하는 바람에 사람들이 기대하는 바나 역할이 커져버린 거죠.

오 로 지 한 분 께 만 약 한 검 찰

제가 배신을 했다고, 특히 변호사로서 직업윤리 위반이 아니냐는 비판들이 많아요. 제가 아무리 멍청해도 제게 쏟아질 비난이야 생각해봤죠.

그런데 조직폭력배 강령에는 반드시 '배신자는 처단한다'가 들어 있어요. 지구 끝까지 가서라도 처단한다고 되어 있어요. 그렇지만 사회는 조직폭력배 조직원에게 배신을 요구해야 할 것 아니에요? 아, 제가 삼성이라는 조직이 범죄조직이라고 말하는 것은 아니에요. 그러나 최소한 비서실, 구조조정본부는 제가 보기에 범죄조직이에요.

삼성에 가서 적응하기 쉬웠던 게 하나 있어요. 문서가 검찰에서 쓰던 양식하고 똑같아요. 그래서 "이게 어떻게 정부 문서하고 서식이 똑같냐"고 물어봤더니, 정부에서 삼성 것을 훔쳤다고 주장하더라고요.^(청중 웃음) 그들은 회장 비서실이 대통령 비서실과 경쟁관계에 있다는 개념을 갖고 있어요. 그래서 문서 서식까지 똑같이 쓰더라고요. 회장에게 보내는 문서는 혹시 손이라도 다칠까 봐 스테이플러 찍은 뒤에 테이프로 붙이는 등 정성스럽게 만들더라고요.

그런데 제가 거론한 문제들이 재판을 통해서 다 해결될 수 있다고는 저도 생각 안 해요. 이건 사법부가 문제가 있어서, 또는 수사기관이 문제 있어서가 아니거든요. 소송법상 증거로 드러날 수 있는 것도 있고, 없는 것도 있고. 시효라는 문제도 있고, 처벌을 위해서는 엄격한 증거가 필요하고, 뇌물의 경우도 준 사람이 줬다고 해도 받은 사람이 안 받았다고 하면 무죄가 되는 경우가 많잖아요. 전두환 씨의 경우도 1조 원 가까이 뇌물로 받았다고 하는데, 그건 제가 밝힌 게 그렇고 더 될지도 모르죠. 그중에서 기소된 건 또 얼마 안 돼요. 시효 완료된 것도 떨어져나갔고. 그분의 충직한 부하였던 장세동, 안현태, 손삼수 씨 등에게 제가 물어봤어요. "당신들이 존경하는 어른께서 이 정도의 돈을 받으셨던데, 어떻게 생각하느냐." 이 사람들을 자극하기 위해서 물어봤더니, 참 간단하대요. "어른이 큰 뜻이 있지 않으셨겠나."(청중 웃음) 이 정도 의리라면 할 말 없는 거죠. 그런데 이런 건 정말 암흑가의 의리 아닐까요?

'배신'이라는 주제를 제게 왜 줬는지 모르겠는데, 국가에 대한 신의를 저버리는 극단적인 행위를 '매국'이라고 부를 테고, 부모에 대한 신의를 저버리면 '패륜'이라고 하죠? 부부 간에는 '불륜'이고요. 전부 다 안 좋은 말들이에요. 배신치고 좋은 게 어딨어요? 아무리 범죄자 간의 의리라도 그것을 지키는 것을 우리는 아름답게 바라보게 되죠. 하지만 저는 사실 스스로 '배신'을 택한 것이 아니에요. 강요된 거죠. 저 조직으로부터 나와서 3년 동안 저는 조용히 살았어요. 삼성에 가서 일거리 달라고 접근하지도 않았고, 그 이름으로 이권 얻은 적도 없고, 전화기도 애니콜이 품질이 좋은 것 알지만 다른 것을 써요. 연상되는 게 싫어서요. 잊고 싶어서요. 그런데 왜 그렇게 조용히 살고 싶은 사람을 직장을 못 다니게 만드는 거예요? 변호사로서 생업을 하고 있는 직장을 말이에요.

그래서 몇 달 동안 고민한 끝에, '참지 말고 말을 해야겠다' 하는데, 말할 곳이 없어요. 말하기도 쉽지 않대요. 그러니까 더 할 만하잖아요. 제가 옛날에 특수부 검사 할 때, 사건에 청탁이 들어오면 그 사건은 할 만해요. 특히 압력이 있으면 그건 할 만한 사건이에요. 센 데서 압력이 들어오면 진짜 제대로 수사하고 있는 거예요. 그런데 수사 중에 아무런 이야기도 없다, 그러면 그건 잘못 건드리고 있는 거예요. 힘 없는 곳에다가 애매한 짓을 하고 있는 거예요. 수사 중에 압력이 있거나 청탁이 있으면 이건 수사의 정보예요. 꼭 해야 하는 가치 있는 수사인 것이죠. 마찬가지로 이 일을 공론화시키겠다고 결심하고 여기저기 접촉하는데 어려웠어요. '아, 이건 해볼 만한 일이구나' 라고 생각했죠.

"돈으로도 안 되는 게 있다는 걸 가르쳐주겠다"

그래서 결국은 사제단 신부님들에게 쫓아갔는데, 그분들도 처음에는 저를 의심하셨죠. 결국 다음날부터 정부 인사가 찾아와서 이야기하고, 다른 곳에서도 접촉하고, 심지어는 사제단 신부님들이 계신 성당에 삼성 사장단들이 와서 새벽 6시에 미사를 봐요. 미사 보러 와서 앉아 있는 사장단에게 신부님들도 신부님치고는 심한 말씀을 하셨더라고요. "맹장수술하려고 봤더니, 심장을 도려내야겠더라. 돈으로도 안 되는 게 있다는 걸 가르쳐주겠다." 그랬더니 그 다음부터 미사를 안 오더래요. 아마 사장단 중에 가톨릭 신자들은 가급적이면 그쪽으로 가서 미사를 보라고 했던 모양이에요. 미사를 보면서 정을 나누라는 모종의 지시가 있었겠죠.

제가 받은 교육에 문제가 있는지, 제 성격에 문제가 있는지 저들은 그럽디다. "김용철은 하나도 원만한 게 없다. 다니던 직장마다 문제를 일으켰다." 그렇죠. 검찰에서도 진급하기 일주일 전에 직장을 나왔어요. 삼성에서도 진급시켜준다니까 나왔어요. 그리고 나서 속해 있던 조직의 범죄에 관해 이야기하니까 '배신'이라고 해요. 근데 참 다행인 것은 검찰의 동료와 후배 등 많은 사람들이 제 편을 들어줬어요. 따로 만나서 저를 부채질하는 사람도 있어요. 지가 직접 하지 말이야. (청중 웃음) 심지어는 자기 상사 아무개를 제거해달라는 사람도 있고…… (청중 웃음)

조직에 대한 문제점은 다들 알잖아요. 직장생활 3년만 하면 입 다무는 게 최고라는 것도 알고요. 저는 이 문제를 제기하기 전에, 삼성의 임원진이 2천 명이 넘는데 한두 명 정도는 제 의견에 동조하며 나올 줄 알았어요. 왜냐면 다들 자기 명의로 차명계좌 있고, 엄청난 돈이 입금된 거 알고 있거든요. 저도 제 계좌에 든 액수를 몰랐잖아요, 계좌번호도 모르고. 하지만 그런 일이 벌어지고 있다는 사실은 다 알고 있단 말이죠. 그럼 제 이야기 듣고 자기 거 확인해보면 2천 몇 백 명 중에 한두 명은 나오지 않겠나 생각했죠. 하지만 안 나와요. 제가 잘못 생각한 거죠. '배신'까지는 아니어도 소극적인 신고라도 하지 않을까 했는데, 안 하더라고요.

그러나 제가 생각했던 것 이상으로 〈한겨레〉, 〈시사IN〉, MBC, KBS 등 저는 얼굴도 모르던 분들이 많이 보도해주셔서 크게 공론화가 되었어요. 이러다 보니 결국 특검이 만들어지고 열심히 수사하는 척하고 이제 대충 마무리됐지요. 이 과정이 어떻게 진행될지 저는 알아요. 수사로는 안 끝나요. 외국에 있는 제 친구는 제게 한국의 시민혁명이 시작되는 것 같다고 하대요. 잘못하면 제가 선동하는 게 되니까, 소심하게 말해야 하는 부분이에요. (청중 웃음) 〈요미우리〉 기자가 그런 말을 합디다. 일본에서는 기업의 비리가 있었는데, 이번 한국의 사건은 기업인의 비리 같다고. 영향력 있는 개인의 욕심이 빚어낸 왜곡된 체제의 문제라는 것이죠.

제가 학문적인 깊이는 없습니다만, 이렇게 말하고 싶어요. "영향력과 권력의 크기는 대중과 최고권력자와의 거리의 세제곱에 반비례한다." 삼성그룹 같으면, '이건희, 김학수, 김인주 등과의 거리가 얼마나 되냐'의 문제겠죠. 물론 너무 가까우면 난로처럼 뜨거워서 타겠죠. 적당하면 따뜻하겠고요. 윗사람과 아랫사람의 권력의 비례는 100 대 0이에요. 이양이나 위임, 다 거짓말이죠. 아랫사람이 말 안 들으면 잘라버리면 되는데, 무슨 아랫사람에게 권력이 있겠어요. 대통령과 장관 사이의 권력도 100 대 0이잖아요. 이렇게 통제되지 않는 권력을 세습을 통해서 무한정 유지하는 것은 항구적으로 영영 불변하는 권력 체계예요. 정부도 이번에 10년 만에 정권 교체하지 않습니까? 삼성은 그런 거 없어요. 회사법이나 자본주의 경제원칙에 따라 움직이는 체제가 아니에요. 돈을 마음대로 빼낼 수 있고, 인사관리나 재무관리를 마음대로 할 수 있는 통제 시스템을 만들고, 이러한 권력을 계속 가져가기 위해서 국가기관과 사회기관 모두를 적당히 무력화시켜놓는 거죠.

이건 돈 그 자체 때문만은 아니에요. 그 사람들에게는 돈이 구매력을 뜻하는 게 아니고, 권력의 크기를 뜻하는 거예요. 그래서 가능하면 세금으로 돈을 '뜯기지' 않으려고 하다 보니, 제게 돈 준 것도 '세전' 이야기를 하대요. 저, 세금이 40퍼센트가 넘었어요. 법인에 자문료 준 것도 저한테 줬다고 하고, 부가세도 저한테 줬다고 하고. 그래도 뭐, 그런 걸 가지고 따지긴 싫었어요. 반을 털어낸다고 해도 제가 받은 액수가 크잖아요. 그리고 저는 그 돈, 좋은 곳에 많이 써버렸어요. 제가 가진 게 없어요. 챙긴 걸 토해내라는데, 없는 걸 어떡해요. (청중 웃음)

저는 '저 권력 체계가 그대로 가서는 안 되겠다' 하는 생각을 했고, '향후 10년 안으로 다시 이 문제를 거론할 사람이 없지 않겠는가' 제 나름대로 판단하게 되었어요. 왜냐면 삼성 안에서는 임원진 모두가 그런 문제를 직접 실행하거나 목격할 수밖에 없는 구조잖아요. 삼성 구조본 팀장을 하던 사람이 이렇게 그만둔 일이 역사상 없다고 하니 말이에요. 검증되지 않은 권력을 영구히 가져가려고 하니, 국가와 사회의 영향력을 전반적으로 마비시키고 있는 셈이에요. 요즘 제가 공직자들의 태도를 문제 삼으니까, 국가 사정 기능을 무력화시키려 한다는 말을 하더라고요. 난 그 소리 듣고 깜짝 놀랐어요. 저는 국가 사정 기능이 강력해지도록, 무력해지지 않도록 하자는 이야기였는데 왜 거꾸로 이야기하는지 모르겠어요. 내내

무력하다가 갑자기 왜 나한테만 강력하게 그래요?(청중 웃음)

서울 검사장 자리에서는 이건희 수사가 수건 돌리기 게임이에요. 어떻게 하면 이 수사를 자기가 안 끝내고 지나갈까 전전긍긍해요. 왜 그러는지 제가 이유를 이야기했잖아요. 삼성의 관리 대상이 됐으니까 그런 거예요. 조금 있어보세요. 다 공소권 무혐의 처리돼요. 수사 의지가 없는 사람에게서 수사가 될 리 없어요. 남의 부끄러운 부분을 밝혀야 하는데, 수사는 의지의 표현이에요. 물건 훔친 사람에게 "혹시 훔치신 적 없으시죠?" 이렇게 묻는데 진술이 나오겠어요?(청중 웃음) 뇌물이라는 게 영수증이 있거나 사진이 있는 게 아닌데. 신념을 가지고 해도 어려운 수사를…… 아예 의지가 없는데요, 뭐. 저는 기대 안 해요. 삼성 임원 계좌 아무 데나 파봐요. 나오는 돈 다 자기 돈이라고 해요. "무슨 이렇게 큰 돈을 은행에 넣어놓고 있습니까?" 하면 "현금 좋아하는 게 본능 아닙니까?" 이러고들 있어요. 소득세의 최고 세율이 38.5퍼센트예요. 그럼 그 사람들이 가지고 있는 돈이 최고 세율로 소득세를 낸 돈인지 알아보면 될 거 아니에요? 제 명의로 된 돈으로 그림을 샀는데 그림 수사도 안 하잖아요. 그림이 너무 많거든요. 겁나거든요.

내 가   가 진   반 항 의   D N A 는   교 육   탓

제가 요새 시간이 많아서 돌이켜보면, 제 이런 성격에는 교육의 문제도 많았던 것 같아요. 다니던 학교 왼쪽에 광주학생독립운동기념탑이 있었어요. 거기에 "우리는 피 끓는 학생이다. 오직 바른 길만이 우리의 생명

이다" 이렇게 쓰여 있어요. 애들한테 그런 거 가르치면 안 돼요. (청중 웃음) 우리는 3년 간 날마다 거기에 참배했어요. 국기에 대한 경례를 하고, 그 탑에 참배하면서 "오직 바른 길이라면 물 속이라도 뛰어드마, 불 속이라도 뛰어드마" 이런 글을 또 읽었어요. 사춘기 시절에 이래놨으니 얼마나 안 좋아요? 세상 사는 데 굉장히 불편하게 하는 것이 머릿속에 들어가 있는 것이죠. 그래서 제 동문들이 계속 사고를 치대요. 지역적인 이야기가 나와서 좀 그런데, 예전에는 도성 천 리 밖인 함경도와 전라도가 유배지였죠. 강진, 담양 다 유배지잖아요. 그러니 전라도의 양반은 거의 다 역적 후손이죠. 반항의 DNA가 남아 있는 거예요. 제가 그런 분위기에서 자란 게 제 어긋남에 영향을 미친 건 아닐까 생각해봐요.

제 아들놈, 손주놈 보니까 또 비슷해요. 제 아들놈이 초등학교 땐가, 선생님한테 무지하게 미움을 받더라고요. 왜 그런가 했더니, 선생님이 수업시간에 떠든 애들은 맨 마지막에 급식을 받으라고 한 거예요. 그런데 얘가 항의를 했어요. "선생님, 떠든 애들한테 벌 주는 건데, 같이 밥 먹는 친구들은 그 애들 기다리다가 식은 밥 먹고 떠든 애들은 따뜻한 밥 먹어야 합니까? 이건 떠든 애들한테 벌이 아닙니다." 이렇게 따지니, 선생님이 좋아하겠어요? 그리고 선생님이 '맛있는'을 [마신는]이라고 발음하니까 이놈이 『우리말 갈래사전』을 들고 갔어요. "선생님, '맛있는'을 [마신는]이라고 발음하려면, '맛없는'은 [마섬는]이라고 발음해야 합니다." (청중 웃음) 요즘은 [마신는]이라는 발음도 표준 발음으로 쳐준다네요. 성우들도 다 그렇게 읽고. 게다가 요즘 선생님들 같으면, "그래, 네 말이 맞다" 해줬겠지만, 당시에는 그렇게 따져대면 미움 받을 수밖에요. 이러다 보니 제가 잘못 가르쳤구나 싶더라고요. 그런 DNA가 있긴 있는가 봐요.

어디서 봤는지, 저는 학창시절 내내 책상 앞에 이렇게 써놨어요. "굴욕적인 생(生)보다 분투 중의 부(仆)." 비굴하게 사는 것보다 싸우다가 죽겠다는 말이죠. 지금 생각하면 그걸 왜 써놨는지 모르겠어요. 그리고 김구 선생의 좌우명 중에 "벼랑에서 나뭇가지에 매달려 있을 때, 손을 놓는 것이 사내다운 태도다"라는 말을 제 일생의 좌우명으로 삼겠다고 어릴 때 마음먹었어요. 아무도 없는 벼랑길에서 나뭇가지 하나에 몸을 의탁하고 있다가 힘이 빠지면 바닥으로 떨어질 거 아니에요? 썩은 나뭇가지에 매달려 죽을 때를 기다리지 말고, 더 안전한 곳으로 가던지 손을 놓으라는 것이죠. 좌우명을 완전히 잘못 잡은 거예요. (청중 웃음)

정(正)은 한 일(一)과 그칠 지(止)를 합한 글자죠. 한 일자가 나라 국(國), 성을 뜻하는 거랍니다. 밑의 그칠 지(止)는 발 족(足)자를 뜻하고. 즉, 성을 치러 가는 것을 뜻하는 말이랍니다. 정벌할 정(征)과 같은 뜻이라는 거예요. 즉 정의는 생명을 걸어야 한다는 이야기죠. 정의롭게 살기 위해서는 하나밖에 없는 목숨을 걸어야 한다니 얼마나 어려운 거예요? 쉽지 않더라고요.

제가 이렇게 잘난 척하면서 떠들고 있지만, 부끄러운 것이 많아요. 정말 많아요. 제가 1980년대에 검사 임관했어요. 좌우로 무한순환 방식으로 폭탄주가 돌아가는데, 저녁식사 전에 술자리가 끝나거든요. 아무리 술이 세도 여덟 개 마시면 떨어져나가요. 그렇게 기절했다가 눈 떠보면 옆에 여자가 누워 있어요. 누가 들여넣은 건지 모르죠. 회사를 다닐 때도 이런 일들이 있어요. 출장 가면 문을 잘 잠그고 자야 해요. 밤중에 문 두드리면 틀림없어요. 사람들이 이렇게 무엇으로라도 매수해보려고 하니, 세상에서 흔히 말하는 '출세' 했다는 증거예요. 유혹이 많죠. 제가 성직자처럼 살아온 사람도 아니고, 양심적인 사람도 아니고, 의인이니 이런 표현도 말도 안 돼요. 제가 직업이라고 가져본 것이 검사니 기업이니 있었지만 사실은 다 얼치기고, 변호사라는 자격은 법정변론을 한 번도 안 해봤으니 정말로 엉터리고.

사람에게 참으로 다행인 것은 신이 예측력을 안 줬다는 것이죠. 앞일을 다 안다면 사람이 살겠어요? 다행히도 멋모르고 지금 살고 있죠. 그러나 누구나 죽잖아요. 그런데 희한하게도 누구나 가장 무서워하는 게 죽는 것이죠. 저 나름대로는 검찰에서 고발장 내야 수사한다고 해서 고발을 했는데, 이번에는 또 명단을 내놔야 수사한다고 해요. 뇌물 받은 검사 명단이 있어야 수사팀을 짤 수 있다는 말이에요. 검사가 1600명인데, 수사할 자격 있는 검사를 고를 수가 없다는 뜻이잖아요. 정말 자살하고 싶더라고요. 친구 몇 명에게 전화를 했어요. 그랬더니 다행히 "너 죽으면 안 된다"고 말려주더라고요. (청중 웃음) 사실 죽을 생각 없으니까 물어보죠. 지금은 제가 웃으면서 농담처럼 이야기하지만, 그간 수면제, 항우울제 먹고 잠들어야 했어요. 그러나 이런 이야기도 함부로 못 했죠. 미친놈이라고 할까 봐. 의사가 처방해주더라고요. 약 먹고 자는 게 차라리 편할 거라고. 가능하면 안 먹으려고 애를 썼지만, 아무도 안 만나고 몇 달 간 혼자 있으니 별생각이 다 들죠.

제가 기업에서 보고 느낀 것은 돈이 되는 것은 무엇이든 한다는 것, 그래서 그들을 규제로부터 풀어주면 안 된다는 것이에요. 규제를 아무리 강하게 해도 어떻게든 틈을 찾아서 빠져나오는데, 지금 정부는 이걸 풀어주겠다고 하죠? 이거 또 반정부 발언이 돼버리는데. (청중 웃음) 전에는 안 그랬는데, 요즘은 친구들에게 전화하면 "나는 너한테 연락한 적 없는데, 왜 전화했냐'고 물어봐요. 전염병 환자 만나는 것 같대요. 나와 알고 지내거나 친하다는 사실이 불편한 거죠.

나 머 지   인 생 은   다 르 게   살 고   싶 다

이 강의를 준비하면서 무얼 말해야 할지 모르겠더라고요. 이 자리에서 진실을 모두 말할 수도 없는 노릇이고, 잘못하면 제 인생 전체를 왜곡할 수도 있을 것 같았어요. 그렇잖아요? 자신도 모르는 자기 자신을 어떻게 표현합니까? 의식의 껍질인 내가 관찰하는 나도 거짓말일 수 있잖아요. 내가 한없이 양심적인 면도 있지만, 탐욕스러운 면도 갖고 있잖아요. 칭찬받고 싶기도 하고, 돈도 벌고 싶고, 사치하고 싶기도 하고 이런 모든 면을 갖고 있는 내가 나의 좋은 면만을 내보인다면 그건 사기죠. 이렇게 말하는 것도 사실 왜곡이에요. 참 어려운 일이에요. 그래서 말을 안 해야 하는데, 할 수 없이 말해야 하는 입장에 처해 있으니 문제죠.

옛날에 우리나라 최대 부수의 신문 매체의 대표가 '밤의 대통령'이라는 호칭을 들은 적이 있죠. 저는 검찰을 하면서 권력 체계가 국가의 공권력 체계와 암흑가의 권력 체계, 두 가지로 나뉘는 줄 알았어요. 기업에 가서 보니까 아니더라고요. 진짜 권력이 따로 있더라고요. 대통령 비서실장이 1년만 지나면 애완견처럼 길들어져요. 돈의 힘이 그렇게 무서워요. 그래서 저는 요즘 만나는 분들 보면 정말 기분이 좋아요. 경제개혁연대에서 활동하는 분들, 진보신당 등 아무런 보상을 기대하지 않고 좋은 일이라면 나서는 분들을 보면서, '이런 인생이 복 받은 인생이다' 생각해요. 물론

넉넉하게 살 수는 없겠죠. 명품 브랜드나 뭐 이런 건 아예 모르더라고요. 그런 삶을 사는 대가가 좀 힘든 거예요.

저도 나름대로 열심히 산다고 생각했는데, 검사 때 아이들한테 나이키, 리복 이런 거 사줄 수가 없었거든요. 애가 그런 신발을 원하기에 제가 한번은 청계천에 가서 리어카에서 2천 원인가 주고 하나를 사왔어요. 기분 좋게 학교에 신고 가더니 하루 만에 애들한테 들통이 난 거예요. 밑창 두께가 다르다네요. (청중 웃음) 애들 머리도 화장실에서 제가 이발해줬거든요. 그런데 사람 머리가 가운데 튀어나온 부분이 있어요. '바리깡'으로 미니까 원숭이처럼 가운데 자국이 나더라고요. 그래서 이놈이 학교 안 간다고 그래요. 제가 학교 선생님께 전화를 드렸죠. "아빠가 이발해주다 보니 못생겨졌는데, 격려 좀 해주세요." 그랬더니, 이 선생님이 격려는 안 해주고, "너희 아버지는 이발사는 안 되겠다" 이랬다네요. (청중 웃음) 지금은 이렇게 이야기하지만 그때는 정말 애들한테 쇠고기도 사주고 브랜드 신발도 사주고 싶었어요. 그래서 기업에 가면 이게 해결될 수 있다고 생각했는데, 또 다른 문제가 있었어요. 제가 너무 힘들더라고요.

그래서 제 나머지 인생은 다르게 살고 싶어요. 사제단 신부님들, 한겨레신문, 진보신당, 참여연대, 경제개혁연대, 그리고 저를 지원해주시는 여러 분들을 또 배신하면 안 되겠죠. 옛날 같으면 제가 별로 안 좋아하던 사람들이에요. 그러나 이런 분들과 남은 인생을 같이하는 게 제게 주어진 길 아니겠느냐 생각하고 있지요. 다만, 김정일도 해결 못한 먹고사는 문제를 제가 어떻게 해결하느냐 문젠데…… 보니까 우리 대통령님이 해결해주실 것 같아서 마음을 놓기로 했어요. (청중 웃음) 이제 질의응답 시간 갖기로 하죠.

진 심 으 로   삼 성 을   걱 정 했 다

사회자 수고하셨습니다. 그 동안 "저도 나쁜 놈입니다" 이런 말씀 참 자주 하
셨잖아요. "저는 영웅도 아니고, 투사도 아닙니다" 이런 말씀도 많이 하셨
고, 죄송한 말씀이지만 실제로 그 안에서 못된 짓 하셨잖아요. 공범이셨
잖아요. 그런데 최근에 인터뷰하시면서 "나는 누군가를 붙잡아서 감옥에
넣는 것이 목적이 아니다. 사회가 좀 더 성숙하는 계기가 되었으면 좋겠
다"라고 하셨는데, 우리 사회의 성숙도를 언제부터 그렇게 걱정하게 되셨
나요?(청중 웃음)

김용철 몇 년 전에 태국에 갔다가 이런 이야기를 들었어요. 일방통행로에서 역
주행하다 걸렸을 때 우리 돈으로 만 원쯤 주면 경찰들이 순행하는 차를 다
세우고 역진하는 차를 안내해준대요. 우리도 한때는 그런 수준이었을 거
예요. 제가 삼성에서 일하고부터는 '이 조직이 그대로 커가면 큰일나겠
다' 하는 생각이 들었어요. 그 안에서 있었던 일들을 대외적으로 다 이야
기할 수는 없겠지만, 재무팀 간 지 얼마 안 됐을 때 "비자금 빨리 털어라,
이대로 가면 안 된다. 이재용 3대 내려가면서 수직계열인 회사 다 가져가
지 말고 반은 털고 가라"고 말했어요. 그런데 나중에 보니까 말한 제가 바
보예요. "이런 식으로 가다가는 회장 구속된다"라고 하니까 이 사람들이
놀래요. 그런 발언을 누가 해본 적도 없어요. 제가 눈치가 없는 사람이었
죠. 이런 제게 이 사회의 성숙도를 언제부터 걱정했냐고 좀 심하게 물으
시는데,(웃음) 저 어릴 때부터 그런 고민했어요. (청중 웃음)

사회자 그런데 7개월이 아니라 7년을 삼성에 계셨으니까, 참 많은 분들을 관리
하셨더라고요.

김용철 제 전화번호부에 천여 명이 들어 있던데, 대부분 연락을 안 하는 사람들이죠. 사람이 사람을 관리한다는 게 말처럼 쉽지 않습니다. 여러분도 스무 명 이상과 연락을 일상적으로 주고받기 쉽지 않을 거예요. 요즘 쓰는 '관리'라는 표현은 정기적인 매수 행위를 한다는 뜻으로 쓰이고 있는데, 개인의 정기적인 인간 관리에는 한계가 있어요. 삼성이라는 조직이 임직원이 25만 명에 이르고 임원도 2500명에 이르니까, 사람을 관리하게 되는 거죠. 제가 검찰 조직 출신이라 검찰 관리를 맡게 되었는데, 저 나름대로는 말리고 싶었지만 소용없었죠. 제가 임원회의에서 이런 말을 한 적이 있어요. "당신네들, 공무원 스포일(spoil; 망치다) 그만 해라." 그랬더니 발끈하는 자가 있어요. "우리가 스포일하는 게 아니다. 그들이 원하는 것이다"라고 말하더라고요. 그런 저도 몇 년 지나 안에서 팀장 되고 전무 되고 보니 그런 속없는 소리는 눈치껏 안 하게 되더라고요. 그러나 결정적으로는 대통령까지 기업에서 매수하는 행태에 대해 수사가 진행되는데도 끝까지 버티는 모습을 보고 제 의식이 많이 바뀌었죠.

　　아, 방금 쉬는시간에 어떤 남자분이 제게 꽃을 줬는데, 제가 어떻게 해야 할지를 모르겠네요. 이런 경우는 처음이라서.⁽청중 웃음⁾

사회자 저는 김 변호사님께서 그 동안 참 외로우셨을 것 같다고 생각했는데요, 지금은 우군이 많이 생겼고 정말 많은 분들이 응원해주시기 때문에 힘을 많이 받으신 것 같아요. 이제 여러분들의 질문을 받겠습니다.

청중1 김 변호사님은 이 일로 많은 것을 잃으셨을 텐데, 후회해본 적은 없으십니까? 후회한 적이 있다면 무엇 때문인지 말씀해주세요.

김용철 저도 생각해봤어요. 있을 수도 없는 일이지만 '다시 인생을 산다면 검사를 퇴직할 때 기업을 택할 것이냐' 하는 질문 앞에서, 한국 상황에서라면 저는 안 할 것 같아요. 그런데 최근에 이렇게 공론화를 시작하는 시점으로 다시 돌아간다면 제 주장만 내놓는 게 아니라 좀더 치밀하고 전술적, 전략적으로 접근하겠어요. (청중 웃음) (박수)

청중2 '배신'이라는 주제가 불편하다는 말씀을 몇 번 하셨는데, 삼성에 재직한 동안이 아니라 그만두고 3년이라는 시간이 지난 후에 터뜨린 사건이라는 점에서 100퍼센트 정의라고 보기 어렵다고 말하는 이들이 있습니다. 복수, 보복의 심리가 더 많이 작용한 게 아닌가 의심하는 사람이 많은데, 저도 살짝 그런 생각이 없지 않습니다.

김용철 제가 이번 일은 강요당한 측면이 강하고 개인적인 동기가 분명히 작용했죠. 그런데 그게 어느 순간부터는 저 친구들을 해코지하거나 복수하는 게 아니라 좀더 사회에 공익적인 방향으로 승화시키는 계기가 되면 좋지 않겠는가 생각하게 됐어요. 자기변명이라면 변명이랄까, 저는 지금 시점에서 보복 감정은 없습니다. 저쪽 사람들이 많이 처벌된다고 제가 얻을 게 뭐가 있겠어요? 다만 왜곡된 것이 고쳐지면 되는 것이죠. 그렇다면 제 후손들이나 같은 시대를 살아가는 사람들에게 손가락질을 조금 덜 받지 않겠어요? 우리 아이들도 아무개 자식이라는 비난을 덜 받을 것이고.

사회자 저는 이것이 김 변호사님 개인의 일이라기보다는 대한민국의 역사가 이 정도 흘러왔고, 어떤 의미에서 한계점에 다다랐기 때문에 김 변호사님과 같은 분들이 슬슬 나올 때가 된 것이 아닌가 하는 생각이 들거든요. 그래서 '시민의 혁명'이 필요한 것이 아닌가 합니다. 다음 질문 받겠습니다.

청중3 23세 여대생입니다. 변호사님 개인적으로는 삼성이라는 거대한 권력집단이 가지고 있는 힘이 무섭게 느껴지실 텐데, 그런 폭력에 대한 두려움은 없나요? 어떻게 대처하고 계신지 알고 싶습니다.

김용철 처음에는 제 주위에서 미행, 잠복했죠. 제가 그 동안 시골 동네 입구에 있는 컨테이너에서 살고 있었는데, '교통량 측정중' 이라는 명패를 단 차가 늘 서 있더라고요. 저도 전에 미행, 잠복 다 해봤는데, 저를 미행하고 있을 줄은 생각을 못했어요. 그런데 한겨레신문사 다니는 제 친구들이 와서 밤에 이야기 좀 하고 가면, 다음날에는 '저쪽에서 OO시까지 고발장 작성을 완료했다' 고 삼성에 보고됐다고 해요. 그러더니 나중에는 가족들이 사는 집에 쫓아오기도 하고, 친척들에게 연락하기도 하더라고요. 그런데 제가 수사했을 때의 경험이 있어요. 윗사람들이 압력을 행사하기 전에 먼저 가 있어야 해요. 정보를 더 많이 갖고 있어야 해요. 그래서 다급했죠. '저 사람들이 저런 행동을 보이니까 더 빨리 해야겠다.' 이것이 공론화되면 목표가 제가 아니잖아요. 그 다음에는 언론이든지, 시민단체든지 우군이 많아지니까. 지금 제가 여러분하고 같이 있으니까 내게 위해하지 못할 것 아닙니까? 그래서 저는 늘 사람들 틈에 있으려고 해요.

사회자 국민 모두가 보디가드가 되어드려야 할 것 같은데요.

김용철 신부님들이 제 경호원이 되어주셨어요. (청중 웃음)

청중4 제 부모님은 40대 후반 자영업자세요. 요즘같이 민감한 시기에 국가 경제의 핵심인 삼성을 건드리는 것이 말이 되냐고 하십니다. 그래서 제가 반론을 좀 펼치려 하면 "대학 등록금이 얼만지나 알고 그런 말을 하냐"고 하세요. 그러면 저는 드릴 말씀이 없어지는데요, 저희 부모님 같은 분께 한 말씀 좀 해주세요. (청중 웃음)

김용철 저도 같은 걱정을 했어요. '이 문제가 거론되면서 삼성 주가가 떨어지면 어떡하나.' 그런데 삼성 계열사들의 주가는 세계 경제 속에서 움직이고 있어요. IMF 상황에서는 한때 75퍼센트까지 외국 지분이었죠. 그렇기 때문에 저로 인한 주가의 변동은 없더라고요. 정말 다행이다 싶었어요. 비판 받을 수 있는 부분이거든요.

어떻든 제 발언이 경제에 안 좋은 영향을 미친다고 생각하는 분들이 있는 것은 어쩔 수 없지요. 정말 어쩔 수 없어요. 잘못된 경제인에 대해 눈 감아주고 칭찬하는 게 경제에 도움이 된다고 생각하신다면 어떻게 하겠어요, 그걸. 그러나 제 생각엔 이 일이 정말로 잘 해결되면 우리의 자랑스러운 삼성 계열사들의 주가가 세 배쯤은 오를 거라고 봐요. 그리고 그동안 개인이 불법적으로 축적해온 부와 개인의 영향력과 권력의 향상을 위해 써온 돈이 제대로 쓰일 것 아니겠어요? 삼성이 그림 사재기 많이 했다지만, 우리 젊은 화가들 그림 사놓은 거 봤어요? 그렇게 외국 그림 사다 모으는 게 문화에 투자하는 건지 저는 모르겠어요. 국수적인 발언이 아니라, 성장하는 분야에 대한 투자는 아닌 것 같더라고요.

제가 우리나라 경제를 더 어렵게 했나요? 그런 점은 있겠네요. 선거 때 불고기 파티가 좀 줄어든달지. 관광 경비가 좀 줄어든달지. 김인주 그 양반이 선거 때가 되면 그런 이야기를 했어요. "우리는 국민들의 불고기 파티 비용을 대는 것이다." 이런 자부심을 갖고 있더라고요. 그런 게 좀 줄어들었을지 모르지만, 도둑질한 돈까지 GNP, GDP에 들어가나요? 그건 잘 모르겠네요. 아닐 걸요. 범죄수익은 국민총생산에 안 들어가요. 솔직히 저는 경제 전문가가 아니라서 저의 발언들이 경제에 어떤 영향을 미칠지 잘 몰라요. 그러나 해결은 하고 넘어가야 할 문제 아니겠어요? 뒤주 속에 쥐가 들어가 있다면 잡아야 하지 않겠어요?

사회자 질문해주신 분의 부모님께서는 지금 투자하신 돈을 뽑을 생각만 하고 계시기 때문에 "등록금이 얼만데, 지금 쓸데없는 소리하고 있다"고 하시는 거거든요. 말하자면 부모님께서는 대학을 취직 준비하는 큰 학원 정도로 생각하고 계시는 거죠. 진리의 상아탑을 전 국민이 취직의 중간단계 정도로 생각하게 되었기 때문에 이러한 비극적인 대화가 오가게 된 것 같습니다. 다음 질문해주세요.

청중5 고양시에서 온 시민입니다. 삼성특검의 결론을 이미 알고 있다고 말씀하셨는데, 만약 특검이 최악의 상황으로 허탈하게 끝난다면 어떻게 행동하시겠습니까?

김용철 기대가 클 때 허탈하겠죠. 우리 어릴 때 미팅에 나가면 "혹시나 했더니 역시나"라는 말을 했는데요. '혹시나' 할 때 실망할 수 있지만, 어떤 과정을 거쳐 어떤 정도의 수준으로 수사될 거라는 걸 알고 있는데 허탈할 게 뭐가 있겠어요? 다만 결과로 검증될 뿐이고, 수사나 재판으로 해결할 수 있는 문제는 아니죠. 너무나 복잡하게 사회 속에 이 문제가 짜여 있잖아요. 한 번의 수사, 한 번의 재판으로 해결될 수는 없겠죠.

다만 성과는 있지 않겠어요? 하다못해 관료들이 그 동안 자신에게 주어지는 급여 외의 것을 사회적인 대가나 대접으로 생각해왔다면, 이제는 그것이 얼마나 위험한지 알고 간이 아주 부은 사람이 아니고는 받기를 꺼리지 않겠어요? 훈장으로는 생각 안 하겠죠? 삼성도 그런 부분을 조심할 거고. 회사 돈 꺼내는 것도 완전히 깨끗해지지는 않겠지만 좀더 치밀하고 교묘해져야만 한다면, 힘들어지지 않을까 싶기도 합니다. 이것도 희망사항이죠. 그리고 특검이 이번에 끝나도 재판까지는 수 개월 이상 갈 거고, 나머지 문제들도 아직 검찰에 남아 있고, 금감위, 공정위, 국회에서 해야 할 일도 남아 있기 때문에 여러분께서 관심을 갖고 지켜보신다면 문제의 근본에 다가가는 계기를 만날 수도 있을 것 같습니다.

살 인 범 이 아 무 리 많 아 도 잡 아 야 한 다

사회자 지금 털털하게 말씀하고 계시지만, 이런 일이 우리에게 일어난다고 가
정해보세요. 여러분의 자식은 굶고, 집안에 빚이 엄청나고, 죽고 싶을 때
선배 A는 국가의 통일을 위해 애쓰고 있고, 선배 B는 당장 내게 2천만 원
을 꿔준다면 누구를 더 배신하기 힘들겠어요? 지금처럼 편안하게 말씀하
게 되기까지는 아마 큰 아픔과 긴 성찰의 시간이 있었으리라 생각합니다.
아직도 전두환 씨에 대한 충성을 바치는 사람들이 많잖아요. 어떻게 빼앗
은 돈이건 간에 내 새끼를 먹여살리도록 그 양반이 챙겨주셨다면서 잊지
못하잖아요. 그런데 김 변호사님은 그런 인간관계를 모두 끊고 이 자리에
있을 수 있다는 것이 저라면 개인적으로 경험하고 싶지 않은 과정입니다.
또 다른 분의 질문을 들어보겠습니다.

청중6 일부 언론이나 여론은 삼성의 경쟁력이 국가의 경쟁력인데, 괜한 문제
를 건드려서 문제 일으키는 것이 아니냐는 의견을 내놓고 있습니다. 삼성
만 그런 것도 아니고 다들 저지르는 범죄를 삼성이 저지르니 크게 보일 뿐
인데, 지금 이런 식으로 건드리면 국가의 경쟁력이 떨어지는 것 아니냐는
말입니다. 그런데 우리 국가의 경쟁력을 대변할 만큼 삼성이 대단한 가치
가 있는 기업인가요?

김용철 길거리에 소매치기가 아무리 횡행해도, 증거가 있고 잡힌 사람은 처벌
해야 하는 거 아니겠어요? 살인범이 아무리 많다 해도, 걸리는 대로 처벌

해야 될 거 아니에요? 삼성이라는 기업은 우리에게 이미 어느 정도는 신화적인 존재가 되어 있죠. 시민운동가, 노동운동가조차도 자기 자식에 대해서는 삼성에 입사 청탁을 할 정도예요. 좋은 기업이죠. 세계적으로 경쟁력 있는 기술력이 20여 가지 되고요. 그런데 그런 기술이 정말 세계적인 것이 되어야 하잖아요. 금융업의 경우는 국내에서만 경쟁력이 있어요. 손보, 생보, 화재, 카드, 증권 등 국내에서 조 단위 흑자를 내는데, 밖에서는 적자예요. 밖에서는 투자 십억 하면 적자 십억 나겠더라고요. 그리고 사실 생산 공장은 70퍼센트가 밖에 있어요. 제일모직 원단 공장도 중국에 있고, 가전은 광주에서 만들다가 아마 밖으로 뺐을 거예요. 중국과 이제 경쟁이 안 될 정도니까. 고부가가치의 반도체랄지 핸드폰 회로기술 등을 취급하는 공장은 국내에 있죠.

우리가 이미 노동집약적인 산업 단계는 벗어났으니 삼성이 우리의 민족 기업이라고까지 말할 필요는 없겠지만, 삼성의 문제는 일개 기업의 문제 수준은 넘어섰습니다. 그 조직이 문제를 갖고 있다면, 해결을 해야 하지 않겠어요? 그쪽에 잘못 보이면 공직자든 언론인이든 자리를 보전하기 어렵다고 할 정도라면 곤란하지요. 우리가 몇 년에 한 번씩 주권을 행사해서 대통령과 국회의원을 뽑는데, 또 다른 최고권력자가 있다면 문제겠죠.

청중7 삼성에서 등록금을 받아가며 법을 배우고 있는 학생입니다. 그래서 김용철 변호사님의 양심고백에 100퍼센트 따를 수 없었던 것을 양심고백합니다. 삼성의 부하, 내지는 은혜의 수혜자로서 최소한의 죄책감은 없으신지, 그리고 삼성에 조그만 미련이 남아 다시 충성하고픈 마음은 없으신지 궁금합니다. (청중 웃음)

김용철 저도 갈등이야 충분히 있었죠. 제가 거론한 명단에는 저와 근무 인연이 있었던 옛 동료들, 특히 검찰 동료 선후배들이 전부 들어 있잖아요. 제가 결벽증에 가깝도록, 제 대학 선후배거나 동향인, 제가 감싸야 할 사람들을 더 이야기했어요. 그렇지 않으면 저 스스로 자신의 공정성을 의심하게 될 것 같아서요. 그렇지만 저는 삼성 자체를 거론한 것이 아니에요. 용어에 혼란이 있는데, 삼성에는 25만 명의 임직원과 셀 수 없는 주주들이 연결되어 있어요. 국내에 이렇게 연결된 분들이 100만 명도 넘을 거예요. 제가 이렇게 삼성에 소속된 분들 전부를 두고 이야기하지 않잖아요. 이씨 일가와 몇 명의 가신들을 이야기하는 거예요. 불법 자금을 만들고 왜곡된 시스템을 운영하는 그 사람들. 아무리 확대한다고 해도 200명을 넘지 않을 거고, 제가 이야기하는 것은 몇 십 명 정도예요. 삼성의 한 부분을 이야기하는 거지, 삼성에서 일하는 반도체 기술자들을 이야기하는 게 아니에요.

여러분 중에 대학생들은 삼성 들어가고 싶은 사람 많을 거예요. 좋은 직장이에요. 쉽게 망하지 않을 것이라는 믿음을 주는 곳이죠. 때 되면 급여 줄 거고. 제가 회사에 들어갔을 때는 창사 이래 처음으로 보너스를 못 주던 해였어요. 그런데 그런 위기상황에서 제가 할 역할이 있었죠. 구조조정. 잘하죠. 구속도 잘하고 사형도 시켜본 사람이 사람 못 자르겠어요? 그때는 제가 피도 눈물도 없이 잘라냈어요. 그렇게 동료들을 잘라내고 나서 급여도 좀 오르고 회사가 잔치를 하게 됐죠. 이런 회사와 사람들에게 제가 인연이 없다고 어떻게 말할 수 있겠어요? 그래서 저쪽에서도 저한테 여러 가지 제의를 했어요. "로펌을 차려줄 테니 서로 좋은 길을 찾자"고 하는데, 만약 제가 그쪽과 접촉하거나 제의를 수락한다면 그건 진짜 인간도 아니잖아요? 그래서 저는 아예 안 만났어요. 저 혼자 마음 정리하고 나서, 그 사람들하고 이야기할 수준은 이미 넘었어요.

질문하신 분은 인간적인 미련과 감정에 대해 이야기하시는데, 그런 것을 가지고 있다면 이런 일을 할 수 없겠죠. 그 안에 제 학교 선후배, 동료들도 많이 있어요. 그 사람들이 그런 인간적인 관계를 통해 다 저에게 접근하대요. 그런데 그런 관계 때문에 그 사람들을 다 만난다면 어떻게 되겠어요? 언젠가 한밤중에 학교 후배가 갑자기 전화해서 "형!" 하길래, 저는 "너 같은 동생 둔 적 없다" 하고 그냥 끊었어요. 그런 사람 만나서 이야기 듣고 있으면 안 되잖아요. 인간성을 버린 듯 보이더라도 이해 좀 해주세요.

사회자 어느 인터뷰에선가, "사육되기 싫었다"고 하셨어요. 그곳에서 사육된다고 느끼셨다고 해요. 다른 분의 질문도 들어보죠.

청중8 이재용 전무가 삼성그룹을 이끌어가기에는 개인적인 역량이 부족하다고 하신 말씀을 들은 적 있는데요. 가까이서 보신 이재용 전무의 역량은 어떠하며, 부족하다면 그 자리를 대신할 만한 대안으로는 어떤것이 있을지 변호사님의 의견을 듣고 싶습니다.

법 대 로   가 면   된 다

김용철 사실 제가 그 사람의 역량을 판단할 수 있는 자격이 있는지는 의심스럽습니다. 일단 이재용 전무 같은 사람은 특별한 환경에서 자랐기 때문에 보통 사람들과 생각이 달라요. 제가 한 가지 걱정스러운 것은 준법의식이 너무 없다는 거예요. 일부러 여러 번 제가 물어봤어요. "당신, 룸살롱은

가봤느냐, 전철을 타봤느냐, 백화점상품권으로 물건을 사봤느냐." 이 양반은 결혼식 축의금을 얼마 해야 하는지 개념이 없어요. 이런 세속적인 경험이 없고, 부자 간에 모두 돈을 벌기 위해 노동을 해본 적이 없죠. 공부 마치고 돌아와보니까 우리나라 최고 부자가 되어 있잖아요.

그런 사람들이다 보니 이런 모든 상황이 자신들에게 '주어진' 것이라고 생각해요. 비자금이니 차명 예금이니 하는 것들이 남들에게도 있을 텐데, 왜 나만 가지고 시비하느냐고 저한테 물어봐요. 그래서 이건 정말 문제라고 생각했어요. 이런 위험한 법률의식을 경영자가 가지고 있다면 곤란하잖아요. 더 나빠지지 않겠어요? 뿐만 아니라 자신이 노력한 적도 없고 검증된 적도 없는데 최고권력자로 인정한다면 문제 있는 시스템 아닌가요?

그렇다면 대안은 무엇인가. 왜 꼭 그룹이 있고 총수가 있어야 돼요? 다른 나라에도 기업 집단이 있죠. 하지만 이런 식으로 각 사에 할당해서 조직적으로 개인 자금을 챙기고 관리를 매수하는 식의 기업 집단은 없을 걸요. 그에 대한 대안을 말하라면 저 잘못된 권력 조직은 그대로 인정해주자는 말이 전제되어 있는 것 같은데, 저는 반대해요. 자생력 없는 회사는 축소하고 폐기하고, 성장할 수 있는 회사만 남겨야겠죠. 반도체처럼 경쟁력 있는 사업은 살려둬야겠지만, 가전 같은 사업은 중국에 금방 따라잡힐 것 아녜요. 제일모직이 원단 장사를 60년 동안 하고 있지만, 이탈리아의 중저가 제품보다 못해요. 언제까지 만들고 있어야겠어요? 엘지가 미국의 '골드스타'라는 택시 회사를 인수한 적이 있어요. "이 택시 회사가 우리 할아버지께서 만든 브랜드를 쓰다니" 인수해서 회사 이름을 없애려고 했던 거죠. 이런 건 올바른 판단이 아니잖아요.

이런 게 바로 총수 경영이기에 가능한 상황들이에요. 하지만 개인의 성향이나 취향에 따라 회사를 운영한다면 곤란하죠. 합리성이 결여되어 있잖아요. 따라서 이재용 전무의 대안에 대해 제 개인적인 생각이 궁금하시다면, 주주총회에서 이사를 선임하고 회사법대로 가는 게 맞다고 말씀드리고 싶네요.

사회자 대안은 '법대로 가면 된다'는 말씀이시네요. 법대로 가야 할 것 같습니다. '외국에서 88서울올림픽은 몰라도 삼성은 다 안다는데……. 그 대단한 기업의 총수 아들이고 학벌도 굉장히 빵빵하고 아주 똑똑한 사람일 텐데…….' 이렇게 모두가 설마설마 했지만, 가까이서 보신 분들은 하나같이 '같은 대한민국에서 살고 있는 사람이 어떻게 그렇게 다른 생각을 하고 있을까' 하고 놀랐다고 해요. 그런데 저는 별로 안 놀랐어요. 복부인들이 장관 자리에 앉았다가 땅 투기가 걸리면 "땅을 사랑해서 그랬다"고 대답하는 세상인데, 기업인들도 자기만 재수 없어서 걸렸다고 생각하고 진심으로 반성할 리 없잖아요. 그런 수준의 사람들이 최고경영자가 되고, 장관이 되고, 우리가 사는 세상을 지배하는 것이 그렇게 놀라울 일도 아니죠. 또 다른 질문 받습니다.

청중9 배신 전후, 변호사님의 꿈이 변하셨다면 듣고 싶습니다.

김용철 꿈…… 희망이요? 제가 삼성에 있을 땐 희망이 없었어요. 공무원으로서도 벼슬 욕심이 없었는데, 회사에서 위로 올라가는 것에 대한 희망이 없었고요. 그런데 그 사람들은 그런 직위도 비석이나 족보에 적어야 한다고 주장하더라고요. 죽은 뒤에 족보나 비석에 뭐라고 적힌들 저한테는 별 소용이 없어요. 그래서 그때는 꿈이 없었는데, 지금은 있죠. 이루어질 수 있든 없든, 저의 발언이 단초가 돼서 이 문제가 해결되는 방향으로 진전

된다면…… 그게 바로 저의 큰 꿈이죠.

사회자 구체적으로 어떤 결과가 나오길 바라시나요?

김용철 제가 원하는 결과를 말하면 선동이 될 텐데요.^(청중 웃음)

사회자 이미 김 변호사님이 이 자리에 앉아 계신 것만으로도 굉장한 선동입니다.

김용철 불법적이고 범죄적인 권력 체계는 괴멸돼야 한다고 생각합니다.^{(청중 웃음)(박수)}

청중10 저는 이번 기회에 여러 매체를 통해 변호사님의 모습을 보았습니다. 앞으로는 힘을 내시고, 부디 '풀파워' 자신감 가득한 모습의 사진과 영상을 보았으면 좋겠습니다. 정말 감사 드립니다.

사회자 아, 팬클럽에서 오셨나봐요.^(청중 웃음)

김용철 제가 그 부분은 말씀을 좀 드릴게요. 사실 저는 낙천적인 사람이에요. 팔다리가 부러져서 수술하기 전에 의사한테 팔을 잘라도 된다고 했어요. 왼팔 없어도 산다고. 제가 이렇게 편한 사람인데, 요즘 자꾸 카메라에 웃는 모습이 잡히나 봐요. 자주 웃다 보니까 눈가에 잔주름도 많은데, 제 웃는 얼굴을 보고 "건방지다" 이렇게 말하는 사람이 많고,^(청중 웃음) 제 아들놈들도 이미지 관리 좀 하라더라고요. 너무 건방지게 보인다고. 아, 그래서 인상을 쓰면 또 표정이 더럽다는 둥 눈빛이 더럽다는 둥…… 연예인들은 정말 힘들 것 같아요. 그런데 제 모습을 그대로 보여줄 수가 없어요. 제가 지금은 이렇게 겉옷을 잘 여미고 있는데, 사실 이렇게 있어본 적이 한 번도 없어요. 다 펴고, 풀고, 맘대로 떠드는 사람인데 오늘은 차분하게 해보려고 정말 애를 썼어요. 거의 조문 가는 복장이죠, 지금.^(청중 웃음)

제 마음은 지금 참 편합니다. 간혹 혼자 있을 때 사치스런 생각이 들어요. '앞으로 내 팔자가 어떻게 될까.' 정말 사치스런 생각이죠. 작년에는 제 주위에 아무도 없었는데, 이제는 제 말 들어주는 사람들이 있잖아요. 그리고 상당 부분은 사실로 검증됐고. 재판이나 수사상 증거가 없어 유죄로 드러나지 않는다고 해도 믿어줄 사람이 많잖아요. 그리고 그 해결책은 제가 제시해야 하는 부분이 아니고요. 우리 국가와 사회의 모든 개념들이 작동해야 해결되는 문제고, 제가 떠들어서 해결되는 게 아니죠. 여러분이 어떤 역할을 하든 사회 곳곳에서 이 문제에 관심을 갖고 제 역할을 한다면 어떻게든 해결될 겁니다.

청중11 저는 삼성에서 일하고 있는 직원 중에 한 사람입니다. 전직 삼성 직원으로서 저와 같은 후배들에게 해주고픈 말씀이 있다면 부탁 드립니다.

김용철 삼성 임직원들, 직장에 자부심 갖고 다녀도 돼요. 아비가 범죄자라 해도 자식이 *부끄러워할* 필요 없잖아요. 하물며 직장 상사가 나쁜 짓을 좀 했다고 *부끄러워할* 필요가 없어요. 총수 일가가 욕심을 부리고 전 구조본이 가신 행세를 하며 무슨 짓을 했든, 25만 명 임직원들은 대부분 상관이 없어요. 자부심을 가지고 어깨 펴고 다녀도 돼요. 특검의 제목이 잘못됐어요. '삼성 비자금 의혹 특별검사'라고 하는데, 저는 '이씨 일가 비리 의혹 특별검사'로 바꿔달라고 여러 번 말했어요. 삼성 비리가 아니거든요. 삼성의 수많은 임직원과 가족들이 언제 회사 돈을 훔쳤어요?

삼성에서 직원이 3만 원짜리 취소된 전표로 회사 돈 처리한 게 걸리니까 징계해고를 하더라고요. 공무원 징계법 상으로는 3년이 시효지만, 회사에는 시효가 없으니까. 신뢰관계가 깨졌다고 보고, 자를 놈은 무슨 방법을 써서라도 잘라요. 그렇게 엄정한 내부 윤리성을 주장하는 사람들이 본인들의 문제에는 엄격하지 않죠. 그러니까 삼성에 다니는 대부분의 임직원은 자랑스럽게 다녀도 돼요. 좀 더 좋은 회사를 만드는 데 저처럼 성질이 더럽고 미친 듯한 사람이 도움이 된다면 다행이겠죠.

청중12 저 역시 삼성 직원인데요, 여러 문제로 갈등 중인 가운데 김 변호사님의 활동이 많은 힘이 되고 있습니다. 힘내시라고 응원 드리고 싶습니다.

김용철 아, 그러면 제가 하고 있는 일에 좀 동참해주시면 좋겠네요. ^(청중 웃음)

청중13 김 변호사님의 폭로에 대해 '뒷거래를 통한 배신'이라고 말하는 사람도 있습니다. 저도 처음에는 그런 생각을 할 수밖에 없었거든요. 정말, 정말 이 커다란 배신의 대가가 양심의 자유뿐인가요?

사회자 성경에 나오는 도마의 유전자를 가지신 분이네요. 믿음이 너무 없으세요. ^(청중 웃음)

배 신 의   대 가 는   오 직   양 심 의   자 유

김용철 제가 뭘 얻죠? 좀 더 크게 터뜨려야 크게 받나요? 아, 제가 뒷거래를 시도하다가 액수가 안 맞으니 터뜨려버린 거다? 그럼 제가 바보 짓 했네요. 안 터뜨리고 조금이라도 받는 게 이익인데. 생각이야 마음대로 하실 수 있어요. 제 친구들이 저를 두고 많은 말을 만들었대요. '100억 설'도 있고, '50억 설'도 있고. 또 그 친구들이 제가 룸살롱 마담하고 살림을 차렸네 하는 말까지 하고 다녔어요. 요즘도 아주 심한 말들을 많이 만들어내요.

제가 변호인단과 한번 이야기를 해봤어요. "이걸 얼마를 가지고 거래해야 할까?" 우리는 내부적으로 1조에서 한푼도 안 빼주기로 했어요. "1조 정도면 좋은 곳에 쓸 만한 규모의 돈이다. 그 이하로는 절대 거래에 응

하지 않는다.” 신부님들하고 농담한 내용이에요. 저는 한 번도 삼성 쪽하고 협상을 한 적이 없어요. 저쪽 사람들이 만든 이야기죠.

그런데 그런 말을 하고 다닌 사람들이 제 고등학교, 대학교 후배들이에요. 그런 말들을 언론가에 돌리면서 방송 프로듀서들을 만나서 이야기해요. 그런데 제가 그런 의혹에 대해서 일일이 대응하자면 '뭔가 있으니까 발끈하지' 또 그럴 거 아니에요. 그래서 아무런 대응을 안 했어요. 저는 개인적인 비난으로써 이 문제를 덮을 수는 없다고 생각하니까 상관없고요. 다만 가끔 좌절을 느끼는 게 제가 우리나라 경제에 문제를 일으켰다느니, “시절이 하수상하니 저런 놈이 나오지” 하는 이야기들을 들으면 안타깝죠.

청중14 김 변호사님께서 삼성에 대한 발언을 하기 위해 정의구현사제단을 선택하신 이유를 듣고 싶습니다.

김용철 그분들은 하나님의 섭리라고 말합디다. 한겨레신문사에 다니는 제 친구가 사제단의 함세웅 신부님을 한번 만나보재요. 저는 함 신부님에 대해 옛날 박종철 사건이니 하는 수사 기록에서나 보았지, 모르잖아요. 그래도 친구를 따라서 찾아뵈었는데, 저를 보시더니 처음에는 막 혼내시더라고요. 어디서 다 해먹고 이제 와서 고발을 하느냐는 식으로. (청중 웃음) 아주 되게 혼내시더라고요. 신부님들을 만나서 한 보름 동안 무지하게 혼났어요. 사실 평생 먹을 욕을 다 먹었어요. 원로 신부님들이 돌아가면서 저를 혼내는데, 옛날에 저한테 심문받던 사람들 심정이 이랬겠구나 싶더라고요.

사실 제가 달리 어디 갈 데가 없었어요. 이곳저곳 접촉을 했는데, 다 어렵다고 하고 불가능하다고 하고…… 심지어 상당히 양심적인 사람들조차 실익이 없는 싸움이라고 그만두라고 종용하고…… 또 정권을 상대해서 민주화 투쟁을 크게 했던 분조차도 "이것은 한 번은 해야 할 일이지만 개인적으로 감당할 수 없다"고 하시더라고요. 그리고 어떤 분은 이렇게 충고하셨어요. "황폐한 뒷골목에서 쓸쓸한 최후를 맞게 될 것이다."(청중 웃음) "시골에 가서도 장사하도록 봐줄 수가 없다."

마침 변호사협회에서는 자격 문제도 거론하대요. 뭐, 변호사의 윤리로서 의뢰인의 비밀을 어쩌고……. 조직에 속했던 자가 그 조직에 대해 이야기하는데, 이게 의뢰인인가요? 그럼 삼성에서 한 모든 일이 의뢰인의 비밀인가요? 난 편하게 그건 아니라고 생각했어요. 그리고 자격증, 나한테 필요 없어요. 변호사 자격증을 따려고 공부했던 것도 아니고, 우연히 얻게 된 거예요. 졸병으로 입대하지 않으려고 9급 공무원 시험을 보려고도 하고, 제일은행 입행시험 봤다가 떨어지기도 했거든요. 당시는 군미필자 뽑는 곳이 그런 곳밖에 없더라고요.

청중15 국민의 한 사람으로서 특검을 바라보며 무력감이 느껴집니다. 만약 이런 식으로 성과 없이 끝난다면 우리는 어떻게 해야겠습니까? 제2, 제3의 삼성 사태가 벌어지지 않도록 우리 각자는 국민으로서 어떤 자세를 가져야 할지 의견을 부탁드립니다.

김용철 저나 여러분이나 좌절할 필요는 없을 것 같아요. 사실 어렴풋이 알던 것을 더 자세히 알게 되었을 뿐, 달라진 건 없잖아요? 이런 사건으로 인해 좀 더 나아지지 않겠어요? 역사상 개혁이니 혁명이니 하는 것이 한 번이라도 완전하게 성공한 적이 있나요? 프랑스대혁명이 프랑스 인구의 10분의 1을 죽이는 피를 흘렸지만, 그후에 다시 반동이 왔잖아요. 이번 일도 마찬가지죠. 저는 그래서 그 안에서 저 같은 사람 한두 명쯤은 나왔으면 좋겠다 싶은데, 안 나오네요. 그리고 언론이 이 정도 떠들어댔으면 태도의 변화가 조금은 일어날 줄 알았는데, 그게 없어요.

검사 규정에는 상명하복 규정이 있지만 위법한 명령에는 복종하지 않아도 된다는 사항이 있어요. 사실 말이 안 되는 이야기죠. 직장생활 조금만 하다 보면 말 안 하는 게 최선이라는 걸 금방 알게 되는데. 저도 삼성에 들어가서 몇 년 간은 핵심에 있지 않았기 때문에 몰랐죠. 그런데 제가 위장을 잘했는지 나름대로 신임을 얻고 많은 일을 하게 되었죠. 그래서 입장을 바꿔놓고 생각해보니까, 저 사람들은 반성하는 순간 그 인생이 끝나는 거예요. 그대로 가는 수밖에 없어요.

여러분 중에 공직에 있는 분들이 계시다면 좀 불편하더라도 유혹 앞에서 버텨주시고, 기업에서 일하고 계시다면 비자금이나 불법승계에 큰 역할을 하는 사람들이 요직에 가게 되거든요. 그 욕심을 좀 버리면 됩니다. 모두가 혁명투사가 될 수는 없는 거 아니겠어요? 자기 입장에서 바르게 판단하고 최선을 다해서 살면 세상을 바꾸는 힘이 되겠죠. 더 이상의 방법은 없어요.

사회자 긴 강의를 마치고 마지막으로 하시고 싶은 말씀이 있다면 듣고 싶네요.

나 를   믿 어 준   사 람 들 과   끝 까 지   가 겠 다

김용철 요즘 저를 보고 어떤 분들은 "삽자루 들고 대운하라도 파서 나라를 살려보려는 시기에 무슨 쓸데없는 짓이냐"라고 비난하기도 하시는데요. (청중웃음) 저는 정치적으로는 어떤 정당도 지지하지 않는데, 요즘 분위기로는 삼성 문제를 해결하는 데 좋지 않아 보였어요. 그런데 마침 최근에 대통령께서 '법과 질서'를 강조하시더라고요. (청중 웃음) 시위 현장에서 경찰들에게 내리신 명령인 것 같은데, '도둑질하지 말라'는 것도 법과 질서 아니겠어요? 저도 그러니 기대를 한번 해봐야죠.

저는 그 나라의 지도자와 권력자가 그 나라 국민의 수준을 반영한다고 봐요. 삼성의 가신 몇 사람만 비난할 이유가 없어요. 저를 포함하여 우리 시대를 살아가는 사람들 모두의 수준을 말해주는 거예요. 그래서 이 문제는 내 얼굴이고, 저도 공범으로 그곳에서 7년 이상을 버텼어요. 그렇기 때문에 시간이 한참 지난 지금이라도 저는 "그때 왜 그랬는가" 하는 비난을 받아야 해요. 그리고 저를 의인이라고 부르는 것은 옳지 않아요. 저는 대중 선동가도 아니고, 정치가도 아니고, 학자도 아니에요. 그냥 처자식하고 잘살아보려다가 몰려서 강요된 측면이 강해요. 예상할 수 없었던 운명인데 어떡합니까.

저는 다시 배신하면 돌아갈 데가 없어요. 이미 지구 반대편으로 왔잖아요. 그래서 지금 저를 믿어주시고 지원해주시는 분들과 끝까지 갈 거고…… 다만 돈이 안 될 것 같아서 걱정이에요. (청중 웃음) 제가 양평에 살면서 돈 안 쓰고 사는 훈련을 한번 해봤어요. 앞집에 사시는 분은 한 달에 30만 원을 가지고 인간적으로 사시더라고요. 그래서 저도 차 안 타고 자전거 타고, 밥은 한 끼만 먹으면서 연습해봤는데, 30만 원 가지고는 못 살대요. 그래서 생계 활동은 해야 할 것 같아요. 권력을 누려봤고 부귀영화 다 얻어봤잖아요. 그것도 모자라 이제는 세상을 향해서 내 말 좀 들어보라고 떠들고 있다고 신부님들이 농담으로 제게 그러시더라고요. 저로서는 세상에서 할 일을 다 했어요. 손주까지 봤으니 제 세대는 끝났잖아요. 이번 일을 마무리하고, 몇 달 후에는 생업을 찾아 종사하면서 조용히 살고 있을 거예요.

여러분이 저를 비난해도 좋고, 저는 합리적인 비난이라면 언제라도 들을 준비가 되어 있는데, 여기 계신 여러분은 정말 모두가 제 편인 것 같습니다. 뭐, 정치도 이런 맛으로 한답디다. 지지자들 속에서 환호성을 들으면서. (청중 웃음) 이런 분위기에 중독되겠구나 싶어요. 어떤 사람들은 제가 국회의원 나가려고 정치 활동하는 거라는 이야기도 하던데, 저는 정치판을 정말 싫어해요. 지금은 아니지만, 한때는 이렇게 표현하기도 했어요. 국회에서 한두 사람만 빼고 담벼락 두르면 교도소라고. (청중 웃음) 이번엔 헌법기관을 비난한 셈이네요.

오늘 훌륭한 사회자 덕분에 제가 다행히 이렇게 좋은 분위기에서 강의를 잘 마칠 수 있었습니다. 준비도 제대로 못하고, 학자가 아니다 보니 지식을 전달한 것도 아닌데 긴 이야기를 들어주신 여러분들께 정말 고맙습니다. (청중 박수)

사회자 김 변호사님이 이 자리에 오시면서 계란 맞을지 모른다고 걱정하시고, 저희 주최측 역시 혹시 모를 사태에 대비해 인근 경찰서에 도움을 요청해 놓은 상태였어요. 그만큼 민감한 주제를 가지고 강의해주셨는데요, 생각 외로 너무 우호적인 분위기니까 당황하신 것 같아요. (청중 웃음) 그만큼 우리 독자들은 역사와 시대를 보는 교양이 있으시다는 거죠. 그리고 한 가지, 새 정권 이후 굉장히 절망적이었는데 이명박 대통령께서 법과 질서를 강조하셨다는 말씀을 들으니 참 희망적이네요. 대통령께서 말씀하신 정치 기조대로만 나라가 움직인다면 이 문제가 해결되지 않을까 싶어요.

자, 우리 모두가 삼성의 관리 대상일 수 있습니다. 지방 작은 기관의 공무원 한 명 한 명까지 십만 원 단위로 관리되고 있었다고 해요. 그렇게 보면 전 국민이 한 다리만 건너면 삼성의 관리 대상인 셈이거든요. 이 자리가 어떤 한 기업을 단죄하는 자리가 아니라, 우리 자신을 성찰하는 기회로 삼아야 하지 않을까 싶습니다. 그리고 이것은 인터뷰 특강의 본질이기도 합니다. 여러분, 이 본질을 잊지 마시고 작은 성찰을 얻어 가시길 바랍니다. 감사합니다.

배신의 정신분석

배신을 분별하는 지혜에 대하여

정혜신

배신의 정신분석

2008년 3월 31일(월)

배신을 분별하는 지혜에 대하여

정혜신
정신과 전문의 · (주)마인드프리즘 대표

사회자 오늘의 주제는 시의성이나 이슈가 있는 것도 아닌데 변함 없이 모두 자리를 채워주신 것을 보니, 배신을 당한 기억들이 많으신가 봅니다. 주제는 배신이요, 강사는 정신과 의사니 어떻게 싸게 상담 좀 받아볼까 하는 심정으로 나오신 것 아니겠어요?(청중 웃음) 저 역시 이번 인터뷰 특강의 사회를 맡은 이유 중에는 이 자리를 빌어서 단체 상담이라도 받아보고자 하는 마음이 있었거든요.

먹고살 만하다고 말하는 시절은 없었습니다만, 요즘 하도 경제, 경제 해서인지 더 안 좋은 것처럼 느껴져요. 장사하시는 분들도 어렵다고들 말씀하시고요. 분위기가 이렇게 되면 가계부에서 제일 먼저 퇴출되는 것이 문화비거든요. '밥 먹기도 힘든데, 무슨' 하면서 연극을 보거나, 책이나 음반을 산다거나, 영화 보는 것을 포기하게 되죠. 그런데 오늘 인터뷰 특강에 와서 자리를 메워주신 여러분들을 보니까 이런 걱정이 사라지네요. 시간과 비용을 들여서 이곳까지 와주신 분들이 이렇게 많은 것을 보면 '어떻게 하면 우리가 사는 이 시대가 조금은 상식이 통하는 세상이 될까, 그러기 위해 나는 무엇을 해야 하나' 고민하고 행동으로 옮기고자 하는 분들이 여전히 살아 있음을 느끼게 됩니다.

오늘 우리가 만나게 될 강사는 이번 주제 '배신'을 가장 본질적으로 다뤄주실 분입니다. 요즘 뉴스 보면 나쁜 놈들 참 많죠? 근데 그 나쁜 게 극치에 달하면 우리는 "저거 미친놈 아냐?"라고 합니다. 미친 사람이 다 나쁜 건 아닌데, 왜 우리는 그렇게 말하게 될까요? 궁금한 게 참 많습니다. 우리를 멋진 인문학 파티로 인도해주실 정혜신 선생님을 소개합니다. (청중 박수)

정혜신 반갑습니다. 정혜신입니다.

사회자 작년 인터뷰 특강에 저도 결석했는데, 선생님도 못 나오셨죠. 저희가 원래 출석을 잘하는 멤버인데요. 그래서 선생님의 근황을 묻지 않을 수가 없네요. 요즘 뭐하면서 지내세요?

정혜신 회사를 운영하고 있는데요, 주로 기업의 의뢰를 받아서 임직원들의 정신 건강과 관련된 컨설팅을 하고 있습니다. '정신과 의사' 하면 진료실을 많이 떠올리실 텐데요. 정신과에는 정신적으로 아프고 고통받는 사람들의 필요도 많지만, 거기에 그치지 않고 건강한 사람들이 더 나은 삶을 살고자 도움을 청하는 부분도 많은 것 같아요. 그런 분들을 돕고 있습니다.

사회자 상담이 아니라 컨설팅을 하신다고요? '컨설팅'이라고 하면 사업하시는 분들이나 쓰는 말 같은데, 정신 건강을 상담하는 것과 컨설팅하는 것의 차이는 무엇인가요?

정혜신 정신 건강 컨설팅은 본질적인 정신 분석 상담을 포함하고 있고요, 일대일 상담뿐만 아니라 1:N 그룹 상담 등 여러 방식으로 자기성찰을 돕는 프로그램들이 있습니다. 최고경영자들을 위한 프로그램도 많습니다. 제가 하고 있는 컨설팅은 꼭 어떤 문제가 있어서 받는 건 아니에요. 우리가 신체적인 건강에 대해서는 주기적으로 체크하면서도 정신 건강과 관련된 점검은 하지 않잖아요. 외국에서는 정신 건강에 관한 트렌드가 생긴 지 오래되었지만 우리나라는 이제 막 시작인 셈이에요. 말하자면 고도의 정신 노동을 하기 위해 정신을 더 살피고 성찰해서, 조직 안에서 건강한 의사결정을 하는 데 도움을 얻기 위해 컨설팅을 받는 것이죠.

사 람 과 의   소 통 이   중 요 하 다

사회자 최고경영자들은 아무래도 자기 생각에 대한 확신이 있다 보니까 제 발로 상담을 받으러 오실 것 같진 않은데, 이런 컨설팅을 자발적으로 받을 정도면 이미 문제가 없는 수준이 아닐까요?(청중 웃음) 선생님께서는 기업 문화에 대한 경험은 없으신데, 진료실 안에서 만나던 환자들과 달라서 생소하진 않으세요?

정혜신 본질적으로 제가 하는 일이 사람의 마음을 다루는 일이다 보니까, 그런 면에서는 대통령의 속을 들여다봐도 한 개인의 심리를 그대로 가지고 있기 때문에 전혀 다르지 않아요. 아무리 큰 기업의 최고경영자라 하더라도 한 층위만 벗겨내면 그 안에는 개인이 갖고 있는 본질적인 갈등이나 고민, 문제의식이 똑같이 있지요. 결국 그런 심층 심리분석과 상담에 들어갈 때는 특정한 사회적 지위나 조건이 큰 의미가 없어집니다. 특별한 사람들의 속을 들여다보면 아주 평범한 보통의 것들이 나오고요, 보통의 사람 속을 들여다보면 아주 특별한 것이 나오니까 결국은 같은 것이라고 생각해요.

사회자 이건 제 개인적인 엉뚱한 질문인데, 영화를 보면 서양 사람들은 부부싸움만 해도 상담을 받으러 가잖아요. 그런데 우리는 아직도 정신과를 찾아가는 것을 부끄럽게 여기고 최대한 멀리하려는 경향이 있는 것 같아요. 왜 이런 인식의 차이가 있는 걸까요?

정혜신 한 해 한 해가 다르게 정신과에 대한 인식이 점차 좋아지고 있어요. 일단 정신과를 가장 많이 찾는 부류는 주부들이지요. 주부들이 사람과의 관계나 스트레스에 대해 남과 소통하고자 하는 욕구가 가장 열려 있는 대상이라고 보고요. 이런 주부들이 정신과에 와서 상담을 하면서 아이들도 데리고 오기 시작해서 청소년 상담까지는 대중화되었는데, 아직도 상담실과 거리가 먼 사람들은 성인 남자들이에요. 요즘에는 기업에서 업무의 효율이나 성과를 올리기 위해서라도 적극적으로 조직원들의 정신 건강을 돌보기 시작했어요. 전에는 제가 기업에 가서 이런 설명을 하면 "우리가 왜 정신과 의사를 만나야 되느냐"는 식의 말들을 많이 했는데, 이젠 상당히 많이 달라졌죠.

사회자 많은 변화가 일어나고 있네요. 수많은 직원 하나하나가 바뀌기를 기다리는 것보다 최고경영자 한 명의 마인드와 세계관에 변화가 온다면 회사 전체에 긍정적인 영향을 미칠 것 같아요. 김용철 변호사님 말을 들으니, 삼성에서 회장님 모시고 회의할 때는 6시간씩 화장실에 못 가니까 물을 전혀 마시지 않는다잖아요. 만약 어르신께서 중간에 일어나실 수 있다면 다른 임직원들도 물을 마실 수 있겠죠. 혹시 '상담을 받고 나니 이런 게 달라졌더라' 하는 피드백도 받으시나요?

정혜신 예, 물론요. 누구나 이런 쪽으로 도움을 받아야겠지만, 말씀하신 대로 최고의사결정권자가 변하면 그 파급력이나 선순환의 고리가 훨씬 빠르게 작동하게 되죠. 지금 물어보시니까 생각난 케이스인데요, 어떤 최고경영자께서 심리분석 상담을 하고 나서 주위 분들로부터 "요즘 연애하느냐"는 질문을 몇 차례나 반복적으로 받으셨다는 거예요. 그래서 번번이 극구 부인을 하다가 '왜 사람들이 내게 이런 질문을 하나' 고민해보았더니, 최근에 받은 상담에서 그 연결점을 찾으셨대요. '내가 이것을 경험한 다음에 무언가 달라졌음을 타인으로부터 들어서 알게 되었다'는 거예요. 전체적으로 이완이 되거나 편안하고 부드러워 보이는 모양이라고 좋아하시는 것을 본 적이 있어요. 또 하나는 회의 시간이 짧아졌다는 피드백이 있어요. 본인에 대한 이해를 바탕으로 다른 사람에 대한 이해도 하게 된 거죠. 그래서 불필요한 에너지 소모를 하지 않다 보니 회의 시간이 대폭 줄었다고 해요.

사회자 여자들은 수다로 풀다 보면 아주 심각한 상황이 아니고서야 대화 속에서 많은 문제가 해결되곤 하잖아요. 그런데 길을 몰라도 죽어도 안 물어보는 남자분들은 이런 상담이 꼭 필요할 것 같아요. "나 자살할 거야!"라고 말하고 다니는 건 여자가 많아도, 진짜 콱 죽어버리는 건 남자가 더 많다더라고요. 그만큼 남자분들이 더 연약한 영혼을 가지고 계신 것 같아요.

제가 또 궁금한 게 있는데요, 외국 영화를 보면 긴 의자 같은 데 반쯤 누워서 상담을 하잖아요. 우리나라도 그런가요?

정혜신 예, 그 의자를 '카우치'라고 하고요. 정신분석을 받는 사람은 카우치에 반쯤 눕고 정신분석의는 그 뒤에 서 있어요. 카우치에 누우면 시야에는 빈 천정이 들어오게 되죠. 그림이나 의사의 개인적인 가족사진 등은 내담자의 시야에 들어오지 않게 하는 것이 원칙이에요. 그런 현실적인 물건들을 통해 자극이 들어오면 내 속의 것들을 자유롭게 연상해서 끌어내는 데 방해가 될 수 있기 때문에 의사조차도 뒤에 앉죠. 그렇게 자유연상을 통해 나오는 이야기들을 중심으로 정신분석을 진행하게 됩니다.

사회자 우리가 육신에 병이 걸려서 병원에 가면 불친절한 의사들이 마음에 상처를 주는 경우가 있잖아요. 그러면 병 고치러 갔다가 스트레스 받고 더 아파서 돌아오게 되거든요. 의사가 사람을 인격으로 보지 않고 질병덩어리로 보는 것 같은 기분이 들 때가 있단 말이죠. 그런데 정신과 의사는 사람의 심리와 정신을 다루어야 하니까 매너와 말투 등에서 더더욱 배려해야 한다는 원칙 같은 것도 있을 것 같아요.

정혜신 정신과 역시 다른 의과와 마찬가지로 의식적인 레벨에서의 서비스 교육은 받지 않아서요. "정신과 의사한테 상처받아서 다시는 정신과 안 가겠다"는 사람 저는 정말 많이 봤거든요.⁽청중 웃음⁾ 그런 면에서는 사실 크게 다르지 않아요. 사람이 자기의 속마음이나 깊은 상처를 드러냈을 때 그것을 굉장히 조심스럽게 다루고, 그것을 통해서 자신을 인식할 수 있도록 돕는 분야에 있어서는 전문가겠지만 사회가 요즘 요구하는 서비스의 수준에는 아직 턱없이 부족하다고 저는 느껴요.

전에 제가 하던 상담실을 찾은 분들이 전에 갔던 정신과 상담실에 대한 분노를 터뜨리는 것을 보면 무척 긴장이 됐어요. '내 상담실을 찾았던 누군가가 다른 정신과에 가서 분노를 터뜨리고 있을 수도 있겠다.' 이런 생각이 들기 시작하면 마음이 굉장히 복잡하죠.

사회자 조금 경망스러운 생각입니다만, 영화 〈식스센스〉(the Sixth Sense)에서
도 의사가 어린 환자에게 죽임을 당하잖아요. 의사 본인은 전혀 알지 못
했는데 어린 환자가 굉장히 큰 배신감을 느껴서 살해를 저지르죠. 정신과
의사는 정말 다른 사람의 영혼을 다루고 답을 제시한다는 점에서 아무나
해서는 안 될 일인 것 같네요.

　　선생님은 컨설팅 업무 외에도 종종 예쁜 그림과 건강한 글을 짝 지어
서 지인들에게 메일로 보내주세요. 저는 정 선생님께 연애편지 받는 기분
으로 그 메일을 받아보고 있는데요, 어느 날은 그걸 보면서 '참 부지런도
하시다' 하는 생각이 들었어요. 사람들이 메일을 보고 댓글을 달면 우수
댓글도 뽑으세요.（청중 웃음） 그 바쁜 와중에도 다른 사람들과의 소통에 상당
히 신경을 많이 쓰고 계신가 봐요.

정혜신 네, 네. 사람과의 소통이 중요하죠. 저한테 메일을 보내시는 분들은 꼭
"굉장히 바쁘시겠지만"이라는 토를 달곤 해요. 그런데 저, 그렇게 바쁘지
않은데 지레짐작으로 그렇게 생각하시는 분들이 많은 것 같아요. 다들 바
쁘지 않나요? 저도 그런 정도예요.

사회자 하긴 저도 70퍼센트는 집안일하느라 바쁜데, 기자나 스텝 분들이 전화
하면 굉장히 미안해하면서 "아, 바쁘시죠? 죄송한데요……"라고 말을 시
작하세요. 그러면 저는 "아뇨, 저 지금 행주질하고 있는데요…… 애 옷 갈
아입히고 있었는데요" 하죠. 대부분이 이런 상황인데, 따지고 보면 그것
도 바쁜 거죠.

　　선생님께서 미리 써주신 인터뷰 특강 프로그램의 원고를 보니까, 마
지막에 촌철살인적인 한마디가 있어요. "배신을 했다는 사람은 없고 당했

다는 사람만 있는 이유는, 내 행동은 동기부터 이해하는데 상대방의 행동은 현상이나 결과부터 이해하기 때문이다." 이 말에 제가 '뻥!' 충격을 받으면서 '맞아, 그럼 좀 더 이해해볼 걸' 이런 생각을 했거든요. 이게 오늘 강의의 주제가 되지 않을까 싶네요. 여러분, '배신'을 주제로 단체감정 한번 받아보시길 바랍니다. 박수로 강의 청해 듣겠습니다. ^(청중 박수)

누 구 에 게 나   배 신 의   경 험 은   있 다

정혜신 제가 강의를 준비하면서 주변에 있는 사람들에게 많이 물어봤어요. '배신'이라고 하면 무엇이 떠오르냐. 그랬더니 대부분의 사람들이 한두 번쯤 당해봤던 연인 사이에서의 배신의 경험을 이야기하더라고요.

　장진 감독의 영화 〈아는 여자〉를 보면, 여자가 갑자기 남자에게 이제 그만 만나자고 하죠. 배신감을 느낀 남자는 분노가 끓어오르지만 결국은 한마디도 못 하고 보내주는데요, 이 영화 장면을 보면서 여자의 입장에서서 그 심정을 더 잘 이해한 분도 있을 거고 아니면 남자의 감정에 더 쉽게 이입되는 분도 있었을 거예요. 그런데 제가 그 동안 사람들의 속마음을 들은 경험에 의하면, 많은 분들이 배신당한 남자의 마음에 고개를 더 끄덕끄덕 하는 것 같아요. 배신당한 남자에게 더 감정이입이 잘 되고, 더 잘 이해한다는 말이죠.

　만약에 영화 속에서 버림받은 이 남자가 여자친구와 겪은 경험을 후일담으로 다른 친구에게 이야기한다던가 집에 돌아와서 일기장에 쓴다면 어떻게 묘사할지 여러분도 쉽게 상상이 가실 거예요. "그 동안 나만 사랑한

다 하고, 영원히 좋아한다 했고, 옷도 사주더니 결국 나를 배신했다." 여기 계신 분들도 남자의 이런 심리에 더 많이 수긍하실 텐데요, 이것은 우리 안에도 배신을 당한 경험이 상당히 많다는 것을 말하는 것일 수 있어요.

혹시 여러분 오늘 이 자리에 오면서 배신의 심리에 대한 이야기를 듣는다는 생각에 어떤 상상을 하셨는지 모르겠네요. 아까 오지혜 씨가 말씀하신 대로 '아, 내가 배신당한 경험이 있는데, 걔는 어떤 심리 때문에 내 뒤통수를 친 거야? 그거 좀 알아보자' 이런 마음도 한 자락씩 갖고 계시지 않았을까 싶어요. 그러신가요?(청중 웃음)

여러분 중에 '내가 전에 누구 뒤통수를 친 기억이 있는데, 그것에 대해 좀 들어보자' 라는 생각으로 이 자리에 오신 분들은 많지 않을 거라 생각해요. 그런 이야기는 듣기가 어려워요. 내가 누구를 배신했다거나, 뒤통수를 쳤다는 이야기는 들어본 적이 거의 없으실 거예요. 배신과 관련된 이야기를 들어보면 '내가 배신을 당했다' 는 내용뿐이죠. 배신엔 능동태는 없고 수동태만 있는 것 같아요. 참 재미있는 사실이에요. 다시 말하면 배신당한 경험이 있는 사람은 무수히 많은데, 배신한 사람은 존재하지 않는 묘한 상황이에요. 혼자 벽 보고 고스톱을 쳐도 돈이 안 맞는다는데, 당한 사람은 있고 자행한 사람은 없는…… 피해 본 사람은 있는데 가해자는 없는 유사한 경험들이 바로 배신과 관련된 경험이라 생각해요.

저희 회사에서 '스트레스 해결을 위한 집단 워크숍' 을 하는 경우에는 참여자들을 대상으로 사전에 온라인 검사를 하거든요. 많은 그룹을 대상으로 온라인 검사를 해봤는데 아주 재미난 사실 하나가 발견되었습니다. 검사 과정에서 묻는 질문 중 하나가 "당신이 사람에게 가장 화가 많이 났을 때는 언제인가"예요. 이 질문에 대해 거의 동일한 답변이 매번 베스트에 오르는데요, 집단의 차이나 남녀의 성별이나 지위고하나 연령에 따라서도 다르지 않아요. 아마 여러분 마음에도 똑같은 대답이 떠오르실 것 같아요. 요약해서 말해보자면요, "앞에서 한 이야기와 뒤에서 하는 이야기가 다를 때" "나를 속였을 때" "뒤에서 말을 만들어냈을 때" 등이라고 해요. 또 "좋은 의도를 부정적으로 받아들일 때" "나를 무시할 때"와 같은 응답이 제일 많습니다. 그러니까 다시 정리하면 대개의 사람들이 일상에서 뒤통수 맞는 경험을 무척 많이 하고 산다는 거죠.

영화〈와일드카드〉를 보면 진정한 뒤통수를 맞는 장면이 등장합니다. 남자 여럿이 퍽치기를 하는데요, 한국 영화 역사상 가장 공포스러운 장면 몇 순위에 꼽히곤 하죠. 행인 한 명이 밤길을 걸어가는데, 편의점에 앉아 있던 무리 중에 하나가 쇠구슬을 빙빙 돌리면서 달려가 행인의 뒤통수를 내리칩니다. 이 장면이 사람에게 공포를 주는 근본적인 메커니즘이 있다면 바로 완벽하게 일방향적인 관계의 한 전형을 보여준다는 거죠. 예를 들어 우리집에 강도가 침범한다 해도, 또 심지어 흉기를 목에 들이댄다 하더라도 약간의 타협의 여지는 있잖아요. "내가 있는 것을 다 줄 테니 살려달라." 심리적으로 거래를 하거나 타협할 수 있는 여지가 있는 경우에는 아무리 무서운 강도라 할지라도 뒤통수를 때리는 퍽치기만큼 공포스럽지는 않을 거예요. 퍽치기는 아무런 여지가 없는, 완전하게 일방적인 관계라는 거죠. 바로 이런 것이 사람에게 가장 큰 공포를 주는 메커니즘이 아닐까 생각합니다. 퍽치기 중에서도 아무런 생각이 없는 십대 퍽치기범이라든가 극단적 행동력만 강조된 홍위병과 같은 존재들이 무서운 것은 심리적으로 거래가 불가능하기 때문이에요.

그런데 이렇게 아주 극단적인 경우를 제외하고는 사람과 사람의 관계에서, 내가 알고 서로 관계하는 사이에서는 이런 일방적인 퍽치기 같은 상황은 사실은 존재하지 않아요. 내가 심리적으로 퍽치기를 당했다고 느끼는 것뿐이지, 사실은 내가 맺고 있는 사람과의 관계에서 완벽하게 일방향적인 일은 거의 없다고 볼 수 있습니다.

나 는   정 말   배 신 을   당 했 는 가 ?

　제가 만나본 분 중에 한 회사의 팀장이 계셨어요. 아주 열정적인 사람이에요. 자기 팀의 성과를 이뤄내기 위해서 불철주야 노력하는 사람인데, 팀원들에게도 아주 많은 배려를 하고 있었어요. 다른 팀장들보다 밥도 많이 사주고, 팀원들의 개인적인 어려움이나 집안에 애로사항이 있는지도 자주 물어보고 신경 써주는 사람이에요. 이 사람 생각에는 '내가 이렇게 노력하면 다른 팀원들보다 내 팀원들이 나한테 고마워하고 내가 업무적으로 지시할 때 더 협조할 것이다' 라는 확신이 있었던 것인데, 결과는 전혀 그렇게 나타나지 않았습니다. 그래서 마음이 몹시 상했답니다. 이런 일이 반복되다 보니까 은근히 부아가 나기 시작했어요. '요즘 애들은 참 이기적이다. 요즘 젊은 사람들은 참 싸가지가 없다. 사람한테 잘해줘 봐야 별 소용이 없구나.' 이런 배신감이 팀원들에게 자꾸 생겨서 마음이 무척 안 좋았는데, 어느 날 우연히 다른 팀의 사람에게 이런 이야기를 듣게 된 거예요. 팀원들이 이 팀장에 대해 '팀원들의 프라이버시를 상당히 침해한다' 고 느끼고 있다는 것이죠. 그래서 심지어 이 팀장이 기피 대상이고, 개인적으로 마주칠까 봐 다들 피해 다녔다는 거예요. 그 이야기를 듣고 팀장은 당연히 큰 충격을 받았겠죠.

이처럼 살다 보면 나는 배신당했다고 생각했는데 사실은 그렇지 않은 상황을 접하게 됩니다. 어느 회사에 다니는 한 중년 남성에게서도 비슷한 이야기를 들은 적이 있어요. 중학교 3학년이 되는 딸이 하나 있는데, 본인이 생각하기에도 자신은 무척 자상한 아빠고, 딸과의 관계에서 거의 친구같이 지내고 있다고 믿어 의심치 않았대요. 실제로도 그런 친밀한 행동들을 딸과 많이 했고요. 근거가 있으니까 그렇게 믿는 거죠. 그랬는데 어느 날 비어 있는 딸 방에 들어갔다가 책상 위의 일기장을 우연히 보게 되었다고 해요. 그리고 이 남자는 충격에 빠졌어요. 딸의 일기장에는 아빠에 대한, 입에 담지도 못할 욕설이 가득했던 거예요. 배신감이 말도 못했겠죠. 우리는 주위에서 그 팀장이나 아빠의 사례 같은 경우를 적지 않게 듣습니다.

실제로 초등학교 고학년 아들을 둔 남자들에게 조사를 해봤어요. 질문은 "당신의 아들은 어려움이 있거나 개인적인 고민이 있으면 아빠에게 와서 의논할 것이라고 생각하는가? 당신이 아들에게 그런 대상이 되는가?"였어요. 그랬더니 92퍼센트에 달하는 아빠들이 "그렇다"고 대답했어요. 그래서 그 남자들의 아들들에게 가서 똑같이 물어봤어요. "어려움이나 고민이 있으면 아빠에게 가서 이야기하고 의논하겠는가? 아빠가 당신에게 그런 대상이 되는가?" 92퍼센트의 아빠들이 나름의 근거를 가지고 "그렇다"고 이야기했는데, 아이들은 몇 퍼센트쯤 "그렇다"고 대답했을까요? 50퍼센트? 40퍼센트요? 또요? 반 토막 났네요. 40퍼센트라면 굉장히 좋은 집안에서 자라신 것 같아요. 단지 4.6퍼센트의 아이들만이 "아빠가 내게 그런 대상이다"라고 대답했어요. 충격이죠? 놀랍죠. 인간관계에서 겪는 이런 유의 배신감은 충격이 무척 크지요.

그런데 제가 아까도 말씀 드렸지만요, '내가 당했다'라고 인식하지만 곰곰이 하나하나 살펴보면 그런 게 아니라는 거예요. 여러분 혹시 오늘 옷을 얇게 입고 나왔는데 오다 보니 추웠다고 해서, "야, 자연이 나를 배신했다. 이렇게 추울 줄은 몰랐다" 이런 이야기를 하진 않잖아요. 내가 우산을 안 가지고 나왔는데, 어디 들어갔다 나왔더니 비가 쏟아진다고 해서 "진짜 배신감 느껴진다"고 하지 않잖아요. 왜 그런 이야기를 하지 않냐 하면, 기상이라는 것이 어떤 흐름과 체계를 가지고 움직인다는 법칙을 잘 알고 있기 때문이에요. 옛날 같으면 부지불식간에 천재지변을 당했을 때 배신감을 느낄 수도 있었겠지만, 지금은 알기 때문에 그런 이야기를 하지 않죠. 느닷없는 이상기온을 만난다고 하더라도 우리가 대기를 많이 오염시켰기 때문에 그 대가로 불시에 자연재해를 겪게 되었다는 것을 알고 불필요한 배신감을 토로하면서 분노하지 않아요. 그런데 사람과 사람의 관계에서는 이렇게 정확한 메커니즘을 알지 못하기 때문에 아까의 92 대 4.6과 같은 갭을 이해할 수 없어서 공연한 부아를 내거나 배신감을 느끼게 됩니다.

그러면 이렇게 충격적인 갭이 왜 이렇게 인간사에서 비일비재하게 나타나는 걸까요? 그에 대한 답을 말씀 드리기 전에 제가 한 가지 비유를 해볼게요. 교통사고가 났을 때 객관적으로 평가해서 상대방과 5 대 5의 쌍방과실인 경우, 사람은 보통 7 대 3으로, 상대에게 7 정도의 과실이 있고 내게는 3 정도의 과실이 있다고 느끼고 평가한다고 해요. 그리고 객관적으로 평가해서 8 대 2 정도로 내가 확실하게 과실이 있는 사고를 냈을 경우에는 5 대 5 정도의 쌍방과실이라고 상황을 인식한다는 거예요. (청중 웃음) 왜 사람이 그렇게 인식하게 되냐면요, 내 행동은 동기부터 이해하고 타인의 행동은 현상을 중심으로 판단하기 때문이에요. 그래서 내가 배신을 당했다며 분기탱천해서 불필요하게 에너지 소모를 하는 경우가 상당히 많다는 거죠.

살다 보면 한 번쯤 드라마나 영화, 책에서 봤을 수 있고요, 아니면 일상에서 자신이나 남의 경험을 통해 들어봤을 흔한 대사가 있어요. "네가 나한테 어떻게 이럴 수가 있어!" 끄덕끄덕 하시는 분들이 많네요. 확실히 우리가 사는 세상 안에, 우리가 맺는 관계 안에 이런 유의 뒤통수가 상당히 많다는 증거겠죠. 배신이 참 많고 배신당한 경험들도 참 많은데, 저는 어떤 면에서 '배신'이라는 말이 남용되는 경향이 있고, 진짜 배신인지 따져볼 필요가 있다고 생각해요. 사실 우리가 배신이라고 말하는 것 중에 '무늬만 배신'이거나 '유사배신'인 경우가 많이 숨어 있어요. 우리가 그것에 대한 분별력을 갖는 것은 세상을 살아가는 데 굉장히 중요하고요, 극도의 에너지 소모를 막으면서 나를 보호하는 중요한 지점이 될 수 있어요.

제가 처음에 이야기 드렸지만요, '배신' 하면 연인관계나 부부관계 등 남녀 사이의 경험을 떠올리는 분들이 무척 많죠. 사회생활을 더 많이 하신 분들의 경우는 돈 관계에서도 배신이 횡행하게 되겠지만요. 오래 사귀던 남자친구가 자신을 배신하고 다른 여자를 만나는 것을 알게 된 경우, 요즘 여자들이 보이는 반응이 예전과 조금 다른 부분은 있어요. 요즈막에는요, 사람들이 '쿨'한 게 좋다고들 하니까 그렇게 반응하는 것이 옳다고 많이 생각하는 것 같아요. 예전처럼 머리채를 쥐고 싸우는 모습을 보기는 어렵거든요.

그럼에도 불구하고 내 남자친구가 다른 여자를 만날 때 대부분의 여자들이 보이는 공통적인 반응이 여전히 있어요. '내가 다른 것은 다 용서하겠는데, 이것만은 절대로 용서할 수가 없다'라는 식의 반응이에요. 예를 들면, 남자친구에게 백일 기념으로 사준 목도리가 있는데, 그걸 다른 여자에게 둘러주는 것을 불행히도 목격하게 된 것이죠. 그러면 "그 목도리만 아니었어도 내가 너를 용서하겠는데, 그것 때문에 도저히 용서가 안 된다"라고 말하는 경우예요. 또 흔하게 듣는 경우가 "내 생일이어서 같이 파티를 하기로 했는데, 직장에서 바쁜 일이 있다고 급하게 약속 취소한 것을 어쩔 수 없이 양해했다. 그런데 나중에 알고 보니 그날 다른 여자를 만났다"는 식의 이야기예요. 이럴 때 여자들이 하는 말이 "그날이 내 생일만 아니었어도 네게 이렇게 배신감을 느끼지는 않았을 것이다"라는 거죠.

그러나 재미있는 것은요, '내 생일', '목도리'와 같은 것이 대부분의 이별 현장에 존재한다는 거예요. 배신의 경험 안에는 이런 것들이 반드시 있고, 그것 때문에 내가 내 화를 컨트롤하거나 배신의 감정에서 헤어나오기가 대단히 어렵습니다. 아무리 쿨하려고 해도 쿨해지지 않아요. 옛날 여자처럼 머리채를 잡고 싸우는 것은 아니지만, 본질적으로는 이런 감정을 컨트롤하기 어려워서 결국은 감정적으로 격정적인 상황이 되는 경우가 참 많죠. 왜 그런가 한번 곰곰이 생각해봐야 하지 않겠어요? 내가 아무리 자제를 하려고 해도 이 모든 노력들이 수포로 돌아가는 이유가 무언지 알아야 하지 않겠어요?

베이식 트러스트를 훼손하는 배신의 충격

배신을 당했다는 경험에 대해 정신분석적으로 한번 이야기해볼까요?

단순히 '내가 상대방에게 매력이 없어졌나 보다' 이런 생각으로 배신감을 느끼는 것은 아니에요. '내가 저 사람에게 만만하게 보였다' 혹은 '내가 저 사람에게 하찮은 존재로 인식됐다' 라는 식의 생각으로 나아가면요, '내 진심이 저 사람에 의해서 상당히 훼손당했다' 는 의미가 되거든요. 정리하자면, 배신의 경험이란 내 존재 자체가 거부당하는 경험이죠. 내 존재가 거부당하는 느낌이 사람에게 어떤 영향을 미치고 어떤 결과를 초래하는지는 한번 곰곰이 생각해볼 필요가 있어요.

정신분석에 '베이식 트러스트(basic-trust)' 라는 용어가 있어요. 풀어서 설명하자면, '기본적인 신뢰감' 같은 거겠죠. 정신분석에서는 이것이 굉장히 핵심적이고 근간이 되는 개념이에요. 인간이 태어나서 나이를 먹고 성장하면서, 여러 가지 심리적인 기능들을 취득하여 어른이 되기 위해서는 반드시 이 베이식 트러스트가 형성되어야 해요. 그래야만 그 위에 다른 심리적인 기능들이 얹어질 수가 있는, 토대가 되는 감정이에요. 이것이 없으면 심리적으로 성숙할 수 없을 만큼 아주 결정적인 감정입니다.

이 감정은 생후 2~3년 안에 결정돼서요, 이게 생기는 사람이 있고 그렇지 않은 사람이 있다고 해요. 막 태어난 아기는 배가 고프면 울지요? 울면 어디선가 내 입에 우유병을 넣어주고, 내 허기가 없어지게 되죠. 아기가 기저귀에 소변을 봐서 축축해져서 막 울면, 누군가가 기저귀를 갈아줘요. 인간이 생애 초기에 갖게 되는 기본적인 욕구를 표출했을 때 세상이 그것에 대해 반응하고 충족시켜주면, 그리고 수년 간 이런 경험을 수없이 반복하면서 '엄마로 상징되는 세상이라는 존재는 믿을 만한 것이구나. 내 기본적인 욕구는 채워지는 것이구나' 하는 최초의 믿음을 갖게 되는데요, 이것이 바로 베이식 트러스트라는 거죠. 세상에 대한 기본적인 신뢰가 생긴 다음에 자발성도 생기고, 창의력이나 행동력 같은 여러 가지 심리적인 기능이 생긴다는 거예요.

고전 정신분석 이론에 의하면, 환경적인 이유 때문에 생애 최초의 2~3년 동안 그런 베이식 트러스트를 쌓지 못한 사람은 가장 고통스러운 정신질환 중 하나인 정신분열증이 걸릴 확률이 높다고 해요. 정신분열증에는 어떤 증상이 가장 많이 나타나냐면요, '누가 내 음식에 독을 탔다' '누가 나를 죽이려고 한다' '나를 쫓아오고 있다' 하는 식의 피해망상이 극단적으로 드러나게 돼요. 베이식 트러스트가 생애 초기에 안정적으로 심어지지 않으면 이런 고통스러운 병에 걸릴 확률이 높다는 것이죠. 이것은 인간에게 기본적인 신뢰감, 세상에 대해 갖는 신뢰감이 다른 어떤 기능보다도 무조건적으로 만족되어야 하고 채워져야 되는 원초적인 욕구라는 것을 의미합니다.

그런데 내가 아무리 쿨하려고 해도, 절제를 하려고 해도 배신감이라는 감정이 왜 그렇게 통제가 안 되냐면요, 이것은 우리의 원초적인 감정, 즉 베이식 트러스트를 굉장히 깊숙이 자극하고 훼손하기 때문이에요. 그래서 배신감이라는 감정이 그토록 통제하기 어렵고 사람을 근본적으로 뒤흔들어놓는 거예요. 우리를 심각하게 훼손하고 망가뜨릴 수 있는 폭발력을 가지고 있다는 것이죠.

영화에서 전쟁 장면을 보면, 지형적으로 유리한 고지를 점령하고 있는 편이 있죠. 아주 높은 절벽 위에 있어서 적군이 그 절벽을 타고 올라와 침범할 수 없는, 안정적이고 유리한 조건에서 싸우게 되는 경우예요. 우리 편의 후방을 절벽이 둘러싸고 있기 때문에 그쪽은 안심하고 앞으로 쳐들어오는 적들만 막아내면 안전할 수 있는 것이죠. 그런데 이런 상황에는 꼭 '밀고자'가 있어서, 우리 편의 뒤로 치고들어오는 비밀 통로를 적에게 알려주죠. 결국 '절대 움직이지 않을 것'이라고 생각했던 나의 든든한 뒷 벽이 공략을 당해서 무너지고, 군사들이 전멸합니다. 살다 보면 사람에게 는 '언제나 나를 지켜주고 변하지 않을 것'이라고 믿을 수 있는, 수학으로 말하자면 변수가 아니라 상수에 해당하는 지지의 대상이 필요합니다. 움 직이지 않고 나를 지켜주는 배경이나 대상이 없으면, 사는 것이 무척 어 려워지거든요.

예전 유행하던 우스갯소리 중에 '당황과 황당' 시리즈가 있죠. 대로변 을 걸어가던 여자가 용변이 너무 급한데, 길가에 큰 트럭이 서 있는 거예 요. 급한 김에 그 뒤에 가서 옷을 내리고 볼일을 보는데 가만히 서 있던 트 럭이 갑자기 떠나가서 대로 상에 자신의 모습이 그대로 노출되는 경우, 이런 걸 '황당'이라고 하죠. 결코 움직이지 않을 거라고 생각했는데, 움직 이는 거예요. 살면서 이런 상황들을 만나게 되는 게 바로 인간관계인 것 같아요. 이럴 때 사람이 공황상태에 빠지게 되고, 베이식 트러스트가 훼 손되지요. 그래서 배신을 경험하면 인간의 원초적인 감정이 자극을 받아 배신감이라는 고통을 겪게 되는 것입니다.

이처럼 사람 관계에서는 나를 늘 지지해줄 것 같은 대상이 움직이는 경우가 있는데, 그럼에도 불구하고 모든 사람들이 이 대상을 지키려 하 고, 만들려 하고, 또 그런 대상을 끊임없이 찾는 것은 본능인 것 같아요. 그런 것을 확보하지 않으면 불안해서 존재할 수가 없는 거죠. 예를 들어 내가 신호등을 보면서 운전을 하는데, '파란불일 때 내가 직진을 하면 다 른 쪽에는 빨간불이 들어와 있다, 빨간불이 들어와 있으면 차들은 움직이 지 않는다'는 사회적인 규칙이 있잖아요. 그걸 믿기 때문에 우리가 차를 가지고 대로상에 나갈 수 있어요. '신호등이 있지만, 사람들이 그것을 지키지 않을 가능성이 있다'라는 생각을 늘 해야 한다면, 목숨에 위협을 느껴서 너무 불안한 것은 물론이고 주변을 계속 두리번거리면서 한시도 쉬지 않고 여러 가지 신경을 써야 할 겁니다. 그렇게 되면 심리적인 에너지 소모가 너무 많아 차를 가지고 나갈 수가 없겠죠.

　사람하고의 관계에서도 '어떤 경우에도 움직이지 않는 것'을 지키려는 사람은 조금이라도 그렇게 믿어보려고 애쓰는 행동이 본능처럼 발동됩니다. 그렇게 확고하게 믿을 수 있는 대상이 없다면, 심리적으로 소모가 너무 많아서 살아갈 수 없기 때문이지요. 그렇지만 인생에서 이런 식으로 자기가 원하는 관계가 딱 떨어지는 경우는 많지 않은 것 같아요. 그리고 그 안에서 여러 가지 자의적인 해석도 가능한 것이 바로 사람과의 관계인 것 같아요. 예를 들어 신호등을 보면서는 "나는 이것을 꼭 빨간색이라고 보지 않는다. 약간 노랗게도 보이고, 주황으로도 보였다"라고 말하지 않지만, 사람과의 관계에서는 그렇게 애매모호한 상황이 무수히 존재한다는 것이죠.

배 신 감 의　고 갱 이 는　헛 된　믿 음

　개를 좋아하는 사람들 참 많잖아요. 삼성의 이건희 회장도 그렇게 개를 좋아한다지요. 아이스크림을 나눠 먹을 정도로 개를 끔찍이 사랑한다잖아요. 개를 키우는 일에 힘을 많이 쏟고, 맹도견 분양하는 일에도 돈을 많이 들입니다. 그런데 재미있는 것은 개를 좋아하는 이유가 '배신을 하지 않기 때문'이라고 해요. 사람은 움직일 수 있고, 관계에서 자의적인 해석을 할 수 있고, 내 기대에 정확하게 부응하지 않지만 개는 내가 기대한 대로 정확하게 반응하고 나는 그 반응을 예측할 수 있죠.

남자들 중에는 자동차에 빠져 있는 사람이 꽤 있죠. 거의 사랑에 빠지다시피 해서 자동차를 자신의 일부로까지 생각합니다. 저는 그런 것도 앞서 말한 개를 좋아하는 것과 비슷한 경우라고 생각해요. 내가 어떤 종류의 자동차를 선택하는 순간 그 자동차에게서 기대할 수 있는 것은 수치로 명확하게 표현되고 나는 그 이상을 기대하지 않죠. 그리고 내가 기대한 기능만큼 자동차는 그대로 보답해요. 그래서 나에게 다른 액션을 취하지 않고 배신하지 않는 이런 대상과 안전하게 관계를 맺는 게 무엇보다 편하게 생각되는 것입니다.

'사람과 사람의 관계에서는 누구라도 움직일 수 있다'고 생각하는 것이 사실은 배신을 당하지 않는 가장 중요한 요소가 되지 않을까 하는 생각이 들어요. 거꾸로 말하면, 사람과의 관계에서 '움직이지 않을 것'이라고 믿는 부분이 많은 사람일수록 배신을 당할 확률이 높다고 말할 수도 있겠어요. 제가 아는 한 젊은 친구는 고등학교를 졸업하고 스무 살에 연출부의 막내로 영화판에 뛰어들었어요. 이 친구가 한참 열정적으로 영화판에서 일을 하고 있을 때, 같이 일하고 있던 중견 감독에 대해서 제가 "어떻더냐"하고 슬쩍 물어봤어요. 그랬더니 심각한 표정을 지으면서, "그 감독의 디렉션 역량이 참 부족한 것 같다"고 이야기를 하더라고요. 그런데 제 생각에는요, 그 중견 감독은 이 스무 살짜리 연출부 막내가 자기에 대해 그런 식으로 평가하고 있을 거라고는 상상하지도 못했을 것 같아요. 이렇게 상상하지도 못한 일이 일어나는 것이 사람 사이의 관계고, 이런 모든

요소가 상호적으로 움직이다 보니 내 기대치를 벗어날 수 있다는 것을 아는 것은 우리에게 굉장히 중요합니다.

유사 배신 말고 진짜 배신을 당하게 되면, 베이식 트러스트가 크게 훼손을 당하기 때문에 치명상을 입게 되죠. 세상도 못 믿고, 사람도 못 믿고 불안에 떨면서 살게 되죠. 그런데 우리가 흔히 '배신당했다'고 말하는 경험 중에는 사실 유사 배신이 많아요. 우리는 우리가 경험한 것을 쉽게 배신의 범주에 넣고, "상처받았다, 당했다, 뒤통수를 맞았다"라고 이야기를 하지만, 사실은 '무늬만 배신'인 경우가 많거든요.

예를 하나 들어서 설명해볼게요. '배신' 하면 떠오르는 전설적인 영화가 있죠. 영화 〈넘버쓰리〉에서 송강호가 "배…배…배…배… 배신이야!"라고 하는 부분 기억하시죠? 이 영화에서 송강호는 '조필'이라는 삼류 양아치 두목으로 나오는데, 자기 졸개들하고 대화하는 중에 라면 먹고 뛰어서 육상 3관왕이 된 선수가 "현정화"라고 이야기합니다. 그러자 졸개 중에 한 명이 "임춘애입니다"라고 말하는 순간, 명대사가 등장해요. "내…내가 '하늘 색깔 빨간색!' 하면 그때부터 무…무조건 빨간색이야. 내가 '현정화!' 그러면 무조건 현정화야! 내 말에 토…토…토 달면, 그게 배…배…배…배… 배신이야! 배신!" 약간 영화적인 과장도 있고, 삼류 건달들의 에피소드라 어거지인 측면이 있지만, 저는 이게 보통 사람들이 인식하는 '배신'의 원초적인 모습을 잘 보여줬다고 생각해요. 조필처럼 '내가 빨간색이라고 하면 빨간색, 내가 현정화라고 하면 현정화인데 토를 다는 것은 배신'이라고 인식하는 사람에게는 주변에서 배신이 끊이지 않겠지요. 자신이 배신당했다고 생각하는 경우가 무척 많아질 수밖에 없어요. 그냥 영화적 과장이라고 생각하기 쉽지만 배신에 대한 우리의 보편적 인식은 이와 크게 다르지 않습니다.

제가 아는 분 중에 공부를 아주 잘하는 아들을 둔 주부가 있어요. 이분은 아이가 어려서부터 공부를 너무 잘해서 크면 판검사가 될 거라고 철석같이 믿었어요. 그런데 아들이 대학을 가면서 연극영화과를 지원한 거예요. 그러자 이분이 무엇이라 이야기하냐면, "아들이 나를 배신했다"는 거예요. 아들한테 배신감을 엄청나게 느낀다고 하더라고요. 배신은 상호합의한 약속을 깼을 때 발생하는 것인데, 이 엄마는 자신의 기대가 깨진 것을 '쟤가 나를 배신했다'라고 느꼈어요. 살다 보면 이런 경우가 무척 많다는 것을 실감하게 됩니다.

한번은 여자친구에게 심한 배신감을 느끼고 있다는 한 젊은 남자를 만났는데요, 그 친구가 느끼고 있던 배신의 요체는 이런 거였어요. 여자친구를 사귀면서 그 여자 몰래 2년짜리 적금을 붓기 시작했대요. 만난 지 3주년이 되는 날, 둘이 함께 배낭여행을 가려고 "콩다방도 안 가고 별다방도 안 가고, 자판기 커피만 마시면서" 적금을 부었다는 거예요. 자기는 그렇게 어렵게 어렵게 용돈을 모으면서 알뜰하게 살고 있었는데, 그 적금을 타기 바로 몇 달 전에 여자친구가 결별을 선언했어요. 이 남자는 "내가 너한테 어떻게 했는데, 이럴 수가 있느냐"라고 흥분했지만, 실상 여자는 받은 게 없는 거예요. (청중 웃음) 그렇죠? 모든 것이 이 남자의 회로 안에서 일어난 일일 뿐이었던 거죠. 그런데 "네가 나를 배신했다"면서 분노에 몸을 떠는 것은 앞서 말한 '조필의 배신'과 다르지 않은 우리들의 모습이에요. 내 내부에서 일어난 일인데, 내가 과한 기대를 한 것뿐인데, 배신이라고 규정하는 경우를 많이 볼 수 있습니다.

이 시대 최고의 금융 전략가라고 평가를 받는 금융회사 최고경영자가 있어요. 본인 역시 엄청난 자산을 가지고 있고요, 맨손으로 우리나라 최대의 금융 전문회사를 일구어낸 주인공이에요. 저는 개인적으로 금융 전문가와 같은 직업에 별 흥미가 없는데, 이 사람은 금융 전략가로서 재산을 모으는 것보다 더 공격적으로 '나눔의 철학'을 실천하고 있어서 이분에게는 관심이 많거든요. 이분이 책에서 자기 자식하고의 관계에 대한 이야기를 하는데 아주 흥미롭더라고요. 자기는 아이들하고 절대 찜질방에 가지 않는대요. 가고 싶은데 막 참는대요. 왜 그렇게 하냐면, 땀은 운동을 하거나 일할 때만 흘려야 하는 것인데, 찜질방에 가면 가만히 앉아 있어도 땀이 나잖아요. 그래서 아이들이 일을 하거나 운동을 하지 않고도 땀을 흘릴 수 있다는 걸 알게 될까 봐 찜질방에 안 간다는 거예요. 땀의 소중함을 제대로 인식하지 못하게 될까 봐 그렇다는 거죠. 아이들과 찜질방에 가서 노닥거리며 놀고 싶은데도 불구하고 그걸 참는대요. 그 이야기가 무척 인상이 깊었어요.

그런데 제 생각에는 그 아이들이 커서 친구들과 포커를 쳐서 돈을 따거나 잃는다면, 이 사실을 안 아버지는 배신감을 느낄 가능성이 높을 것 같아요. "내가 너희를 어떻게 키웠는데! 그 가고 싶은 찜질방도 참아가면서 너희에게 땀의 가치를 가르치려고 했는데, 너희가 도박을 해서 거저 돈을 따?" 이럴 가능성 충분히 있죠? 저는 그게…… 포커, 칠 수 있다고 생각하거든요. ^(청중 웃음) 그런데 이 아버지는 그렇게 받아들이기가 어려울 것 같아요. 그 부분에 관해서 유독 중요하게 가치를 두고 있기 때문에, 그것이 훼손되는 것을 견디기가 어려울 것이라고 생각해요. 최고의 금융 전략가이지만 사람과 사람 사이에서는 이렇게 전략적으로만 접근하는 것은 불가능하고, 입체적으로 여러 가지를 고려해서 들여다봐야겠죠. 이것은 이분만의 이야기가 아니라, 우리 모두의 모습입니다.

나 와 내 가 아 닌 것 을 구 분 하 는 분 별 력

앞서도 이야기했지만 드라마나 영화뿐 아니라 우리가 사람과의 관계에서 많이 쓰는 말 중에 하나가 "네가 어떻게 나한테 그럴 수가 있어"입니다. 이 말은 특히 아주 헌신적인 부모가 자식에게 절규하듯 내뱉거나, 아주 희생적인 연인이 자기 파트너에게 이별의 현장에서 하게 되는 말이에요. 그리고 아주 배려심 많고 친절한 상사가 부하 직원에게도 그럴 수 있고요. 정신과에서 상담 치료를 하는 궁극적인 목표를 여러 가지로 이야기하는데요, 그중에 가장 대표적인 것이 바로 '나와 내가 아닌 것'을 구분하는 분별력을 갖는 것이에요. 그래서 수년에 걸쳐서 상담실에 앉아 그렇게 여러 가지 이야기들을 한다는 거죠.

제가 방금 말씀 드린 '희생적인, 헌신적인, 배려심 많은' 관계에서 일어나는 배신감들은요, 내 욕망이나 내 기대를 상대에게 투사함으로써 나타나는 결과인 경우가 많아요. 또 내 것과 내 것이 아닌 것을 분간하지 못한 데서 오는 비극일 수 있고요. 그건 상대에게도 여러 가지 상처를 주죠. 물론 자기 자신도 배신감으로 인해 불필요하게 많은 에너지를 소모하게 되고, 베이식 트러스트가 흔들림으로써 굉장히 불안해지고 치명적인 상처를 입게 됩니다. 유사 배신, 무늬만 배신은 결국 자기를 파국으로 몰아가게 되지요.

지난 시간에 김용철 변호사님이 이야기하셨는데요, 내부고발자들을 통해서 배신의 한 속성, 우리가 배신에 대해 갖고 있는 어떤 강렬한 감정에 대해 곰곰이 따져보면 배신의 실체를 알 수 있어요. 내부고발이 개인적인 탐욕에서 출발하는 것은 아니잖아요? 오히려 개인적으로는 굉장한 손해를 감수해야만 하는 일이죠. 이렇게 사회적인 대의나 공익을 위해 내부고발을 하게 되는데요, 이게 사회적으로 긍정적인 일임에도 불구하고 집단 내부에서는 이 사람을 일단 '배신자'로 규정하게 되죠. 분명히 그렇습니다. 그런데 집단 내부에서만 그런 규정을 하는가 하면 그렇지 않아요. 제삼자들도 같은 시각으로 내부고발자들을 바라보죠. 고발한 일이 어떤 일이었는가, 정말로 공익을 위해 고발했는가 자세히 따져보기 전에 내부고발을 한 사람에 대해서 '인격적으로 하자가 있는 것 아닌가' 의심하게 됩니다. 이 사건이 분명 사회적으로 좋은 영향을 끼쳤고 한 발 더 진보할 수 있었다 해도 '사회 전체적으로 좋은 일을 하긴 했는데, 인간적으로 저 사람 무슨 문제가 있는 것 아냐? 인격적인 결함이 있는 것 아냐?'라는 식의 시선이 절대적입니다.

그런데 그뿐 아니에요. 내부고발을 하면 조직 내부나 제삼자들만 그 사람을 배신자로 규정하는 것이 아니라, 본인 자신조차 헷갈려요. 많은 내부고발자들의 고백을 통해서 확인된 사실입니다. 자신의 가치관에 충실하기 위해 큰 용기를 내서 내부고발을 했음에도 불구하고 한편으로는 '내가 인간적으로 좀 비열한 데가 있는 것은 아닐까?' 하는 자기회의나 자기의심이 끊임없이 일어난다는 거죠. 그래서 내부고발을 하게 되면, 사회적인 관계 속에서 싸우는 것도 힘에 부치는데 자기 내부에서 일어나는 갈등을 처리하는 일 때문에 심리적으로 굉장히 고생을 하게 됩니다.

내부고발이라고 하니까 여러분에게 너무 동떨어진 이야기로 느껴졌는지 모르겠는데요. 악역을 맡아서 연기를 하는 배우들 있잖아요. 자기 배역에 몰입해서 아주 실감나게 연기를 하면 사람들이 "야, 연기 진짜 잘한다!"고 칭찬해주죠. 이런 칭찬을 들으면 처음엔 '내가 진짜 연기를 잘하나 봐' 하고 기분이 좋은데, 그런 평가가 반복되면 스스로 자신을 의심하게 된다고 해요. '사실 내 무의식의 밑바탕에 사악한 내가 있어서, 이렇게 실감나게 연기할 수 있는 게 아닐까?' 하는 생각을 자꾸 하게 된대요. 그래서 이런 고민 때문에 갖게 되는 고통과 혼돈을 많이 이야기하죠. 서양에서는 배우들이 악역이나 특별한 역할을 맡아서 몰입해야 하는 상황이면 정신과적인 보호를 게을리 하지 않습니다. 최근 〈추격자〉라는 영화에서 가공할 만한 연쇄살인범 연기를 너무나 실감나게 해서 관객과 평단의 찬사를 한몸에 받은 하정우 씨도 인터뷰 중에 이와 비슷한 고통을 호소한 적이 있어요.

이처럼 내부고발자나 뛰어난 연기자들이 자기를 믿지 못하는 일이 왜 일어나는가 하면요, 배신에 대해 우리가 보편적으로 갖고 있는 강력한 선입관, 편견, 고정관념 때문이라고 저는 생각해요. 사람들은 내부고발자가 정말 사회적인 대의를 위해 그런 행동을 하다가 배신자로 낙인찍힌 것인지, 아니면 그런 의도가 아니었는데 정치적으로 연루되어서 타의에 의해 배신자의 역할을 맡게 된 것인지, 또는 정말 파렴치한 배신자일 뿐인지 의심하게 되죠. 그런데 그 과정에서 무엇이 진실인지와 관계 없이, 일단 배신자라는 낙인이 찍히면 그 사람에 대한 객관적인 평가는 사실상 불가능해져요. 예를 들어, "나는 뚱뚱한 사람이 하는 말은 절대 믿을 수가 없어"라는 신념을 가진 사람이라면, 그 신념은 금방 공격을 당하게 됩니다. 그런데 "나는 한 번 배신을 한 사람은 절대 믿을 수가 없어"라는 신념은 보편적인 지지를 얻게 돼요. 어린 시절부터 그토록 많이 들었던『삼국지』의 교훈 중 하나가 '한 번 배신한 자는 반드시 또 배신한다' 라는 것이잖아요.

　그게 공익을 위한 것이든 대의를 위한 것이든 피치 못할 사정으로 한 것이든 내용을 불문하고, 배신자라는 낙인이 찍힌 사람은 초토화되죠. 타인이 나를 보는 시각도, 내가 나 자신을 보는 시각도 왜곡됩니다. 인간이 지켜야 할 최소한의 신의를 저버린 사람, 인간적으로 더 이상 믿을 수가 없는 사람이라고 규정되는 거예요. '내부고발을 했던 사람인데, 당신 조직에서 데리고 함께 일해봐라' 라고 한다면, 여러분은 어떻게 하시겠어요? 사회적으로는 좋은 일을 했지만 나와의 관계에서도 어떤 순간에 그런 행동을 할 것만 같아 상당히 위협을 느끼겠죠. 이렇게 내부고발자는 '배신자' 로 규정되기 때문에, 그가 고발한 사안을 보는 시각에 오류가 발생할 가능성이 높고 본인도 해명하기가 쉽지 않습니다. 그것을 보는 제삼자들도 객관적으로 분간하기 어렵고요. 이 모든 것이 배신이라는 단어가 가진 파괴력, 무서운 낙인효과 때문에 벌어지는 일들입니다.

　과거 독재정권에서는 민주인사들을 탄압하거나 정적을 제거할 때 배신에 대한 대중의 상투적인 감정과 편견을 자극했습니다. "이 사람이 이런 옳지 않은 일을 했다"고 대중을 설득하는 것보다 "개인적으로 신의가 없는 사람이다. 그 밑에 있던 사람들이 결국 다 떠나더라. 사람을 배신한 전력이 있다"라는 식으로 꾸며낸 말을 흘리는 게 백 배 효과가 있어요. 다른 어떤 것보다 강력하게 어필하고 경계심을 갖게 하는 것이 바로 배신에 대한 원초적인 공포나 불안이거든요. 그래서 그 시절에는 '빨갱이' 라는 딱지를 붙이는 것만큼이나 '배신자' 라는 낙인이 치명적이었습니다. 배신자라고 낙인 찍히면 어디에서도 사람들과 섞여 살기 힘들었습니다. '배신하는 놈은 절대 못 믿는다' 라는 우리의 분별력 없고 상투적인 감정을 독재권력이 야비하지만 잘 이용한 거죠.

봉건시대에 노예가 반란을 일으키면, 인간으로서 내가 기본적으로 가져야 마땅한 권리를 주장하기 위해 한 행동임에도 불구하고 주인 입장에서는 배신이죠. "내가 몇 대째 너희 식구들을 입히고 먹이고 보살펴줬는데, 네가 나를 배신하냐?"라고 배신감을 느낄 수 있죠. 그런데 이런 식으로 말하는 것이 온당합니까? 이게 배신인가요? 하지만 주인 입장에서 배신이라고 느끼고 그 노예에게 배신자의 딱지를 붙이면, 주위 사람이나 본인이나 그러한 프레임에서 벗어나기 어렵습니다.

인도의 악명 높은 카스트 제도를 아시죠? 수천 년간 인도인의 생활을 규율해온 신분제도인데 '불가촉천민'은 그런 카스트 체제에도 속하지 못하는 사람들을 일컫는 말입니다. 청소·세탁·이발·도살 등 가장 힘들고 어려운 일을 담당하며 거주·직업 등에서 엄격한 차별대우를 받는데, 그들에게 허락이 되는 유일한 권리는 구걸하는 것이라고 해요. 사람과 접촉해서도 안 되기 때문에 시신을 닦고 처리하는 일 등에 종사할 수밖에 없는 사회의 가장 밑바닥에 있는 사람들입니다. 그 사람들은 감히 땅에 발자국을 남기면 안 되니까 걸어가면서 자신의 흔적을 지울 수 있도록 엉덩이에 빗자루를 매달고 다녔대요. 그들 자신의 선택이 아니라 지배계층이 그렇게 강요했던 것이죠.

그런데 불가촉천민으로 태어난 사람 중에도 "내가 태어나자마자 이런 계층으로 구분되었다는 것은 말도 안 된다"라면서 목숨을 걸고 저항한 경우가 있었을 겁니다. 하지만 그런 경우에 다른 계층에서도 이런 행동을 용납하지 않았을 뿐 아니라 불가촉천민 집단 내부에서도 공감을 얻지 못했다고 해요. "우리가 대대손손 충성이라는 가치를 중요하게 지켜왔는데, 왜 너만 참지 못하고 그것을 훼손하느냐"라면서, 반기를 드는 사람들을 곱지 않은 시선으로 바라봤다는 겁니다. 어떤 논리에 의해 이런 말도 안 되는 제도가 오랫동안 지속되었느냐 하면요, 지배계급이 불가촉천민들에게 세뇌하기를, "너희들은 전생에 엄청난 죄를 지은 사람들이라서 현세에 궂은일들을 하면 다음 생에서는 좋은 계층으로 태어날 수 있다"는 거예요. 이게 바로 지배계급이 자신들의 기득권을 유지하는 데 사용한 지배 논리가 된 거죠. 우리가 배신자에 대해 갖는 감정 역시 불가촉천민들이 가진 자기모순만큼 강력하고 파괴적이에요. 자신이 그것을 부정하거나 낙인을 떼어버릴 수 없게 만들고, 인격적으로 사람과 새로운 관계를 더 이상 맺을 수 없는 존재로 자타가 규정해버리게 돼요.

이렇게 우리의 판단력을 마비시키는 배신감이라는 감정과 배신자의 낙인에 대해 분별력을 가지고 자세히 살펴볼 필요가 있습니다. 아까 말씀 드린 대로, 배신은 인간의 근간을 흔들어서 정서적으로 아주 강력한 영향을 미치죠. 그런데 우리는 너무도 쉽게 배신감을 느끼고, 상대의 행동을 배신으로 치부해버리는 경향이 있습니다. '힘들어 죽겠다, 배고파 죽겠다' 처럼 "죽겠다"는 소리를 우리가 많이 한다지만요, '배신당했다, 뒤통수 맞았다' 는 말도 정말 많이 쓰는 말이에요. 그만큼 배신감의 과잉상태인 것이죠. 이것이 진짜 배신인지 객관적으로 분별할 필요가 있습니다. 그게 나와 내가 아닌 것을 구별하는 길이기도 해요.

우리가 지금까지 내 행동은 동기부터 보고 상대의 행동은 현상으로 보아왔다면, 이제는 내 행동을 현상부터 보고 남의 행동은 동기부터 보는 시도를 해보세요. 그러면 인간관계라는 것이 끊임없이 움직인다는 것을 잘 받아들일 수 있는 하나의 시발점이 될 것이라고 생각합니다. 이제 여러분의 질문을 받으면서 함께 이야기 나누죠. (청중 박수)

현 상 부 터　보 지　말 고　동 기 를　이 해 하 기

사회자 와, 시간 가는 줄 몰랐어요. 그런 말이 있죠. 누군가에게 '섭섭하다'는 감정을 느끼는 건, 그 사람이 내게 무엇을 잘못했다기보다는 내가 그에게 필요 이상의 것을 원했기 때문이라고요. 저도 옛날에 '그 남자'의 현상부터 이해해서 그런 배신감을 느꼈나 봐요. (청중 웃음) 물론 세월이 지나면서 그 사람의 동기까지 모두 이해하게 되었지만, 그때는 왜 그게 안 됐는지……. 그리고 남 이야기 들어줄 때는 객관적으로 판단할 수 있는데, 그게 내 이야기가 되면 동기부터 이해하는 게 잘 안 되지 않나요? 그래서 "네가 나한테 어떻게 그럴 수가 있어" 있잖아요. 저도 그거 했어요. 딱 그 대사 했어요. 그리고 저는 목도리가 아니고 시계였습니다. (청중 웃음) 야, 정말 돌아버리겠더구만요. 시계를 차고 있는 거예요. 내가 준 시계를, 그 여자애가……. 이런, 정말 뚜껑이 열려가지고……. 옛날이야기지만 말입니다.

　　그런데 이런 연인 사이의 배신감보다 더 심각한 것이 있죠. 버스 한 대 지나가면 다음 버스가 오니까, 사랑은 또 다른 사랑이 치유해주잖아요. 하지만 가장 심각한 건 부모자식 간의 배신감인 것 같아요. 가수 박학기 씨가 제가 진행하는 라디오 프로그램에 출연해서 이런 이야기를 한 적 있어요. 사람은 태어나서 여섯 살이 될 때까지 평생 할 효도를 다 한다고요. 아이 있는 분들은 이해하실 거예요. 너무 예쁘잖아요. 이 세상에서 나한테 와준 게 너무 감사하고, 하는 짓이 완전 기절이잖아요. 그러다가 학교 들어가면서부터는 애가 거짓말하고 말 안 듣기 시작하는데, 그래도 애가 자기 낳아달라고 한 적 없으니까 제 인생을 살 수 있도록 놔줘야 한다는 거죠.

그래서 박학기 씨 말이, 부모가 "너 이 자식, 왜 부모 말 안 들어!" 하면, "아, 여섯 살 이전에 다 했잖아요!"라고 대답하면 된대요.^(청중 웃음) 제가 그 말을 듣고 마음에 너무 평안을 얻었어요. 여러분도 부모님께 너무 큰 부채감은 갖지 마세요. 낳아달라고 한 적 없는데 우리 다 태어났잖아요. 잘못한 것 없이 죄의식 갖지 마세요. 자, 지금부터 여러분의 질문을 받겠습니다.

청중1 선생님께서 유사 배신에 대해 말씀해주셨는데요, 명백한 배신도 있지 않습니까? 예를 들어 아까 선생님께서 말씀하신 부부 간에 느끼게 되는 배신감이 있는데요. 이것이 배우자의 성적 일탈에 의한 것이라면 두 사람이 결혼하면서 맺은 약속을 저버리는 것이니까요. 이때 배신감을 느낀 이는 "네가 어떻게 나에게 이럴 수가 있느냐"라고 하면서 자신이 배신당했음을 말하고 다니게 될 테고요. 배신한 사람이 자랑하고 다닐 리는 없잖습니까? 이렇게 습득한 간접경험들이 사람들의 뇌리에 박혀서 방어기제가 우리 모두에게 순환되는 것은 아닐까 하는 생각도 듭니다.

정혜신 어떤 경우에라도 배신당한 사람과 그 상대 모두와 대화를 해보면, 다른 이야기를 듣게 됩니다. 고의적으로 내게 접근해서 명백하게 사기 친 경우라면 명백한 배신, 말하자면 하나의 사기 행각이 되겠죠. 영화에 보면 독립운동자금을 운반하다가 그걸 갈취하는 사람들이 등장해요. 그것은 자기 욕망이나 아주 사사로운 이익을 위한 행동이니까 분명한 배신이에요.

이런 경우를 제외한 다음에는, 방금 말씀하신 것처럼 배신당한 사람과 배신한 사람 양자가 '이것은 배신이다'라고 결론내릴 수 있을 정도로 명백한 배신은 흔치 않다고 생각해요. 각자의 입장에 들어가서 보면 분명한 배신이라고 결론 내리기 쉽지 않아요.

　　말씀하신 대로, 배신당했다는 이야기들은 많이 하지만, "내가 배신했다"라고 말하는 사람은 거의 본 적이 없어요. 그런데 백 번 양보를 하고 자기성찰을 잘해서 자신에게 책임이 있음을 인정하는 분들이 간혹 있죠. 그런 사람들조차 어떻게 이야기하는가 하면, "아마 그 사람 입장에서는 내가 자신을 배신했다고 생각할 수도 있다"라는 식이에요. 어떤 경우에도 양자가 합의할 수 있는 배신은 드뭅니다. 이 말은 우리 주변에도 내게 뒤통수를 맞았다고 생각하는 누군가가 충분히 존재할 수 있다는 것이죠.

사회자 남녀 간의 배신에서 부부 간의 배신으로 가면 또 이야기가 많이 달라지겠네요. 유지태가 "사랑이 어떻게 변하니"라고 아주 철딱서니 없는 말을 했잖아요. 아니, 사랑이 변하지 않으면 인류가 어떻게 이어져 내려왔겠습니까? 사랑은 움직이는 겁니다. 그래서 인류가 일부일처제에 대해 끊임없이 문제를 제기해왔잖아요. 일부다처제나 일처다부제가 해결해줄 수도 없는 문제지만, 배우자가 있음에도 연애하는 이들은 늘 존재하니까요. '이것이 명백한 배신인가' 하는 문제 역시 누구도 대답해줄 수 없을 것 같아요. 결혼은 거래가 아니니까요. 다른 분의 질문을 받아보겠습니다.

청중2 선생님께서 주로 인간과 인간 사이의 배신에 대해 말씀해주셨는데요, 살다 보면 무생물이나 관념체에도 배신감을 느낄 때가 있거든요. 사회와 국가에 대한 배신감이 그 예가 될 텐데요. 비정규직 노동자들은 비정규직법안을 강행추진한 정부에 대해, 노조원들은 대화에 성실하게 응하지 않는 사측에 배신감을 느낄 수 있을 것 같아요.

선생님은 기업인들을 많이 만나신다고 들었는데, 기업인이 아닌 노동자들이 이런 배신감에 대해 상담해온다면 앞서 말씀하신 바와 같이 "당신들의 배신감 역시 편파적일 수 있다"라고 답하실지 궁금합니다. 혼자 과한 것을 기대했다가 스스로 실망하면서 배신감을 느끼기 쉽다고 하신 말씀의 연장선상에서 묻고 싶습니다.

정혜신 제가 아까 비슷한 맥락에서 노예의 반란에 대해서 이야기했습니다만, 정부나 기업은 약자들이 느끼는 배신감에 대해 분명히 성찰해봐야 합니다. 국민과 노동자들의 배신감에 대해 깊게 성찰해야만 객관적으로 문제를 해결해나갈 수 있는 마음의 상태가 비로소 만들어지거든요. 요즘 긍정심리학이 유행인데, 어떤 상황을 긍정적으로, 낙천적으로 보는 것보다 더 중요한 것은 있는 것을 있는 그대로 볼 수 있는 능력인 것 같습니다. 저는 문제를 있는 그대로 보는 능력이 유능한 사용자가 갖추어야 할 자질이라고 생각합니다.

배 신 의 개 념 을 정 교 하 게 구 별 하 라

사회자 지금 대한민국에서 가장 큰 배신감으로 떨고 있을 분은 아무래도 박근혜 씨가 아닐까 싶은데요. 절치부심하고 계실 그분의 배신감은 유사 배신일까요?

정혜신 기본적으로 속는 사람에게도 문제가 있다고 저는 생각해요. ^(청중 웃음) 너무 믿었던 데 대한 반대급부일 수 있죠. '나는 이런 배려를 기대하고 믿었는데 이럴 수가 있느냐 하는 식의 지나친 기대가 문제였을 수 있거든요. 상황을 정확하게 보지 못한 것이죠. 남녀 간의 관계에서도 이런 상황에서 '속았다, 당했다'고 말하는 것보다 적절한 표현은 '이렇게 돼서 참 아쉽다, 섭섭하다' 이 정도일 것 같아요. ^(청중 웃음) 아, 이렇게 말하라는 게 아니고요. 이런 정도의 감정 상태로 상황을 보아야 적절한 것이 아닐까 하는 것이죠.

청중3 제가 회사에서 동료들과 김용철 변호사에 대한 이야기를 하다 보면 7 대 3 정도로 의견이 갈리는 것 같아요. 많은 사람들이 "그 사람은 받을 것 다 받고 나서 왜 이런 일을 하는가"라고 곱지 않은 시선으로 바라보고 있고요, 나머지 소수가 "저런 사람으로 인해 우리 사회가 더 나아지는 것 아닌가"라는 평가를 합니다. 그래서 이 이슈를 가지고 고민도 많이 하고 논쟁도 자주 하게 됩니다. 사람 사이에서는 '나와 내가 아닌 것을 분별하는 능력'으로 배신과 유사 배신을 가를 수 있겠지만, 사회 전반적인 구조 속에서는 합리적으로 사고하는 국민 수준을 높여야 가능할 것 같은데요. 어떻게 하면 사회가 규정한 배신을 올바르게 구별해낼 수 있을까요?

정혜신 제가 자아성찰을 통해 양쪽 입장에서 고민해보아야 한다고 말씀 드린 것은 사람과 사람 사이의 미묘한 감정의 경계에 대한 것이고요. 사회적인 이슈에 대해 어떻게 다루는 것이 진보적인 방법인가에 대해 질문하셨는데요, 저는 싸워야 한다고 생각해요.

아까 제가 내부고발자의 사례를 들어 이야기했는데, 이들이 외부의 낙인뿐 아니라 본인도 스스로를 의심하게 되는 총체적인 어려움에 처하게 되는 것은 우리가 배신이라는 개념을 고민 없이 사용해온 결과입니다. 배신의 고갱이가 무엇인지 제대로 알지 못한 우리의 무지한 상태 때문에 많은 사람이 두루뭉술한 배신의 개념에 압도당하고 사회의 공격에 그냥 주저앉게 되는 것이죠. '그 사람은 상종 못할 사람인가 봐' 하는 식의 상투적인 감정에 우리가 휘둘렸기 때문에 진보하지 못했다고 생각해요. 이런 것들을 정교하게 따져서 구별해낼 수 있어야 하고, 자신 있게 치고나가야 한다고 생각합니다.

사회자 많은 사람들이 그토록 의심하는 내부고발자의 개인적인 인격이나 사생활이 그가 제기한 문제와 도대체 무슨 상관이 있는 거죠? 김용철 변호사와 연애할 것도 아닌데, 그분의 개인적인 성향과 인격의 수준을 따질 필요가 없죠. 이 문제의 본질은 대한민국 사회가 이만큼 성숙했고, 삼성가의 범죄는 한계점에 다다랐다는 거예요. 그래서 김용철 변호사를 영웅시하는 것도 아주 위험한 것 같아요. 이쯤 되면 김용철 변호사가 아니라도 누군가 나서서 이야기를 꺼낼 때가 된 거거든요. 그분이 배신을 했는지 아닌지조차도 우리가 배신의 심리학을 배우는 과정에서 하나의 샘플로 사용할 수 있을 뿐이죠.

정혜신 방금 질문하신 분의 회사 동료들이 김용철 변호사의 본심에 대해 두 가지 입장을 가지고 있다고 하셨는데요. 저는 사실 그 두 가지가 아니라 아주 많은 모순된 마음이 김용철 변호사 안에 있었을 거라고 생각해요. 사람이 다 그렇지 않나요? 내 이익도 생각해보고, 내 가치관에 따라 살아야 한다고 마음먹어보기도 하고. 아니면 또 다른, 상호 모순된 여러 가지 감정들이 한 사람 안에서 일어날 수 있거든요. 그런 것도 우리가 그냥 인정해야 하는 부분이라고 생각합니다.

청중4 아까 선생님께서 유사 배신과 배신을 나눠서 설명해주셨는데요, 우리가 배신을 당하게 되면 베이식 트러스트가 손상된다고 하셨잖아요. 그런데 그것이 유사 배신임에도 불구하고 배신감에 고통당하고 있다면 이것은 그 사람의 개인적인 성찰력의 문제가 아닐까요?

정혜신 배신이 아닌데 분별하지 못해서 "내가 배신을 당했어!" 하면서 "내 상처가 너무 깊어. 이제 사람 못 믿겠어"라고 호소한다면, 이건 그저 감정의 과잉, 호들갑인 거죠. 미성숙한 모습이고요. 자기성찰이 깊어지고 현상을 그대로 볼 수 있는 능력이 생기면 이런 호들갑을 떨게 되지 않아요. 예, 분명 자기성찰과 관계가 있습니다.

청중5 아까 질문자 중에 한 분이 국민이나 노동자들이 정부나 기업에 대해 갖는 배신감이 유사 배신인지 진짜 배신을 당한 것인지에 대해 물으셨던 것 같은데, 이에 대한 선생님의 정확한 답변이 다시 한 번 궁금하고요. 만약 이것이 진짜 배신이라면 우리가 어떻게 대처해야 할지 개인적인 의견을 듣고 싶습니다.

정혜신 제가 아까도 말씀 드렸다시피 아직 우리나라의 상황에서는 사회적으로 겪는 배신감이 유사 배신은 아니라고 생각합니다. 우리는 이 사회 안에서 단지 배신감을 느끼는 것이 아니라, 실제로 배신을 당해왔습니다. 자의적으로 해석해서 느끼는 배신감이 아니라, 구체적인 배신의 경험들을 가지고 있는 것이죠. 그래서 이에 대한 정당한 반응은 싸우는 것이라고 생각합니다. 실제적으로 해결해야 하는 문제죠.

사회자 아무쪼록 여러 가지 적극적인 움직임을 통해 우리가 국가에 대한 배신감을 덜 느끼게 되었으면 좋겠습니다. 서준식 선생의 동생이자 도쿄 경제대학 교수이신 문학가 서경식 선생은 "교양은 타자에 대한 상상력"이라고 말씀하셨습니다. 좋은 공연은 좋은 관객이 만든다는데, 여러분 한 분 한 분이 교양을 갖고 계시기에 오늘의 강의가 더욱 빛난 것 같습니다. 십 년

만에 걸린 감기에도 불구하고 열강을 해주신 정혜신 선생님께 뜨거운 박

수를 부탁 드립니다. ^(청중 박수)

대중의 배신, 논객의 배신

대 중 은 언 제 부 터 우 리 사 회 를 지 배 했 나

진중권

대중의 배신, 논객의 배신

2008년 4월 1일(화)

대중은 언제부터 우리 사회를 지배했나

진중권
중앙대 독어독문학과 겸임교수

사회자 대한민국 최고의 인문학 파티에 오신 여러분을 환영합니다. 저는 이 파티의 도우미 오지혜입니다. 여러분이 참석하고 계시는 인터뷰 특강은 아주 독특한 방식으로 진행되는데요, 먼저 사회자가 20분 정도 강연자와 공개 인터뷰를 하고, 강연자의 강의가 진행됩니다. 그리고 강의가 끝나면 한 시간 정도를 여러분과의 질의응답에 할애하게 됩니다. 인터넷에서 손가락 놀리는 것은 다들 선수시겠지만, 이렇게 눈을 쳐다보면서 침 튀기며 토론해본 지는 오래되셨죠? 우리 모두 이런 열린 장소에 굶주려 있지요.

　　독일의 극작가 브레히트가 이런 말을 했어요. "한 공연을 보러 온 불특정다수의 관객은 출신이나 나이, 성별, 배경을 막론하고 객석에 앉아 모자를 벗는 순간 하나의 인격체가 된다." 연극을 보러 가시면 배우들에 대해 평가하게 되잖아요. 그런데 저희 배우들도 여러분을 평가해요. 매일 똑같은 공연을 하지만, "아, 오늘 관객들 정신없더라" "오늘 정말 반응이 팍팍 오더라" 하고 매번 다르게 평가하게 되거든요. 단체관람이 아닌데도 300명이든 천 명이든 약속이나 한 듯이 하나의 색깔을 가지고 공연을 보시더라고요.

이렇게 몇 백 명 남짓한 관객들도 하나의 인격체가 되어 반응하는데, 수만의 관객들이 소통의 신개척지인 인터넷이라는 공간에서 하나의 목적으로 뭉친다면 어마어마한 힘을 가진 인격체가 탄생하겠죠. 그 한 인격체가 동시대의 인류를 구원하느냐 배신하느냐 하는 선택은 종이 한 장만큼의 차이에서 시작될 것 같습니다.

지난 시간에 정혜신 선생님이 개인의 심리를 분석해주셨다면, 오늘은 집단 무의식이 저지를 수 있는, 혹은 당할 수 있는 배신을 분석해주실 분을 모시겠습니다. 진중권 교수입니다. ^(청중 박수)

진중권 안녕하십니까. 반갑습니다.

사회자 저는 개인적으로 지난번에 방송에 패널로 함께 나가서 뵙고 그후로 너무 오랜만에 뵙는데, 눈이 푹 꺼지셨네요. 근황 좀 들려주세요.

진중권 요즘은 한국예술종합학교에서 겸임교수로 미디어 아트 쪽, 그러니까 예술과 인문학을 결합하는 프로젝트를 진행하고 있습니다. 세 군데 학교에서 겸임교수를 하고 있는데, 학생들을 가르치는 것보다는 이론적 경향을 보고, 리서치하고, 책 쓰고, 세미나 자료 만드는 등의 정리하는 일로 시간을 바쁘게 보내고 있습니다.

사회자 그러면 학생들을 만나는 것보다 좀 수월하신가요?

진중권 더 힘들죠. 학생들 가르치는 것은 강의안 만들어서 두 시간 강의하고 나오면 끝이지만, 리서치라는 건 한도 끝도 없는 작업이잖아요. 뒤져야 하고, 책 사서 읽어야 하고…….

사회자 그것이 바로 학자의 본분이겠지요. 여러분 중에도 아시는 분이 계시겠지만, 진 교수님은 재미있는 취미를 갖고 계세요. 경비행기 조종 자격증이 있거든요. 정말 낭만적인 취미 같아요. 하늘을 날아본 기분 좀 이야기해주세요.

비 행 이   주 는   황 홀 감 과   극 한   자 유

진중권 이제 69시간 조종했습니다. 이게 시간 채우기가 굉장히 힘들어요. 한나절을 들여서 가도 한 시간 타고 오기 어렵거든요. 많이 타야 두 시간이고. 바람이 많이 불거나 비가 오거나 안개가 껴도 못 타고요. 그러니까 허탕치는 날까지 합하면 굉장히 많은 시간을 투자해야 하는 취미죠. 제가 2년을 투자해서 이제 69시간 탔으니까요.

사실 비행기는 제가 유학 중에, 그러니까 1996년쯤으로 기억해요. 책방에 갔다가 항공 잡지를 보게 됐어요. 펼쳐보니까 꽤 근사한 비행기가 나왔는데, 그때 돈으로 10만 마르크, 우리 돈으로는 6천만 원 정도더라고요. '비행기가 이거밖에 안 해?' 이런 생각에 나중에 돈을 벌면 꼭 사자고 마음을 먹었죠. 그리고 한국에 돌아와서 돈을 모았어요. 기초적인 조종을 배우기 위해 20시간을 타는 데만도 300~400만 원이 들거든요. 아니, 그런데 민주노동당이 서울시장 선거에 나간다니 어떻게 해요. 모아놓은 돈뿐 아니라 다른 데서까지 끌어다가 선거 치르는 데 다 집어넣었죠. 그때는 '붉은 태양부터 띄워놓고, 후에 다시 날아오르겠다' 결심했어요.

사회자 그러면 지금 현재 교수님 재산 목록에는 비행기가 없는 거죠?

진중권 아뇨, 있어요. 재작년에 제가 좀 침체기를 맞아서 방송 다 끝내고, 황우석 사태 지나고 꽤 지쳐 있었어요. 그래서 '이때 저지르자' 싶어서 방송하면서 모아놓은 돈으로 비행기 조종을 배우고, 사기도 했죠.

사회자 저도 방송을 하지만, 어느 방송에서 그렇게 줘요?^(청중 웃음)

진중권 그러니까 프로그램 전체를 맡으셔야죠. 아침에 풀타임으로 두 시간 정도…….

사회자 아, 저는 주말 프로그램이고, 선생님은 일일 방송이었기 때문에 어마어마한 차이가 나는군요. 밀리네요.

진중권 아마 일곱 배 차이가 나겠죠?^(청중 웃음)

사회자 그러면 경비행기 조종 자격증을 가진 사람들이 대부분 작은 비행기를 하나씩 소유하고 있나요?

진중권 우리나라에서 2천 명 정도가 이 자격증을 가지고 있고요, 그중에서 자기 비행기를 가지고 있는 사람은 300명 정도 됩니다.

사회자 특권층이시군요.

진중권 예, 그렇죠. ^(웃음)

사회자 그럼 상공 몇 피트까지 올라가시는 거예요?

진중권 굉장히 많이 올라갈 수도 있겠지만, 제가 올라가본 건 2천 피트(610미터)였고요. 구름 속에 들어갔다 나오는 거죠. 정말 환상적인 경험이에요. 하늘에 일단 올라가게 되면 비교할 수 있는 대상이 없어요. 속도감이 없고, 배를 탄 것 같은 기분이에요. 바람이 확 불면 마치 배가 파도에 흔들리는 것처럼 느껴지는 거죠. 그런데 구름이 있으면 그 위로 올라갈 수가 있어요. 지난 토요일에 제가 구름 위로 올라가려고 1200피트까지 올라갔는데, 위를 보니까 300피트만 더 올라가면 들어갈 수 있을 것 같더라고요. 그래서 딱 고도를 올리는 순간 돌풍이 확 부는 거예요. 그래서 '어이구, 무서워!' 하고는 부랴부랴 비행장으로 돌아왔다가, 마음 추스르고 다시 1300피트까지 올라갔죠. 그런데 구름에 막 들어가려는 순간에 또 돌풍이 불어서 캐노피에 머리를 두 번 쾅쾅 찧은 거예요. 결국 포기하고 내려왔죠. (웃음)

사회자 아니, 죽을 뻔한 이야기를 하시면서 굉장히 즐거워하시네요.

진중권 비행기가 안정적으로 디자인되었기 때문에 별 문제는 없지만요, 실제로 머리를 갑자기 두 번 찧고 나니까 가슴이 덜컹 하더라고요.

사회자 저는 해외 나가는 걸 너무 좋아하는데 비행 공포가 심해서 지구의 모든 대륙이 육지로 연결됐으면 좋겠다고 생각할 정도예요. 그런데 저렇게 좋아라 즐기시는 분이 있다니, 참 사람은 여러 가지예요.

진중권 비행기에 앉아서 조종간의 스틱을 잡으면 안정감이 들어요. 제가 통제할 수 있다는 믿음이 있으니까요. 하지만 남이 모는 일반 민항기를 타면 조금만 흔들려도 겁이 나요.

사회자 운전 잘하는 사람들이 남이 운전하는 차 타면 멀미한다더니 똑같은 마음인가 보네요. 진중권 교수님만큼 정치적인 이슈가 있을 때마다 인구에 회자되는 분도 많지 않은데요, 그러면 인기도 얻지만 그만큼 각종 공격과 협박에도 시달리실 것 같아요. 강심장이 아니고 우리와 똑같은 사람이라면 스트레스가 없을 수 없겠죠. 그래서 하늘로 올라가서 푸시는 게 아닐까 싶은데……

진중권 그런 기분은 있습니다. 택싱(taxing)이라고, 비행기를 활주로 끝까지 털털 몰고 가서 엔진 체크를 탕탕 두 번 하고 슬롯을 밀어요. 이게 출력이 거든요. 슬롯을 끝까지 밀면 엔진 소리가 웽 하고 커지죠. 엔진이 돌아가는 속도가 막 빨라지면서 진동이 커집니다. 그런데 어느 순간에 그 진동이 탁 사라져요. '아, 떴구나!' 이제 이 땅에서 벗어났다는 그 느낌이 제일 좋습니다.

"아, 왜 또 나야"

사회자 최근에 어느 인터뷰에서 "왜 자꾸 나서느냐"라는 질문에, "물어보니까 대답한 거지, 내가 먼저 말한 적은 없다"고 대답하셨어요. 다른 지식인들이 구설수에 오를까 봐 자리를 피하는, 제일 지저분한 답이 나올 만한 질문만 물어보니 쓰레기 전담반이라도 된 것 같아 억울한 마음이 없지 않다고 하셨다고요.

진중권 네, 대개는 신문사나 잡지사, 방송사에서 전화가 걸려오죠. 이거저거 인터뷰해달라고요. 대부분은 제가 거절하거든요. 많은 경우에 그 주제에 제가 적격한 사람이 아닌데도 전화를 하니까요. 생각나는 사람이 없었든지, 아니면 전화를 돌려봤는데 아무도 응하지 않은 거겠죠. 영화 〈디 워〉(D-War) 사건 때도 MBC에서 먼저 전화를 한 거예요. 제가 그 전화를 받자마자 한 첫마디가 "아, 왜 또 나야"였거든요. 뻔해요. 제가 영화 평론가가 아니고 영화계에 있지도 않은데 그런 전화가 온 것은 돌고 돌다가 온 차례인 거죠. 안 그래도 나중에 자기도 그 전화 받았었다는 분들을 몇 분

만났어요.

사회자 저도 〈100분 토론〉에서 전화 한 번 왔는데, "저 연기 생활 오래 하고 싶습니다" 하고 거절했거든요. 이 대한민국 사회가 한 다리 건너면 다 아는 사람이라 올곧은 소리를 계속 하는 것이 참 힘든데, 그때 진 교수께서 그런 이야기를 하셨어요. "이것은 지식인의 책무다." 어떤 것이 동시대를 살아가는 지식인의 책무인지 자세하게 말씀을 해주시죠.

진중권 가장 중요한 것은 자신의 전공 문제인 것 같아요. 제가 하는 것은 미학이기 때문에 그 영역에서는 제가 분명한 기능을 해내야겠죠. 지식인이라면 어떤 일을 하든지 자신의 전공만큼은 놓쳐서는 안 되겠고요. 두 번째로는 지식인이 먹물 아니겠어요? 먹물은 노동자들이 만들어주는 옷을 입고 농민들이 해주는 밥을 먹는데, 그 값을 해야 하지 않겠습니까? 모든 사건이 끝난 다음에야 나타나서 정리한답시고 "이 사건이 갖는 의미는 무엇인가" 하고 아무리 토론한들 이미 지나가버린 사태잖아요. 어떤 사건이 터지면 그때그때 자기 역할을 해내는 게 지식인의 중요한 책무라고 생각합니다. 그래서 저도 가끔 투덜거리죠. "왜 나는 만날 개 잡는 일에만 불러?"

사회자 그런데 어마어마하고 무시무시한 인터넷 댓글들에 대응하는 진 교수님의 글을 보면 '이 사람은 정말 무서운 게 없는 모양이다' 하는 생각도 들거든요. 저는 〈한겨레〉에서 의사 분들의 불친절한 서비스에 대해 안 좋은 소리 한 번 했다가 정말 무섭게 공격당한 적이 있어요. 그때는 오지혜닷컴이라고 제 팬이 만들어준 공식 홈페이지가 있었거든요. 스무 명 남짓한 사람들끼리 서로 좋아하면서 지내는 정말 평화로운 곳이었어요. 그런데 그곳이 일주일 동안 트래픽 과부하가 걸리고, "오지혜, 너 아플 때 병원

가면 죽어!" "네 애 아파서 병원 가도 우리는 절대 안 받아줄 거니까 그런 줄 알아라" 이렇게 의사 분들이 끊임없이 글을 남기는 거예요. 다른 건 다 괜찮은데, 애 이야기까지 들먹이니 엄마로서 '괜히 썼나' 하는 약한 마음이 들더라고요. 저는 이런 국지전으로도 마음이 그렇게 불편했는데, 진 교수님은 물리적인 감금도 당하셨고, 가족도 있으신데 그런 위협이 있을 때는 어떻게 대처를 하시나요?

진중권 그냥 뭐…… 놔두는 거죠. 대처법이 없고, 대처한다고 해결되는 것도 아니니까.

사회자 어떤 토론 자리에서 그런 말씀을 하셨잖아요. "생전 처음으로 옆 사람이 무섭더라." 그 무섭다는 게 물리적인 린치가 아니라 편협한 대중의 공격성을 말씀하신 거죠?

진중권 감금 사건 있었을 때, 사람들이 정상은 아니었잖아요. 그리스 전설 중에 한 폴리스 전체가 미쳐버리는 모습이 나와요. 저는 그게 연상되더라고요. 전설에서는 그 광기를 없애려면 한 사람을 희생시키라는 신탁이 내리거든요.

사회자 그런 일을 겪으시고도 별다른 보안 조치를 취하지 않으셨어요?

진중권 글쎄요. 일본사람들 같으면 죽이러 온다고 하면 진짜 오거든요. 그런데 한국사람들은 사실 말뿐이에요. (청중 웃음) 가끔 인터넷에 만나서 맞장 뜨자는 애들 있거든요. 그러면 저는 "좋아, 몇 시?" 하고 그 시간에 나가보면 안 나와 있어요. (청중 웃음) 그리고 결국 개인적으로 만나보면 또 그렇게 착할 수가 없어요. "아니, 이렇게 착한 사람이 인터넷에서는 왜 그렇게 못되게 굴었어?" 하고 물어볼 수밖에 없죠. 어제도 제가 인터넷 방송을 하는데, 댓글로 욕하는 애들이 있잖아요. 그런데 제가 전화를 걸어보면 목소리가 그렇게 착해요.

사회자 〈무릎팍 도사〉 출연 제의가 들어왔는데 거절하셨다면서요?

진중권 아, 예······.(청중 웃음) 저도 양심이 있지, 시청률을 일부러 떨어뜨리고 싶진 않아서요.

사회자 거절하신 이유가 본인은 특수한 계층만 웃기는 사람인데, 그 프로그램 나가면 최소한 중학생 이상을 웃겨야 하니 자신이 없다고 하셨다고 들었어요.

진중권 그렇죠. 저 같은 경우는 보편적으로 웃기는 게 아니라, 웃는 사람과 약 올라 하는 사람이 편을 갈라 있는 거거든요. 전체를 다 웃길 수 있는 건 특별한 재능이죠.

사회자 또 다른 이유로 안티들이 "저거 뜨기 위해서 저런 데까지 나갔다"라고 공격하는 걸 막기 위해서라고 하셨는데요. 사실 온갖 정치인과 연예인들이 그 프로그램에 한번 나가기 위해서 담당 프로듀서 집 문 앞에 줄을 선다잖아요. 저도 〈무릎팍 도사〉 때문에 네이버 검색 일등 먹은 적 있거든요. 제가 출연한 것도 아니고 문소리가 거기 나가서 한 번 언급한 것만으로 검색 순위에 오르더라고요. 출연한다면 엄청난 문화적 헤게모니를 붙잡게 되는데, 과감히 거절하셨네요.

진중권 안티들 엿 먹이려고요.(청중 웃음) 마지막 일격인 거죠.

사회자 진 교수께서 여러 분야에서 책을 내시고 사회에 대한 많은 발언을 하셨지만, 저는 개인적으로 미학에 대해 쓰신 책을 가장 좋아해요. 문화와 예술을 정말 깊이 있게 이해하고 계시고, '쟁이'들보다 더 근본적으로 예술을 통해서 인간을 따뜻하게 감싸고, 심지어 저희들보다 더 즐기고 계시더라고요. 아무리 미학 교수라지만 너무나도 방대한 지식의 양에 반하기도 했어요. 그런데 시사적인 발언들을 쉼 없이 하시느라 학자로서의 직무유기를 하게 되진 않나요?

진중권 직무유기는 항상 하고 있죠. 지금도 사실은 공부를 해야 하는데, 이명박 정부가 자꾸 저를 불러내잖아요. ^(청중 웃음) 신문을 보면 기가 탁탁 막히니까. 지난 2년 동안 제가 아무것도 하지 않았어요. 그 동안은 정말 공부만 했는데, 이 정권이 들어서는 걸 보니 불안하더라고요. 아니나 다를까 바로 사건들이 터져나오는데, '5년이 지나면 도대체 이 나라가 어떤 꼴이 되어 있을까, 생지옥이 되어 있는 건 아닐까' 너무 걱정이 됐어요.

마이클 무어(Michael Moore) 감독이 영화 〈식코〉(Sicko)에서 그랬죠. "학교 교육제도를 가지고 이윤을 남기려 한다면 누구라도 화성인 취급을 당하지 않겠는가? 그런데 왜 의료제도에 대해서는 다르게 생각하는가?" 대한민국은 바로 화성인인 셈이거든요. 교육을 가지고 장사를 하는 거죠. 그래서 어쩔 수 없이 다시 나오게 됐는데, 그러다 보니 아무래도 연구할 시간을 뺏기게 됩니다.

사회자 하지만 이런 사회 참여 역시 지식인의 책무겠지요.

진중권 예, 분명히 그렇죠. 이명박 정부가 정말 대한민국의 경쟁력을 떨어뜨리는 것 같아요. 학자들이 해야 할 작업이 얼마나 많은데, 쓸데없는 논의들을 하느라 시간을 보내는 거잖아요. 예컨대 '오렌지' 니 '어린지' 니, "생쥐 튀김은 몸에 좋아요"라든지, "복지가 안 되는 것은 믿음이 부족해서"라든지. 알 수 없는 기준에 의해 스스로를 한국 최고의 엘리트라고 부르는 그 사람들의 상태와 수준을 이런 망언에서 알 수 있는 거죠. 그런 사람들의 손에 정권이 5년 동안 넘어갔는데, 어떤 일이 벌어질까 끔찍하기도 하고요.

사회자 그렇습니다. 사실은 굉장히 우울합니다. 그래서 이런 담론의 자리가 더욱 필요할 것 같습니다. 하지만 오늘 이 자리는 정부를 공격하기 위해 만들어진 곳은 아니고요, 좀더 철학적이고 근본적인 이야기를 하기 위해 마련된 만큼 '대중의 배신'에 대해 이야기해주실 겁니다. 우리가 좋은 의미를 가지고 집회에 참석하기 위해 광장에 나가도, 일단 "어디서 오셨습니까?" 하고 꼭 물어보죠. 이런 '깃발의 폭력성'을 다들 느껴보셨을 텐데요. 아무리 똑같은 의도를 가지고 광장에 나왔어도 학교나 당과 같은 소속 집단이 없는 사람은 굉장히 불편한 사회입니다. 오늘 강의를 들으신 후에는 "어디서 오셨나요?" 하고 물으면, "집에서 왔는데요"라고 당당히 이야기할 수 있는 개인이 되시길 바랍니다. 박수로 강의 청할게요. ^(청중 박수)

군 중 , 무 한 히 황 홀 하 고 무 한 히 불 안 한 존 재

진중권 네, 어디서부터 시작해야 할지 모르겠습니다. 현 이명박 정권이 압도적인 표차로 당선이 됐는데, '왜 이렇게 대중의 상태가 변했을까' 하는 생각을 많이 해봅니다. 불과 십 년 전과 지금의 상황을 보았을 때, 우리가 과연 발전하고 있는 것인가, 거꾸로 돌아가고 있는 것인가 의문입니다. 그런데 저는 이미 이런 조짐들이 있었다고 생각해요. '황우석 사태'나 '디 워 사태'에서 그런 것들을 볼 수 있었고요. 그래서 지금 이런 상황을 보면서 매우 착잡합니다.

엘리아스 카네티(Elias Canetti)의 『군중과 권력』을 보면, 저자가 군중에 대해 양가감정(兩價感情)을 갖고 있습니다. 때로 군중의 힘에 매혹되고, 또 한편으로는 군중이 갖고 있는 폭력성에 두려움을 느끼는 두 가지

감정이 결합되어 있습니다. 저 역시 이런 양가적인 감정을 가지고 있었거든요.

　제가 기억하는 것은 1987년에 전 국민이 거리로 쏟아져나와서 "군부 독재 반대"를 외치던 장면입니다. 저는 그때 재수 없게도 군 복무 중이었어요. 만날 쫓겨다니면서 데모하다가 그때 처음으로 경찰 쫓아가면서 데모할 수 있는 기회였는데, 그걸 놓친 거죠. 나중에 제대한 후에 그때 이야기를 후배들에게 물어봤더니, 여자 후배 하나가 자신은 군중들 속에서 "황홀했다"고 하더라고요. 군중의 힘에는 이런 황홀경이 있습니다. 모든 사람들이 2002 월드컵 때 이 황홀경을 느꼈을 텐데요, 그래도 1987년의 그 황홀경만큼은 아닐 거예요. 그때는 정말 나라 전체를 놓고 보이는 진지한 군중의 힘이었어요. 그 전에는 "학생들이 공부는 안 하고 데모나 하나" 하면서 손가락질하던 사람들이 어느 날 태도가 바뀌어버린 거예요. 막 박수를 칩니다. 김밥을 갖다주고, 물을 떠다주고, 넥타이 부대들이 나와서 같이 행진하고……. 대의가 분명한, 아주 올바른 목표를 향해 수많은 사람들이 같이 나가고 있다는 느낌, 그리고 그 속에 내가 섞여 있다는 느낌은 정말 황홀경이죠.

　사실 월드컵 때 저도 거리에 있었거든요. 하지만 그 빨간 티셔츠만은 못 입겠더라고요, 너무 획일적이라서. 외국 경기를 보면 국기를 패션의 모티프로 삼는다 해도 사람마다, 또는 그룹별로 다르게 연출하잖아요. 그런데 우리는 전 국민이 하나의 티셔츠로 도배를 해버렸거든요. 그래서 조금 섬뜩한 느낌이 들었지만, 이것도 하나의 시위라고 생각했어요. 무엇에 반대하기 위한 데모가 아니라 그저 즐겁기 위한 데모죠. 이기면 바로 거리로 튀어나가서 지나가는 버스들을 멈추고, 당신들 지금 뭐하는 거냐고,

빨리 뛰어나오라고 하면서 버스 위로 올라가는 거예요. 지하철이 역내로 들어오면서 경적을 응원가에 맞춰 누르고, 그러면 또 승객들이 일제히 그 것에 따라 "대한민국!"을 외치고요. 우리가 축제가 없다 보니까 그런 축제의 분위기에 굶주려 있다가 한꺼번에 터져나온 게 아닌가 하는 생각도 들었습니다. 이런 군중 속에는 분명히 황홀경이 있습니다.

카네티는 노동자들이 행진하는 것을 보면서 황홀경을 느꼈다고 했거든요. '저들이 우리를 구원할 것이다'라는 사회주의 사상이 팽배해 있을 때니까요. 그런데 한편으로는 또 다른 행진이 벌어지는 겁니다. 소위 '나치들의 행진'이죠. 그는 군인들이 행진하고, 나치 돌격대들이 행진하고, 전 국민이 유니폼을 입고 "하일!"을 외치는 모습 속에서 군중의 폭력성에 대한 공포감을 느꼈다고 하죠. 그런데 이게 바로 제가 군중에 대해서 갖는 두 개의 양가감정인 것 같아요. 한편으로는 저들과 함께 있는 것이 무한히 황홀하고, 다른 한편으로는 저들과 더불어 있을 때 불안합니다. 무섭고. 그래서 아까도 나와 더불어 사는 이웃사람들, 내 주변에 사는 사람들이 이렇게 무서워본 적은 없다고 말했는데요, 이런 감정은 바로 양가감정 중 후자의 경험이었겠죠.

이제 이명박 정권이 들어섰는데, 말해야 할 논객들은 사라져버렸어요. 왜 그런가 생각해봤을 때, 대중과 자신의 관계를 설정하는 데 실패한 것이 아닌가 하는 생각이 들어요. 프리드리히 실러(Friedrich Schiller)가 이런 말을 했어요. "지식인은 대중이 듣고 싶어하는 이야기를 하는 사람이 아니라, 대중이 들어야 할 이야기를 하는 사람이다." 저는 200년 전에 그 사람이 한 이 이야기가 정답이라고 생각해요. 사실은 황홀하거든요, 대중한테 칭찬을 받는다는 건. 예컨대 제가 지금 이명박을 씹잖아요, 별

것 아닌 소린데도 갑자기 헤드라인으로 올라와요. 그리고 댓글이 몇 천 개가 붙습니다. "정말 시원해요." "천재예요." "유일한 지식인이에요." 온갖 칭찬들이 다 나옵니다. (청중 웃음) 이런 걸 읽다 보면 저도 그렇게 믿고 싶어져요. '내가 그렇게 똑똑한가?' '내가 그렇게 멋있는 사람이야?' 그런데 그런 것에 속으면 안 되거든요. 또 어떤 때는 대중이 악플을 달잖아요. 그것에 절대 주눅이 들면 안 됩니다. 자기확신이 있어야 하고, 대중이 하는 말을 다 믿어서는 안 돼요.

대개 대중이 환호하는 건 듣고 싶은 이야기를 들었을 때예요. 하지만 대중의 마음은 조변석개하거든요. 대중의 구성도 조변석개해요. 왜냐면 그 문제에 들고일어나는 대중이 전체 대중은 아니거든요. 다음번에 같은 문제를 가지고 일어나는 대중은 또 다른 대중이에요. 일치하는 것처럼 보이지만, 대중의 반응은 일관성이 없습니다. 그래서 제가 같은 이야기를 하는데 이번에는 대중이 막 욕을 해요. 대중은 자기들의 힘을 이용해서 조종하고 싶어하는 것 같아요.

논객은 편을 들어서는 안 된다

특히 한국 문화는 사안에 접근할 때 일인칭과 삼인칭으로 접근하지 않아요. 사안과 나의 관계에서, 즉 내가 봤을 때 이 일이 옳은가 그른가 판단해서 주장하고 논쟁하고 주장의 근거를 제시하는 게 아니라, 먼저 주변의 눈치를 봐요. 설문조사부터 합니다. 심리적 동조화 현상이 굉장히 강한 겁니다. 그래서 세미나에서도 학생이 이야기를 하다 말고 정답인가 아닌가 제 눈치를 봐요. 그러면 저는 "인문학에는 정답이 없다. 주장을 했으면 지금부터 네 주장을 옳은 것으로 만들어라"라고 말해주죠. 그러나 많은 사람들이 이런 훈련이 안 돼 있습니다.

이러다 보니 황당한 사태가 벌어지는데, 지식인들도 이것을 체화하게 되는 거예요. 자기 이야기를 강하게 하는 게 아니라, 눈치를 봐서 가능한 한 다수를 따라가려고 하고 군중과 더불어서 가려고 합니다. 이것이 어떤 경우에는 명분도 있어요. '내가 옳은 이야기를 하면 어차피 안 들을 것이다. 그러니 전술적으로 다독이며 같이 가도록 하자.' 하지만 저는 이걸 허위의식이라고 생각해요. 거짓말, 자기를 속이는 것이고, 많은 경우에는 용기가 없는 겁니다. 그냥 욕먹기 싫은 거예요. 그렇게 나가다 보면 결국 자기 일관성을 잃어버립니다. 옛날에 대중의 마음에 들기 위해 "A"라고 말했는데, 이번에는 대중의 마음에 들기 위해 "not A"라고 말해야 해요. 그러면 A이면서 not A가 되는 거거든요. 망가지는 거죠. 대중도 영악합니다. 이 사람이 무언가를 주장할 때, 반대편에 있는 사람들은 "너 전에는 A라고 하더니 왜 지금은 not A야?"라고 물고 늘어지거든요. 그러면 그 사람의 공신력이 떨어지죠.

대한민국에는 정치적으로 당파성 문제가 있습니다. 논객으로 뜨기 위해 가장 안전하고 확실한 길은 한쪽의 편을 들어주는 겁니다. 예컨대 저 같은 사람이 한나라당의 편을 들어주는 거예요. 그러면 비례대표는 따놓은 당상이겠죠. 뉴라이트처럼 '허접하게' 해도 몇 개씩 따내잖아요. 이렇게 방법이 간단하기 때문에 사람들이 그런 유혹에 넘어갑니다. 그래서 그것이 옳기 때문에 이야기하는 것이 아니라 편을 들어주기 위해 이야기하게 됩니다. 대중에게 충격을 줘서 옳은 것을 깨닫게 하는 게 먹물들의 임무인데, 이것을 잊고 오로지 대중에게 아첨하는 거죠. 아부를 하고 그 대가로 뭔가를 얻어내려 하는 구조가 만들어지는 것 같습니다. 거기에는 한나라당의 편도 있지만, 옛날 열린우리당의 편도 있고, 대개가 권력을 가진 사람들의 편을 듭니다.

1990년대 초에는 좋은 논객들이 참 많았어요. '안티조선' 운운하면서 함께 놀고 퍼포먼스하고, 인터넷에서 이루어지는 논의들도 굉장히 진지한 아주 좋은 때가 있었어요. 그때 제가 많은 분들에게 "우리 계속 논객 생활 하자, 계속 같이 놀자" 이랬는데, 많이들 정권을 따라가버렸어요. 특정 정권과 자신을 동일시해버리고 거기에 자기를 맞추다 보니까 그 정권과 운명을 같이하게 된 거죠. 김대중 정권이 끝나니까 논객의 별이 몇 개 져요, 또 노무현 정권이 몰락하니까 수많은 논객의 별이 저버린 거예요. 노무현이 정권을 잡고 있을 때 우리가 가서 편 들어줄 필요가 없었습니다. 대통령이에요. 국회의원들이 몇 십 명이나 되고요. 우리가 가서 힘 보태줄 필요가 없어요. 잘못하는 걸 오히려 지적해줬어야 하거든요. 그래서 대중이 보수화되지 않게끔 막았어야 하는데, 같이 가버린 겁니다. 그리고 그 정권이 몰락해버리니까 이 사람들의 말발이 안 서는 거예요. 막상 지금 이명박 정부가 말도 안 되는 일들을 하는데, 말할 사람이 없어요. 정작 말이 필요할 때, 글이 필요할 때 사람이 없다는 겁니다.

지금 정치 상황을 보면 한나라당 지지율이 엉망이거든요. 대선에서 표차가 아무리 많이 났다 하더라도 마지못한 지지율이에요. 당선 직후 지지율도 38퍼센트로 역대 최저 지지율입니다. 노무현 씨와 김대중 씨도 이맘때는 70퍼센트가 넘었어요. 그런데 이 지지율이 민주당으로 안 오잖아요. 실망했다는 겁니다. 이건 몰락해버린 겁니다. 노무현 정권이 우향우를 해버렸잖아요. 그들이 '진보 개혁'이라고 주장했다면 진보성과 개혁성을 계속 유지했어야 하는데 "대통령을 보호해야 해" 하면서 스스로가 보수화돼버린 겁니다. 사회 전체가 보수화돼버렸습니다. 옳으냐 그르냐의 관점에서 판단했어야 하는데, "한나라당하고 싸우려면 이쪽을 편 들어줘야 해"라면서 편을 들어버린 겁니다. 그러나 노무현 정권이 편 정책들은 사실 한나라당과 하나 다를 바가 없습니다. 이러다 보니 대중 전체가 보수화돼버렸습니다.

제가 황우석 사태 때 놀란 이유는 이거예요. 그전까지는 제가 한나라당을 욕하면 열린우리당이 편 들어주고, 열린우리당을 공격하면 한나라당이 좋아했거든요. 딱 반반입니다. 그런데 '황빠'는 '노빠'와 '박빠'가 합친 거더라고요. 이게 압도적 다수입니다. 지금 생각해보면 그게 바로 지문적(地文的, didascalique) 현상이었습니다. 황우석을 줄기차게 옹호한 온라인 사이트가 바로 바로 노무현을 가장 열렬히 지지한 서프라이즈 (www.seoprise.com)였거든요. '황우석 열사'도 분신하러 나가면서 바로 그 사이트에 글을 올리셨어요. 이런 식이니, 이명박이 나왔을 때 대중은 어느 부분이 대립점인지 알 수가 없는 거예요. 대립점을 만들어놓지 않았기 때문에 바로 다 넘어가버린 겁니다. 그래서 저는 이런 상황이 황우석 사태 때 이미 예견돼 있었다고 믿어요.

오류는 "노무현이기 때문에"에서 시작됐어요. 처음에는 개혁이기 때문에 노무현을 선택한 거거든요. 그 다음에는 거꾸로 가요. "노무현이니까 개혁일 것이다." 개혁이 아닌 것도 그렇게 부르면서 전도현상이 일어나는 거예요. 예컨대 '황빠'들은 자신들의 코드가 '생명'이면서도, 여자들이 어떻게 죽어가는지 또는 여자들의 신체에 어떤 위험이 있는지 신경

쓰지 않고 오로지 '돈'으로 결합시켰습니다. 330조였나요? 존중해야 할 모든 가치를 화폐가치로 환산한 이 코드를 바로 그들이 가지고 있었습니다. 이게 누구의 코드입니까? 이명박의 코드 아닙니까? 감금 사건이 일어났을 때 경찰서장은 '경쟁력 상승 세미나'에 참석하고 있었대요. 앞으로는 경찰도 부가가치를 높여야 할 모양입니다. 경찰 서비스로 돈도 벌고요. 사회 전체가 이런 마인드를 갖게 된 거예요.

전에는 그렇지 않았습니다. 저항세력이 있어서 막을 수 있었는데, 노무현 정권 들어서 그게 완전히 사라져버렸어요. 투항을 해버린 겁니다. 노무현 씨가 좌측 깜빡이를 켜고 우측으로 갔잖아요. 그거 보고 다 같이 간 겁니다. 그러다 보니 전반적인 사회의 보수화가 진행됐어요. 본인들은 보수 정치를 표방하면 정권 유지에 도움이 될 거라고 하는데, 보수층은 그들을 절대로 안 찍어줍니다. 그러니까 보수층의 표도 잃고, 빈부격차가 늘어나 민심이반이 일어났어요. 그런 '천박한 코드'는 안 된다고 해야 할 사람들이 앞장서서 그 천박한 코드를 표방했거든요. 그러니까 브레이크가 없는 겁니다. 방어막이 없어지고 둑이 무너진 것처럼 완전히 저쪽으로 넘어가버렸어요.

대중은 배신해야 하는 대상

제가 '황우석 사태' 이후 정치적 발언을 일체 접었던 것도 '아, 이런 상황에 희망이 있는가' 하는 생각이 들어서였습니다. '이 사회에서 저런 사람들을 가지고 진보를 하고 개혁을 한다는 게 희망이 있는가, 내가 떠드는 게 무슨 의미가 있는가' 회의가 들었습니다. 한나라당과 열린우리당이 서로 싸우지만, 한 꺼풀 들어가면 어차피 '황빠'인 걸……. 힘이 쭉 빠지더라고요. 그때 제가 침체기에 들어가고, 정치에 관한 발언을 일체 중단했죠. 〈씨네21〉에 연재중이었는데, 밤새 고민해도 원고가 안 나오더라고요. 옛날처럼 힘이 나질 않는 거예요. 오지혜 씨는 잘 아시겠지만, 연기할 때는 뭐가 올라야 한다잖아요. 글쟁이도 마찬가지거든요. 뭐가 확 올라야 글이 써지는데, 그게 안 되면 정말 억지로 쓰는 것이죠. 그래서 '못 하겠다'는 내용을 마지막으로 연재를 종료했어요.

그리고 제가 2년 동안 문화에 대한 이야기만 하고 있었는데, 최근에 들어서는 가만있을 수 없더라고요. 제가 제일 걱정되는 건 5년 후의 상황이에요. 국민들은 지금 자신들이 표를 던진 대상이 어떤 사고방식을 가지고 있는지 몰라요. 말하자면, "비정규직, 나라 경제를 위해서라면 당연히 확산해야지!"라는 식이죠. 하지만 내가 비정규직이 되면 못살겠다고 하죠. 그리고 또 표를 한나라당에 던지는 겁니다, 비정규직 확산하라고. 군중의 기저에 깔려 있는 군중심리가 이런 식으로 획일적이 됐어요. 택시를 타면 기사분이 가끔 시비를 걸잖아요. 그런데 제가 딱 보니까 한나라당을 찍으신 것 같아요. 그래서 "기사님, 앞으로는 의료보험증 가지고 진찰 받으러 갈 수 있는 병원이 없어질 거예요"라고 말씀드렸더니, "어, 그래요? 잘못 찍었나?" 그러시더라고요. '역시 한나라당 찍었구나' 싶었죠.

이번 총선에서도 아마 표 쏠림 현상이 나타날 겁니다. 언론에서는 200석까지도 내다보고 있는데, 이 정도면 개헌할 수 있는 선입니다. 그러면 "대한민국은 민주공화국이다"라는 헌법을 "대한민국은 이씨 왕조다"라고 고칠 수도 있어요. (청중 웃음) 얼마 전에는 조선시대 코드도 나왔잖아요. 이

상득 상왕에 대항하는 55명의 한나라당 의원들이 봉기했어요. 하지만 전하께서 한마디로 "찌그려져!" 하시니까 "예!" 하고 찌그러지면서 뭐라고 했습니까? "우리를 생육신이라고 불러다오."(청중 웃음) 제가 그래서 웬만하면 불러주려고 했는데, 몇 명이라도 사육신이 됐어야죠. 사육신은 하나도 없이 다들 생육신만 하려고 해요. 조선시대 같아요. 무섭지 않습니까? 이런 상황을 보면서 제가 다시 나올 것을 결심하게 됐죠.

대중은 배반해야 하는 대상입니다. 저는 늘 같은 이야기를 해요. 먹물들은 일관성을 가져야 하거든요. 어떤 이야기를 했을 때 대중이 환호해요. 그런데 같은 이야기를 맥락만 바꿔줘도 막 반대합니다. 많은 경우에는 조삼모사 같아요. "와! 우리 편이다!" 하고 좋아하던 사람들이 같은 이야기를 듣고 "저놈이 또 우리를 배신했어!"라면서 욕하죠. 어떤 때는 다시 막 좋아해요. "지난 번 일은 용서해줄게." 그리고 다시 "저놈은 역시 믿을 수 없는 놈, 배신자"라고 욕하는 거예요. 댓글이 올라오는 걸 보면, "같은 편일 때는 그렇게 든든할 수가 없는데, 다른 편이 되면 등골이 오싹해"라는 반응이 많죠. 저는 이런 의미의 배신은 늘 해야 한다고 생각합니다.

제가 이번에 진보신당에 들어갔거든요. 누가 그러더라고요. "저놈은 또 진보신당 욕하면서 나갈 거야." 그래서 '어떻게 알았지?' 싶었어요.(청중 웃음) 내가 지지하는 정당이라 하더라도 이상한 쪽으로 가면 당연히 비판하면서 나와야 하는 거 아니에요? 제가 2004년에 민주노동당을 탈당하면서, 소위 주사파라고 불리는 사람들은 절대 받으면 안 된다고 말했거든요. 그때는 아무도 안 들더라고요. 그저 저를 조용히 시키려고 하기에 제가 나온 거예요. 이번엔 자기들이 나오더라고요. 지지하던 정당을 비판하면 '배신'으로 보는 거죠. 하지만 저는 그런 배신은 반드시 해야 한다고 생각해요.

배신은 신뢰를 저버린다는 거잖아요. 그 신뢰가 어떤 종류의 신뢰인지 생각해봐야 해요. 저 사람은 늘 듣기 좋은 말만 해줄 거라는 대중의 믿음이 정당한 신뢰입니까? 아니면, 저 녀석은 싸가지는 없지만 자기 상황이나 편에 따라서 말을 바꿀 놈은 아니라는 믿음이 바른 신뢰겠습니까? 물론 마음엔 안 들겠죠. 그래도 저는 후자가 바로 논객이 받아야 할 신뢰라고 생각합니다. 제가 절대 저버리지 말아야 할 신뢰는 그런 신뢰예요. '저놈은 어떤 때는 맘에 들고, 어떤 때는 맘에 안 들어.' '어떤 때는 정말 좋은데, 어떤 때는 찢어 죽이고 싶을 만큼 얄미워. 그럼에도 불구하고 저놈이 무슨 말을 할 때는 최소한 뒤에 정치세력의 힘이 작용하지는 않아.' '대중에게 환호를 받기 위해, 또는 뜨기 위해 말할 놈은 아니다.' 이런 믿음은 제가 절대로 저버려서는 안 되는 신뢰예요. 하지만 대중이 흔히 말하는 '신뢰'는 얼마든지 저버려도 돼요.

제가 얼마 전에 서울대학교에 강의를 하러 갔습니다. 학생들이 활발하게 질문하더라고요. 이러쿵저러쿵 많은 이야기들이 오가다가 제가 말했어요. "여러분이 제 후배지만, 저는 여러분에 대한 특별한 애정은 하나도 없습니다. 사랑하거나 친근한 느낌조차 들지 않습니다. 여러분은 수십 년 후에는 국가의 부르주아 계층에서 지배세력이 되어 있을 가능성이 높기 때문에 가벼운 계급적 긴장감까지 느껴집니다." 그랬더니 막 웃더라고요. "여러분이 지금 내게 환호하지만 절대 믿지 마세요. 나는 수가 틀리면 곧바로 여러분의 뒤통수를 때릴 거니까. 그러니까 너무 좋아하지 마세요, 부담스러워요"라고 말해줬어요. 저도 저를 좋아해주던 사람들 뒤통수를 딱 치려면 사실 마음이 아파요. 좀 안됐다는 생각도 들고, '꼭 이래야 하나' 하는 생각도 들거든요. 그러니까 대중이 너무 좋아하지 않고 조금 쿨하게 "맞아" 하고 적당히 넘어가면, 나중에 제가 "아니야"라고 이야기할 때 심경이 편하거든요.

이렇게 논객이 정말 저버려서는 안 되는 신뢰는 자기 말의 일관성, 자기 일을 진지하게 즐기는 자세겠죠. 저는 제 일을 '놀이'라고 생각하거든요. 네티즌들하고 노는 거예요. 놀이에도 진지함은 분명히 있거든요. 이렇게 진지함을 잃지 않고 일관성을 지키는 것 외에는 끊임없이 대중을 배신해야겠죠. 일인 다수의 신뢰라고 해요. 대한민국 국민들은 김용철 변호사를 배신자라고 이야기하잖아요. 그런데 저는 그분이야말로 신뢰를 지키는 분이라고 생각하거든요. 진짜 지켜야 할 신뢰를 지켰잖아요. 우리가 변호사라는 직업을 가진 사람들에게 기대하는 믿음이 삼성에 빌붙어서 못된 짓 치다꺼리해주는 것인가요? 우리나라에서는 내부고발자들이 배신자 취급을 받지만 미국에서는 명사가 됩니다. 김용철 변호사만 해도 생명의 위협을 느껴서 사제관으로 숨어들어가야 하는 지경이에요. 2002년 서울시장 선거에 출마한 이문옥 전 감사관의 경우도 감사원 비리를 폭로했다가 구속이 돼버렸죠. 이 바탕에는 대중의 신체 습관이 깔려 있습니다. 패거리지어 다니는 습관이에요.

이것을 분석하기 위해 우리는 근대적인 의미의 신뢰와 전근대적인 의미의 신뢰를 구별해야 할 것 같습니다. 전근대적인, 근대 이전의 믿음은 정치의식이 아니라 타당의식이에요. 신뢰나 신념이라기보다는 야쿠자가 말하는 '의리'입니다. 그게 옳건 그르건 간에 우리 '패밀리'에 충성하느냐 하는 거죠. 이것의 문제는 공적으로, 사회적으로 해가 될 수 있다는 것입니다. 우리가 진정으로 지켜야 할 신뢰는 공적으로, 사회적으로 옳은 것이고 이것을 지키기 위해서는 자기 패거리를 배신할 수 있어야 합니다. 그것은 신뢰를 저버리는 것이 아니라 더 큰 신뢰를 지키는 것이거든요.

예컨대 감사원의 내부고발자는 감사원 공무원이라는 패거리의 집단 이익은 배반했을지 몰라요. 그래서 조직 내에서는 배신자가 되었겠죠. 바깥에서도 많은 이들이 그렇게 볼지 몰라요. '일러바친 놈'이라고. 하지만 사회 전체로 볼 땐, 공익적 관점에서 볼 때는 이 사람이야말로 신뢰를 지킨 겁니다. 배신을 통해서 더 큰 신뢰를 지키는 모종의 역설이 존재한다는 것이죠. 이런 역설이 분명히 성립함에도 불구하고, 아직 우리 사회에서는 신뢰라는 개념을 '의리를 지키는 것', '우리 패거리 안에서의 믿음'으로 동일시하고 있습니다. 이 사회에서 일을 믿고 맡길 수 있는 사람은 일을 잘하고 성실하고 공공에 해가 되는 일을 안 하는 사람이 아니에요. 내가 하는 모든 비리를 알고도 입 다물어줄 수 있는, 말하자면 야쿠자 조직의 '꼬붕'이라는 거예요. 이런 신뢰의 어법대로라면, 우리는 어떤 의미에서 배신을 해야만 합니다. 진정한 의미의 배신자가 되지 않기 위해서는 그때그때 배신을 해야 한다고 생각합니다.

배 신 자 가   되 지   않 으 려 면   자 주   배 신 해 야   한 다

황우석 사태 때는 정말 황당하더라고요. 나중에 〈PD수첩〉의 황학수 프로듀서를 만났는데, 개인적으로 미안하다고 하더라고요. 같이 일하는 사람들끼리는 다 알고 있었다는데, 저에게는 아무런 정보를 주지 않았거든요. 그때 어떻게 된 상황이냐면, MBC 〈PD수첩〉에서 황우석을 검증하려 들었어요. 그런데 저는 논문이 조작됐을 거라고는 생각도 못했어요. 세계적인 〈사이언스〉(Science)에서 검증받은 논문을 어떻게 조작됐다고 이야기하는가 상상이 안 가는 거예요. 그런데 또 다른 한편으로 판단해볼 때, 저는 아무 정보도 없었으니까 '〈PD수첩〉이 설마 미쳤겠나?' 하는 생각도 들었어요. 그들이 미쳤다고는 제가 가정할 수가 없거든요. 그러니까 분명히 뭔가가 있는 거예요. 방송이 나가면 파장이 엄청난 거잖아요. 저는 그때 눈앞이 캄캄하더라고요. 이 사태가 도대체 어떻게 될지⋯⋯. 그래서 솔직히 속으로는 '웬만하면 덮어라. 터질 일이라면 언젠간 터지겠지' 하는 마음도 들었어요. 하지만 저에게는 의욕이 있었고, 제보자가 있으면 언론사는 그것이 옳은지 그른지 검증할 의무와 권리가 있습니다. 그러니까 제가 논리적으로 방어할 수 있는 수준은 거기까지예요. 제보를 받은 〈PD수첩〉은 검증할 권리가 분명히 있고, 문제는 그 검증 결과가 타당한지 여부인 것이죠.

그래서 제가 대중 앞에서 〈PD수첩〉을 방어했는데, 문제는 검증 결과가 '논문이 조작되지 않았다'라면 어떻게 되는가 하는 거예요. 제대로 된 반응이라면, "그래, MBC 수고했어. 검증 결과와 상관없이 너희들은 할 일을 한 거야. 언론이 제대로 기능하고 있다는 걸 잘 보여줬어"라고 하는 게 맞거든요. 그런데 과연 대중이 그렇게 반응하겠냐는 거예요. 절대로 그러지 않을 거예요. 그런 결과가 나오면 황우석 논문 검증에 관여한 MBC, 〈프레시안〉, 〈한겨레〉, 민주노동당까지 다 초토화되는 겁니다. 약간이라도 진보적인 목소리를 낼 수 있는 매체는 다 죽어버리는 거예요. 방송사가 넘어갈 정도인데, 신문사나 인터넷 언론, 조그만 정당 따위는 일도 아니죠. 그때 정말 섬뜩하더라고요. 거기서 저는 군중의 엄청난 힘을 보았습니다. 웬만하면 가만히 있고 싶었어요. 그런데 발언을 할 수밖에 없는 상황이잖아요. 황우석에 대한 보도가 날 때마다 우리는 아무 정보가 없으니까 제작팀에서도 문제가 되는 겁니다. 우리는 이렇게 방송했는데, 신문 보도는 다르게 나가는 거죠. 매일매일 긴장의 연속이었어요. YTN 동영상이 터졌을 때는 책임프로듀서에게 "불편하시면 제가 그만두겠습니다"라고 했더니, "아직은 막을 수 있습니다"라더라고요.

　　결국 논문이 조작됐다는 사실이 드러나기 시작하는데, 이게 정말 오래가더라고요. 저는 사람들이 그렇게 질긴 줄 몰랐거든요. 아직도 황빠들이 있다니까요. 그리고 2006년 4월에 제가 창원에 내려갔다가 황빠들에게 잡혀서 감금당했어요. 그런데 사람들이 진짜로 저한테 달려들고 감금하는 것은 무서운 게 아니에요. 한 놈만 패면 되거든요. 정말 무서운 건 제가 처음에 이 사태에 대한 아무런 정보도 없는 상태에서 판단을 내려야 했고 발언했단 것이죠. 검증의 결과가 어떻게 나오느냐에 따라 제 목도 왔다갔다하는 상황이라는 게 무서웠던 거지, 2006년 4월은 이미 논문 조작이 드러난 후거든요. 저를 감금한 사람들은 잔당들이었어요.

　　영남과 호남, 남부 연합군이었는데, 이 사람들이 좌우 연합이다 보니까 NL(민족해방주의)과 비(非)-NL 황빠들이 있어요.(청중 웃음) NL 황빠는 반미적 경향이 있고요, 비-NL 황빠는 친미적 경향이 있어요. 되게 재밌어요. 저를 "진중권 선배!" 하고 부르더라고요. "당신도 1980년대에 운동하지 않았습니까! 그때 주류가 바로 민족해방운동 아니었습니까!"라기에, 저는 속으로 '워메, 나는 PD(민중민주주의)인디……' 했죠.(청중 웃음) 그러면서 그들의 말이, "어떻게 그런 당신이 미제가 우리의 기술을 빼앗아가려는 데에 앞잡이 노릇을 하는 거요!"라는 겁니다. 그야말로 NL 황빠죠. 그리고 어떤 여자분이 제게 말을 하는데, 들어보면 똑같은 말을 수백 번 반복하는 거예요. 기계적, 자동적으로 나오는 말 있잖아요. 메커닉 황빠랄까요. 또 샤머니 황빠가 있어요. 이 사람은 눈이 풀렸습니다. 말이 막 나오는데, 이 사람 얘기가 아니에요. 누군가가 뒤에서 이야기해주고 있는 것 같아요. (청중 웃음) 이처럼 굉장히 다양한 사람들을 봤습니다. 유불선 3교가 다 있고요, 기독교 목사도 있어요. 연합군들을 보면서 재미있었어요. 즐겼죠.

그런데 문제는 제가 다음날 방송을 해야 했어요. 경찰서에서는 이 상황을 어떻게 해결해야 할지 몰랐고요, 아마 제가 새벽 방송이 없었으면 그대로 놔뒀을 거예요. 새벽 방송이 펑크나면 뉴스가 나가잖아요, 그러면 당장 '너희는 뭐했니' 하는 질책이 들어오니까 전경을 불러주더라고요. 전경이 트럭으로 두 대가 와서 저를 호위해주는 거예요. 이런 VIP 대접을 제가 언제 받아봅니까? 경찰은 그저 나쁜 놈인 줄 알고 돌만 던졌거든요. 오랜만에 세금 낸 보람을 느껴봤어요. (청중 웃음) 그런 건 하나도 안 무서웠어요. 상황이 끝났으니까요.

하지만 제가 그때 생각한 건, '이번 학습효과로는 부족하다. 몇 번 반복될 거다' 라는 거예요. 이게 두 번째 반복된 게 바로 '디 워 사태'였던 것 같아요. 또 다들 미쳤잖아요. 미친 건 사실 상관없어요. 영화 보고 좋아할 수 있으니까요. 문제는 그 영화에 미쳤다는 게 아니고, 몰려다니면서 반대 의견 내놓는 사람을 모욕하고 공격해대는 데 있었다고 생각해요. 제가 그때 말했던 게, "BT-바이오테크놀로지에서 사기를 한 번 쳤으니, 이번엔 CG-IT산업에서 한 번 치고, 그 다음엔 NT-나노테크놀로지다"라고 말했는데, 실제로 나노테크놀로지 사기단 사건이 일어났죠.

전문기술은 사람들이 잘 모르다 보니까 종교가 되어버려요. 자기가 모르는 분야는 무한 신뢰를 하게 돼서 종교로 둔갑하고, 이것은 결국 돈으로 환산되는 경쟁력과 결합해요. 이러면 사람들이 미쳐버리는 겁니다. 황우석-BT 기술-330조, 심형래-CG 기술-84조, 이런 식이에요. 이것은 과거와 같은 이념적인 파시즘이 아니라, 시장주의적 파시즘입니다. 국가주의도 있지만, 그것보다는 돈 문제가 크거든요. 노빠와 황빠를 키워낸 '서프라이즈'라는 사이트는 이때도 '디빠'들의 온상지가 되어 있었어요. 이걸 보면 각 지지자들의 마인드가 같다는 겁니다. 그래서 그때 제가 "봐라, 너희들이 지금 주장하는 코드는 얼마나 한나라당스러운 코드냐. 그걸 너희들은 모르고 있다. 결과는 뻔하다. 대한민국의 절반이었던 너희들까지 그렇게 돌아섰다면 이제 나머지 절반과 똑같아졌다"라고 썼어요. 아니나 다를까, 이번 대선 결과가 보여줬잖아요.

저는 이번 대선에 처음으로 투표를 안 했어요. 귀찮아서 안 한 게 아니라, 화가 났어요. 투표 불참으로써 제 의사를 보여준 겁니다. '찍을 놈 좀 내보내라!' 이명박, 정동영, 똑같이 황당하고, 권영길 씨는 삼수잖아요. 권영길 씨가 물론 잘생기셨는데, 세 번씩 보고 싶진 않거든요. 당시 민주노동당 안에 NL이라는 사람들의 패권주의가 있었어요. 그 사람들이 몰표를 주는 바람에 권영길 씨가 대선에 나설 수밖에 없었던 거지, 논리적으로는 세 번을 대선에 나오면 안 좋은 전략이잖아요. 심상정이 나왔다면 다들 투표했겠지만, 결정적으로 심상정 씨는 PD라는 거예요. 권영길 씨는 무색이니까 계속 지지를 받았죠. 바깥에서 볼 때는 어떻게 그렇게 판단할 수 있나 황당한 일이에요. 그래서 이번에 갈라져 나온 걸 거고요.

그러나 대중과 만나야 한다

이런 상황에서 우리는 대중과 싸워야 하지만, 한편으로는 연합해야 해요. 대중이 지금 또 이명박 씨를 막 욕하잖아요. 인터넷에서는 욕하는 쪽으로 다 돌아섰습니다. 그러니까 한편으로는 그들과 같이 가야 하는 거예요. 표를 던지는 사람들은 결국 그 사람들이기 때문에 그들과 함께 가야 하는 부분이 있지만, 또 한편으로는 대중이 아직 깨닫지 못한 부분이 있어요. 자신들이 지금 이명박을 욕하고 있지만, 이명박을 지지하던 심성은 하나도 변한 게 없다는 거예요. 그걸 깨지 않으면 안 돼요. 시장논리로는 결코 환산될 수 없는 가치가 있다는 것, 예컨대 의료 문제나 교육 문제처럼 자본주의 사회 안에서도 초기 조건은 동일하도록 지켜줘야 하는 게 있다는 걸 깨달아야 해요. 부모의 경제적인 실력에 따라 아이들의 성적이 달라진다는 게 말이 됩니까? 강남하고 강북의 평균 점수가 10점 차이가 나잖아요. 이건 엄마 아빠의 경제적 실력이거든요. 제대로 된 자본주의가 아니라는 말입니다.

게다가 생태 문제도 있죠. 운하를 판다는 게 상식적으로 말이 됩니까? 저는 처음에 농담하는 줄 알았어요. ^(청중 웃음) 그런데 지금 보니까 농담이 아니에요. 물류 때문에 판다더니, 이번엔 물류가 아니고 관광이래요. 운하에서 관광하고 싶은 마음이 드는지 김포 한번 와보세요. 김포에 경인운하 있거든요. 옆으로는 시뻘건 흙더미에 시멘트 쳐놓은 거 하며, 거기서 관광하고 싶은 사람이 있다면 정신과 치료를 받아봐야 할 정도예요. 지금 그 아름다운 동강도 사라지고 있잖아요. 주변의 유적지들에 대한 조사는 1년 만에 끝난대요. 상식적으로 말이 됩니까? 청계천 공사하듯이 밀어버리는 겁니다.

그리고 경제 정의의 문제도 있어요. 21세기의 자본주의는 옛날처럼 돈 놓고 돈 먹는 자본주의가 아니에요. 한편으로는 불평등을 인정하지만, 정당화될 수 있는 불평등의 제한은 정해두어야 한다는 게 사람들의 가치 관이 되어야 합니다. 그래야 그것이 정치적인 선택으로 나타나는 것이거 든요. 우리에겐 이런 부분이 하나도 없어요. 그래서 이명박 씨를 대통령 으로 뽑아놨는데, 삶은 안 피죠. 이젠 욕만 신나게 해대는 거예요. 결국 제2의 노무현을 찍을 겁니다. 경제 정책은 이명박과 똑같아요.

이런 기제가 우리 안에 잡혀 있기 때문에, 한편으로는 대중과 싸워야 합니다. 나에게 지금 환호하는 대중이라 할지라도, "당신들, 지금 내가 이명박을 욕하기 때문에 환호하는 거지. 그런데 문제는 내가 지금 욕하는 이명박이 당신 몸속에 들어가 있다는 거야. 그러니까 나는 지금 너를 씹 고 있는 것이다"라고 말할 수 있어야 합니다. 그런데 이렇게 말하는 게 힘 들어요. 같이 가면서도 동시에 배신하는 것. 지금 내가 이명박을 욕하면 사람들이 환호하잖아요? 이런 반응은 특정 정당에 대한 지지율로 나타날 수도 있겠죠. 이런 건 간단한 일이에요. 정치가들이 늘 하는 일이잖아요. 그런데 먹물의 일은 그게 아니거든요. 먹물이 해야 할 일은 아주 오래갈 것, 하드웨어적인 것을 제대로 포맷하는 것이거든요.

그렇기 때문에 저도 대중의 환호를 받으면 제가 잘난 줄 알고 '내가 정 말 천잰가? 그렇게 글을 잘 써? 내가 그 정도로 용기 있는 지식인이야?' 하고 착각하고 싶지만, 그럴 수 없습니다. 지금 나와서 말할 사람이 없어 서 제가 환호 받는 거예요. 언론사 기자들이 헤드라인 뽑기 좋게 말해줄 사람이 필요한 거고요. 그래야 조회수가 올라가니까. 하지만 대중은 그런 기사들을 보고 환호하면 안 된다는 겁니다. 기자들은 내 말이 정말 옳아서, 또는 내가 한 표현이 문학적이어서 싣는 게 아니에요. 그냥 '자극적'이어서 쓰는 겁니다. 이건 그들의 이해관계입니다. 대중도 제 말이 옳아서라기보다는 일단 시원하니까 좋아하는 측면이 굉장히 강해요. 이명박이 혼자 대통령 된 것이 아니잖아요. 대중은 "이명박은 2메가바이트"라는 제 말을 듣고 와 하면서 좋아해요. 하지만 "뽑아준 자기들은 1메가면서……" 이러면 또 열 받겠죠?(청중 웃음)

다 같이 반성하자는 거예요. 돌아보자는 겁니다. 생각해보고 이게 아니면 언제라도 대중을 배신해야 합니다. 나를 향해 환호하고 있는 그 사람들도 수틀리면 바로 뒤통수쳐야 합니다. 그것이야말로 그들에 대한 신뢰, 진짜 신뢰를 지키는 길이 아닌가 생각합니다. 대중, 참으로 사랑스러우면서도 얄미운 존재들인 것 같아요. 이것으로 제 강의를 마치겠습니다. 감사합니다. (청중 박수)

먹 물 은   입 장 을   바 꾸 면   안   된 다

사회자 어느 샌가 부지불식간에 우리 뒤통수를 칠 수 있는 분이니까 너무 좋아하지 맙시다. 안 그래도 제가 진중권 씨하고는 가끔 문자질을 하는 사인데, 너무 팬이다 보니까 제 후배한테 자랑을 했어요. 왜, 연예인하고 친하면 자랑하잖아요. 마침 답문이 왔기에 제가 보여줬더니, 그 후배가 굉장히 진지하게 충고하더라고요. "너무 친하게 지내지 말아요. 어느 날 선배도 무섭게 비판당할 수 있어요." 그래서 제가 말했어요. "그 남자랑 연애하는 거 아닌데 더 큰 신의, 더 큰 약속을 위해서라면 그는 얼마든지 나를 비판할 수 있어. 내 개인적인 인격을 모욕한 것이 아니라면, 내가 저 지식인으로부터 비판당할 짓을 한 거겠지." 물론 가슴은 아프고 무안하겠지만, 내가 그런 비판을 당할 정도로 영향력 있는 위치에 섰다는 생각에 한편 즐거울 것 같아요. 그리고 불특정다수인 우리도 "그날 인터뷰 특강에 왔던 청중들 말야" 하고 까일 수가 있으니까, 진중권 씨에게 너무 마음 주지 맙시다. 질문 준비되셨나요?

청중1 저는 진중권 씨를 언제라도 배신할 준비가 되어 있는 진중권 씨의 팬입니다. 진중권 씨가 자신의 입장을 밝히는 말씀을 할 때면 저는 큰 감명을 받게 되는데요, 시간이 지나면서 자신이 가지고 있던 논리에 대한 생각이 변할 수도 있잖아요. 자신의 입장이 변했다고 생각될 때면 어떻게 대처하시는지 궁금합니다. 그리고 5년 후에 우리 사회가 어떻게 변해 있을지 두렵다고 하셨는데, 그렇다면 대중이 어떤 정치적 자세를 취해야 한다고 생각하시는지 듣고 싶습니다.

진중권 제가 논리를 펼 때는 제 개인적인 생각도 있지만, 주로 보편적인 입장, 상식적인 입장에서 논쟁하기 위해 노력하거든요. 그런 원칙을 가지고 들어가기 때문에 사실 중간에 입장을 바꾸는 경우는 없었던 것 같아요. 사형제 폐지를 주장하다가, 어느 날 갑자기 "아닌 것 같아. 사형제가 필요한 것 같아"라고 입장을 바꾸지는 않겠죠.

하지만 제가 한 번 생각이 크게 변한 적이 있는데요, 사회주의가 몰락했을 때였죠. 한동안 믿었던 체제였으나 눈앞에서 몰락하는 것을 보니, 현실적으로 검증된 것을 더 이상 우길 필요가 없게 된 거예요. 그러면 내가 어디서부터 잘못 생각한 건가 짚어봤어요. 마르크스(Karl Marx)의 책들은 그저 고전일 뿐인데 우리가 성경처럼 여겼던 것이 아닌가. 과학을 종교로 만들어버렸던 게 아닌가' 하는 생각이 들었어요. 믿음 때문에 팩트를 저버리고 현실에 눈이 멀어버린 게 아닌가 싶어서 '이제부터는 텍스트를 대하는 태도를 바꿔야겠다' 마음먹었죠. 『자본론』을 읽고 알 수 있는 건 자본주의가 아니라 자본주의에 대한 마르크스의 생각인 것이죠. 요즘 저는 어떤 책을 읽든지 이런 태도로 읽게 됐어요.

제가 생각을 바꾼 건 이런 정도예요. 하지만 정치인들은 생각이나 입장을 바꿔야 할 때가 있을 거예요. 먹물들은 어차피 높은 추상의 수준에서 이야기를 하거든요. 그렇기 때문에 절대로 입장을 바꾸면 안 됩니다. 그런데 오스카 라퐁텐(Oskar Lafontaine)의 자서전을 읽어보니까, 빌리 브란트(Willy Brandt)라는 서독의 존경받는 정치인이 A라고 이야기했다가 딱 일주일 만에 B라고 뒤집었더라고요. 제가 그때 '아, 정치인은 때로 말을 뒤집어야 하는구나. 청년 사회주의가 현실에서는 그래야 하는구나' 생각하게 됐어요. 왜냐면 정치적 상황은 그때그때 구체적으로 변하거든요. 정치인들의 말이 바뀌는 것은 어쩔 수 없는 경우가 많습니다. 그런 것에는 우리가 또 다른 잣대를 들이대야 할 것 같아요. 먹물들에게 대는 잣대보다는 조금 여유 있는 것으로 대야 하겠죠. 먹물들은 보편성의 입장에서 이야기하기 때문에 입장을 바꾸게 되는 경우는 거의 없어요.

그리고 두 번째 질문에 대한 답으로, 대중이 어느 정당을 지지하느냐는 크게 중요한 것 같지 않아요. 지지하는 태도가 문제예요. 예를 들어 내가 노무현 정당을 찍었지만 그 사람이 일하는 것을 보니 마음에 들지 않았다면 다음에는 그 정당에 절대 표를 주면 안 됩니다. 그리고 비판해야 해요. 그런데 우리는 존재 자체를 저당 잡혀버리는 거예요. 내가 찍었으니 운명을 같이한다는 거죠. 시민이 주체가 되는 것이 아니라 동원돼버리는 겁니다. 이건 결국 한나라당과 열린우리당의 밥그릇 싸움이거든요. 어차피 그들은 재벌들 돈으로 선거를 치러요. 그리고 재벌은 우리와 다른 철학을 갖고 사는 사람들이에요. 우리보다 인생을 잘 알아요. 그래서 보험을 큰 보험과 작은 보험, 두 개씩 들어놓습니다. 어느 정당이 집권하든 그 돈이 그 돈이거든요. 그런데 이런 싸움에 시민들이 자꾸 동원된단 말예요. 정권 싸움에 영남이니 호남이니 지역주의는 더 강해졌어요.

왜 그런가 하면, 사람들은 '지도자'가 있다고 생각하는 것 같아요. 지지했어도 아니다 싶으면 표를 끊어버려야 하는데, 배신하질 못하는 거죠. 저 같은 경우는 진보신당에 들어갔지만, 다들 '그게 되겠냐'라더라고요. 된다고 생각하면 되는 거고, 안 된다고 생각하면 안 되는 거거든요. 새로운 것은 안 된다고만 생각하고 그 자리에 안주해버린다면 그게 바로 동원되는 겁니다. 시민이 주인이 돼야 합니다. 저는 지금 진보신당을 지지하지만, 그들도 수틀리면 끝이에요. 나와버리는 거죠. '누구'를 지지하느냐가 아니라, '어떻게' 지지하느냐가 중요합니다.

사회자 지난 대선에서 '반 한나라당'으로 다 뭉쳐야 하지 않냐는 논리가 있었잖아요. "민주노동당, 너희 때문에 표가 다 흩어진다. 뭉치자"라는 의견이 있었어요. 저는 민주노동당 당원이었지만, '어차피 안 될 거라면 몰아줘야 하지 않을까?' 많이 고민했어요. 그때 어떤 분이 제게 그렇게 말하더라고요. "너 때문에, 네가 표를 주지 않아서 우리가 안 되는 거라고 생각하진 않아?" 그때 뜨끔 하는 경험을 했죠.

노무현 씨를 지지하는 노사모가 활동을 시작했을 때 많은 영화배우들이 거기에 동참했어요. 그런데 저는 노사모 아닌데 이름이 올라 있더라고요. 전화해서 제 이름 빼달라고 했더니, 굉장히 친한 명계남 아저씨가 "너 왜 그랬어!" 하면서 막 화를 내요. 그래서 제가 "노무현 씨를 찍긴 하겠지만 '사랑' 하진 않거든요"라고 이야기했죠. 사랑하면 무슨 짓을 해도 이해하고 감싸줘야 하잖아요. 난 그러긴 싫더라고요. 다음 질문 받을게요.

청중2 저는 청주에서 태어나서 충북대학교 역사교육학과에 다니고 있는 스물한 살 대학생입니다. 먼저 진중권 씨께 드리고 싶은 말씀이 있습니다. 저로서는 이 강의를 듣기 위해서 엄청난 돈을 들이고, 수업도 째고, 먼 길을 달려 힘들게 이 자리까지 왔는데요. 진중권 씨는 이미 알고 계셨겠지만 내일 충북대학교에서 강의하신다는 거, 저는 오늘 들었습니다. (청중 웃음) 지금 저는 진짜 이런 게 배신감 아닌가 싶습니다.

진중권 씨께서 강의 초반에 1987년에 군대에 있었지만 제대 후에 간접적으로 대중의 긍정적인 힘과 황홀함에 대해 들었다고 이야기하셨는데요. 그후에는 대중이 민주주의와 진보에 대한 배신을 때리고 있다고 말씀하셨어요. 저는 1988년에 태어나서 그 세대의 이야기는 잘 모릅니다. 진중권 씨께서 말씀하신 '배신하는 대중' 이란 그 시절에 거리에서 황홀경을 함께 느꼈던 386세대를 말씀하시는 것인지, 아니면 그 이후에 태어나 아무것도 경험하지 못한 저 같은 세대 역시 포함되는지 묻고 싶습니다.

두 번째로는. 제가 역사를 전공하다 보니 역사 속에서 일어났던 배신들을 공부하게 되는데요. 어떤 때는 배신이 역사에서 긍정적인 방향으로 일어나기도 해요. 동학혁명의 경우는 실패한 배신이라고 볼 수 있지만, 나름대로 사회 전체에 좋은 영향을 줬다고 보거든요. 지금 대중이 민주주의를 배신하고 있다면, 긴 세월을 놓고 보았을 때 이것 역시 하나의 과정이나 패턴으로서 긍정적인 측면을 갖고 있지는 않은가 질문 드리고 싶습니다.

새로운 대중이 맞이할 새로운 시대

진중권 첫 번째 질문에서 그때의 대중과 지금의 대중은 많이 다르겠죠. 그때만
해도 대중이란 '조직(organization)'이었다면 지금의 대중은 '연결망
(network)'이고, 그때의 대중이 길거리를 뛰어다녔다면 지금의 대중은
사이버 공간을 뛰어다니니까요. 황우석 박사의 지지자들이 길에 나와서
한 활동은 많지 않았거든요. 그 사람들의 주요 활동은 인터넷을 통해 이
루어졌죠. 이렇듯 양상은 다르지만 대중의 속성은 과거와 그리 달라지지
않았다고 생각합니다. 대중은 굉장히 많은 사람들이 모여서 만들어낸 합
력과 같은 것이기 때문에, 조변석개하는 경향이 있다든지 구성원이 늘 같
지는 않다는 등의 공통점이 있죠. 저는 1980년대 길거리 위의 대중과 지금
사이버상의 대중의 특성은 크게 다르지 않다고 봅니다.

　　그리고 제가 역사를 잘 모르기 때문에 역사에서의 배신 하면 '브루투
스(Julius Brutus)의 배신' 정도밖에는 안 떠오르는데요. 브루투스가 그
런 말을 했죠. "나는 시저(Julius Caesar)를 사랑하지만, 로마를 더 사랑한
다." 공화정에 대한 이념 때문에 제정을 해체하기 위해서 시저를 처단해
요. 역사 속에서 이런 배신의 과정을 지켜보는 일은 참 재미있을 것 같습
니다. '배신의 역사'라는 주제만으로 공부해보는 것도 좋겠네요. 긴 시간
이 지나 역사에서 받게 될 평가를 위해서라도 대중이 지켜야 할 신뢰와 가
차 없이 배신해야 할 의리는 반드시 구별해내야만 합니다.

청중3 서울에 사는 대학생입니다. 저는 먼저 '대학생들은 왜 배신하지 않을
까'에 대해 묻고 싶습니다. 제가 보기엔 대학생들이 굉장히 보수화되어
있어요. 지금이 21세기이고 이때쯤이면 어른들의 권위적인 문화에 한 번

쯤 배신을 때려볼 수도 있을 것 같은데, 젊은 대학생들이 오히려 더 굽히고 들어가는 경향이 있거든요. 이들이 왜 배신하려 하지 않는지 진중권 선생님의 생각이 궁금합니다.

두 번째 질문으로, 20~30년이 지나 지금의 대학생들이 기성세대가 되었을 때는 이 사회가 어떻게 진화했을지 선생님의 예측을 들어보고 싶습니다. ^(청중 웃음) 이 부분에서는 문화적인 면에서 의견을 듣고 싶습니다.

진중권 지금의 대학생들은 철저하게 관리된 세대죠. 아마 여러분이 지금까지 읽은 책의 리스트조차 본인들이 직접 만든 게 아닐 겁니다. 소위 청소년 권장도서니, 서울대 권장도서, 카이스트 권장도서니 알 수 없는 기준에 의해 어른들이 만들어준 리스트대로 주로 논술용 책을 읽었죠. 우리 때는 부모들이 바빠서 교육에 관심을 쏟는 게 상대적으로 어려웠거든요. 부모가 밥만 먹여놓으면 알아서 놀아야 했죠. 대학에 가서도 저희 때는 완전 고용 상태였거든요. 졸업만 하면 일단 취직은 다 되는 시절이었어요. 아마 그랬기 때문에 마음껏 데모를 할 수 있었던 것 같아요. 하지만 요즘 세대에겐 그런 여건이 주어지지 않으니까 어려서는 입시 준비하고, 대학에서는 입사 준비하느라 늘 피시험자의 입장이에요. 진취적인 일을 하기는 힘들다는 거죠. 그래서 보수화되는 게 아닌가 싶습니다.

또 다른 한편으로, 제가 어렸을 때는 서민들의 삶을 많이 보고 자랐거든요. 그래서 소위 서민에 대한 연대성을 강하게 느끼는데, 요즘 젊은 세대는 주로 미디어를 보면서 자랐기 때문에 서민에게서 정체성을 느끼기보다는 부유한 사람들에 대한 정체성을 느끼게 되죠. 부유한 사람들의 코드를 쉽게 자기의 것으로 받아들이는 경향이 있습니다. 제 10년 후배는 인터넷에서 활동하는 것을 '비즈니스'라고 말하더라고요. 우리가 '안티조선' 운동을 하는데 그 친구는 그 운동이 비즈니스 모델로 가야 하고 그걸로 돈을 벌 수 있다고 이야기해서 저는 깜짝 놀랐어요. '얘는 왜 이렇게 늙은 걸까?' (청중 웃음) 수명이 뒤바뀐 것 같아요. 상식적으로는 40대인 제가 어떻게 하면 이걸로 장사를 해먹을까 고민하고, 10년 어린 그 후배가 때 묻지 않은 순수함을 가지고 있어야 하는데, 그게 바뀌어 있어서 충격을 받은 기억이 있습니다.

두 번째로, 미래 세대는 노마드(nomad)가 될 겁니다. 절 보세요, 제가 미래형 인간입니다. 비정규직이고, 특정한 직업이 없이 여기저기 떠돌아 다니고 살잖아요. 아마 이게 장차 사람들의 일반적 조건이 될 거예요. 직업의 안정성이 사라지거든요. 하나의 직업을 갖고 또 다른 직업을 갖는 것이 일상화될 거라는 거죠. '노마드' 하면 멋있게 들리지만 보통의 현실은 그렇지 않아요. 아나운서가 프리 선언을 하고 방송국에서 벗어나는 것과 이랜드 노동자들이 비정규직이 되는 것은 차원이 다르거든요. 둘 다 유동화되는 것은 같은데, 계층은 너무나 크게 벌어지는 거죠.

그래서 저는 대학생들에게 원치 않는 '노마드화'는 막아야 한다고 늘 이야기합니다. 거기에 대한 사회적인 보장 제도가 있어야 하겠죠. 디지털 세대에는 프롤레타리아도 계층이 나뉘어요. 디지털 시대의 블루칼라들은 지금 피씨방에서 컴퓨터 자판 두드리고 있고, 화이트칼라들은 대기업에서 박사로 일하고 있잖아요. 삼성에만도 박사가 2만 5천 명이라니, 서울대학교 학생보다 많아요. 이 2만 5천이 고급 인력이 아니라, 그냥 노동자입니다. 프로그래밍하는 프롤레타리아와 프로그래밍당하는 프롤레타리아로 나뉘는 것이죠.

저는 학생들에게, "굉장히 미안한 이야기지만, 이제는 너희들이 너희 자신을 디자인하는 수밖에 없다. 능동적으로 대처하라"고 말해요. 보편적인 넓은 지식을 두루 갖추되, 자신만의 스페셜리스트 영역을 분명히 잡아야 하는 것이죠. 이 두 가지 영역을 함께 자신의 것으로 만들어야만 살아남을 수 있을 것입니다. 미래 세대는 줄기세포처럼 언제라도 그 상황에 필요한 세포로 분화할 수 있는 잠재력이 없다면 도태할 수밖에 없는 세상으로 진화하지 않을까 생각합니다. 무서운 세상이 되겠죠.

사회자 제가 보기에는 요즘 대학생들이 유별나다기보다는, 그냥 전에 비해 너무 많아진 것 같아요. 옛날에는 대학이 지식의 상징이었는데, 지식이라는 게 인격과도 별개이고, 지식인은 하나의 직군일 뿐이잖아요. 이제 장사를 하든 농사를 짓든 무슨 일을 하더라도 일단 대학에 가다 보니, 대학생들이 굳이 래디컬하고 사회의 변혁에 대해 고민할 필요가 없어졌는지도 모르겠어요. 제가 라디오에서 문화 프로그램을 주말마다 맡아서 진행하고 있는데요. 그 주의 책 분야 베스트셀러를 소개하는 코너가 있었어요. 이걸 제가 제발 없애자고 사정해서 없앴거든요. 『대한민국 20대, 재테크에 미쳐라』라는 책이 일 년 내내 랭킹 1위예요. 그런 사회 현상 자체도 이미 안타깝고 씁쓸한데, 제가 굳이 그 책을 매주 다시금 소개한다는 것은 견디기 어려웠어요. 요즘 20대들은 다들 소년소녀 가장들이신가 봐요. ^(청중 웃음)

놀 이 정 치 와 현 실 정 치 는 검 의 양 날

청중4 저는 우리 사회가 과거에 비해 민주화가 진척되었음에도 불구하고 실체도 없고 내용도 없는 대중에 매몰되는 이유는 어디에서 정체성을 찾아야 할지 모르기 때문이 아닐까 하는 생각을 해봤거든요. 선생님께서는 '시민 의식'에서 그런 정체성을 찾아야 한다고 말씀하셨는데, 또 어떤 분들은 '민중' 가운데서 그 정체성을 찾아야 한다고 말합니다. 일단 시민과 민중의 개념에 차이가 있는지 궁금합니다.

두 번째로, 우리 사회에 물질만능주의가 만연한데, 우리가 이러한 지배 이데올로기를 극복하고 시민으로서의 정체성을 찾을 수 있는 구체적인 방법을 제시해주시면 감사하겠습니다.

사회자 거의 교주에게 해답을 달라고 요구하는 식이군요. (청중 웃음) 오피니언 리더로서 대답해줄 의무가 있으시지요.

진중권 글쎄요, '시민'의 개념은 매스미디어 시대에 사용하게 된 말이고 '민중'이라는 말은 1980년대에 주로 사용했던 개념이라는 차이밖에는 없는 것 같습니다. 사실 우리나라와 같은 상황에서는 과개발의 정치와 저개발의 정치가 같이 가요. 과개발의 정치는 놀이로서의 정치, 노사모나 촛불집회와 같은 것이고요, 또 한쪽에서는 먹고사는 문제를 해결하기 위한 저개발의 정치 활동이 진행되고 있죠. 양자가 결합해서 어느 한쪽도 버릴 수 없는 상황이에요. 태안 지역의 주민들이랄지, 이랜드 노동자들의 문제가 그런 것이죠. 이런 현실적인 정치의 문제를 해결하려 하는 대중을 보통은 민중이라고 부르는 것 같고요, 놀이로서의 정치를 즐기는 대중을 시민이라고 부르고 있는 듯합니다. 저는 이 두 가지 개념이 다 필요하다고 생각해요.

우리가 지금 각각 다른 형태의 시민운동을 하고 있거든요. 이번에도 등록금 문제에 대한 퍼포먼스가 있었는데, 이명박 씨가 완전히 착각을 했어요. 아이들은 등록금 문제를 놓고 가면을 쓰고 연극하면서 놀잖아요.

정치인들이 생각하는 시위의 개념 자체가 낡았다는 것이죠. 또한 우리에게는 유희적인 정치만큼이나 민중 속으로 들어가는 운동의 지점이 동일하게 필요합니다. 이 두 가지는 반드시 결합되어 같이 가야 합니다. 왜냐하면 한쪽이 없으면 성격이 너무나도 '운동권'스러워지고, 또는 다른 쪽만 있다면 전혀 내용이 없을 수 있죠. 노사모 운동이 아무런 내용 없이 실패로 끝난 걸 보세요. 시민과 민중의 개념 두 가지가 결합되어야만 성공할 수 있다고 생각합니다.

그리고 두 번째로 질문하신 정체성의 문제는 자기가 고민하고 갖출 수밖에 없는 것이죠. 정체성은 자신의 아이덴티티(identity)인데 이것을 남에게서 구할 수는 없는 노릇이에요. 그러면 동일시되거든요. '나는 대한민국의 국민이다'라는 식으로 자신에게 주어진 하나의 정체성에만 몰입하지 않으면 돼요. 여기서는 이걸 고르고, 저쪽에서는 저것을 취하는 식으로 자신만의 멀티플한 정체성을 디자인해야겠죠. 블로그를 꾸밀 때도 전에는 한 가지 틀을 주는 대로 받았는데, 요즘은 자기에게 맞는 옵션을 선택해서 디자인하잖아요.

"경남아파트 예비군 대원들 나와주십시오" 해서 나가면 나는 그냥 예비군 대원이 됩니다. 마지못해 나가지만, 심리적으로는 '나에게 너희들의 정체성을 강요하지 마'라는 거부감이 들죠. 그들은 저에게 '국가와 민족을 위해서라면 죽어라, 죽어라'라고 하나의 정체성을 줘요. 제 누나는 제가 외국 나갈 때 "어디에 있더라도 한국사람임을 잊지 마라"라고 하더라고요. '외국에서 한국사람임을 기억하라는 건 무슨 뜻일까?' 한참 고민했어요. '왜 내게 그런 말을 하는 걸까, 무엇이 그녀로 하여금 그런 말을 하게 하는 걸까' 생각해보았어요. 그냥 남에 의해 그렇게 프로그래밍이 된 것이죠.

사회자 시민과 민중의 차이는 오피니언 리더가 분명히 설명해주실 수 있지만요, 정체성을 부여하는 문제는 교주만이 할 수 있는 부분인 것 같습니다. (청중 웃음) 각자의 정체성은 스스로가 만들어나가야 할 문제겠죠. 다음 질문 받겠습니다.

청중5 저는 서울시청에 근무하는 철밥통입니다. (청중 웃음) 진중권 교수님께서 대중을 배신하고, 대중이 교수님을 배신한다는 말씀을 하셨는데요, 저는 거꾸로 교수님께서 그 그룹의 성격을 잘못 예측하신 건 아닐까 하는 생각도 해보고 싶거든요. 앞서 네트워크 세대라고 말씀하셨지만, 제 생각에 각자의 정치적인 의견을 자유롭게 교환하는 그룹에 속한 사람이 그렇게 많지는 않은 것 같습니다. 혹시 교수님이 특별히 그런 사람들에게 둘러싸여 있는 것은 아닐까요?

사람들이 어떤 대상에 대해 '와!' 하고 환호하는 것에 대해 교수님은 프로그램화되어 있다고 표현하셨는데요, 저는 이것에 대해 조금 외람되지만 '파블로프의 조건반사'와 같다고 말하고 싶습니다. 파블로프의 개는 종소리를 들으면 침을 흘리지만, 우리 중의 어떤 이들은 '사회주의'라는 단어를 들으면 침을 흘리는 것과 같은 조건반사적인 행동을 하는 것 같아요. 그러니까 교수님이 이런 식으로 이야기하면 침을 흘리다가도 또 저런 식으로 이야기하면 미친 듯이 짖게 되는 것이죠. 따라서 교수님께서 대중으로부터 배신을 당하셨다기보다는 대중의 그런 성격을 예측하지 못하신 건 아닐까요?

나 는 생 각 할 거 리 를 던 지 고 싶 다

진중권 글쎄요, 제가 어떤 발언을 하면 어떤 반응이 나온다는 것 정도는 대강 알고 있죠. 하지만 제가 중요하게 생각하는 건 그런 대중의 반응이 아니에요. 제 발언의 효과, 즉 충격 효과 같은 것이거든요. 사람들로 하여금 생각하게끔 유도하고 싶기 때문에 듣고 발끈할 만한 자극적인 이야기들을 하게 되죠. 쉽게 말하면, 대중은 자기가 듣고 싶은 이야기만 듣고 넘어가는 경향이 있기 때문에 저는 욕을 먹더라도 정확하게 짚어서 "다르다"고 이야기하는 성격이죠. 처음에는 일단 욕하고 보겠지만, 시간이 지나면 생각하게 되거든요. 그렇기 때문에 저는 대중의 반응을 예측해서 다독거려주는 것보다는 분명하게 이야기함으로써 생각할 거리를 만들어주는 게 더 중요하다고 생각합니다.

　　제가 예상을 못했던 것이 있어요. 그 정도로 심하게 흥분할 거라고는 생각 못하는 것 있잖아요. 〈디 워〉 사태 때 제가 나간 방송을 다시 봤어요. 뭐가 그렇게 문제가 된 건가. 그런데 별 게 없어요. 제가 평소에 하는 독설도 없었는데 시청자들은 굉장히 흥분했더라고요. 어떤 코드에서 이런 반응을 보이는지는 사실 예측하기 힘든 경우가 많아요. 그리고 제가 발언할 때 대중이 어떤 부분에서 반응하는지도 예측하기 어려운 것이죠. 따라서 제가 노리는 '효과'라는 것은 얼마나 큰 호응을 얻고 얼마나 많이 설득하느냐가 아니라 '내가 생각할 거리를 던졌는가'예요. 지금 당장은 이 사람들이 내게 막말을 해도, 시간이 지나면 '아, 그때 그 이야기를 했지' 하고 돌아와서 다시 그 생각을 해볼 수 있거든요. 가끔 논쟁할 때 상대방이 제 말이 설득력이 없다고 공격하기도 하는데, 제가 왜 그를 설득해야 합니까?

사회자 위로를 받으려면 종교인을 찾아가야겠죠. 지식인은 자극을 주는 역할을 해야 하는 것 같습니다. 예술가들 역시 작품을 통해 대중에게 답을 주는 것이 아니라 질문을 주는 것이라는 이야기를 선배들로부터 들어왔거든요. 진 교수님도 일부러 악역을 맡아 센 발언을 할 수밖에 없으실 것 같네요. 자, 이제 시간이 다 되었는데요. 자기 검열을 통해 '내 질문이 우리 모두를 구원하리라' 라는 확신이 드시는 분만 손을 들어주세요. 네, 저기 벌떡 일어나신 신사분, 질문을 받겠습니다. 짧게 부탁드립니다.

청중6 진 교수님 말씀 늘 재미있게 듣고 있습니다. 다른 게 아니고, 경비행기 어디서 주문할 수 있습니까? 할부도 됩니까?(청중 웃음) (박수)

진중권 네, 경비행기는 두 가지 방식으로 구입하실 수 있는데요. 몇 달이 걸리더라도 외국에서 직접 수입하는 경우가 있고요, 아니면 지금 매물로 나와 있는 중고를 구입하는 방법이 있습니다. 그리고 할부는 없습니다. (청중 웃음) 은행에서 담보대출을 받아 구입한 후에 그 대금을 할부로 갚는 방법이 있고요, 대개 자동차 한 대 가격 정도면 사실 수 있습니다. 그 다음에는 저희 클럽으로 오십시오. 왜냐면 사고가 한 번도 안 났거든요.(웃음) 경비행기가 사실 추락사고가 자주 납니다. 단속을 안 하니까요. 우리 교관은 엄청나게 잔소리가 심해서 제일 안전합니다. (청중 웃음)

사회자 질문하신 분은 정말 자유로운 영혼을 소유하시게 될 것 같습니다. 오늘과 같은 자리는 오피니언 리더 한 분을 모시고 우리가 당면한 문제를 어떤 대안으로 가지고 풀어나가야 할지 깊이 있게, 또 즐겁게 들어보는 진정한 인문학 파티입니다. 제가 사인할 때마다 적어드리는 문구가 있거든요. "신나게, 멋지게!" 여러분도 각자 계신 곳에서 신나고 멋진 삶을 영위하시길 바랍니다. 마지막으로 진 교수님, 하시고 싶으신 말씀으로 마무리해주시죠.

진중권 제가 발언하는 것은 누군가를 설득하기 위함도 아니고 나와 같은 생각을 갖거나 나처럼 살라는 것도 아닙니다. 다만 내가 형성한 나의 개념은 하나의 예가 될 수 있는 것이죠. 내가 살고 있는 방식도 하나의 예가 될 수 있는 거고요. 그래서 참고하라는 거예요. 여러분이 보기에 '저 사람 생각은 참고할 게 많은 것 같아' 싶다면 얼마든지 참고하시면 되고, '저 사람은 왜 저렇게 비정규직으로 불안하게 사나' 싶으면 한번 들여다보세요. 저처럼 막 사는 것도 나름대로 자유로운 부분이 있거든요. '저렇게 사는 것도 가능하구나' 하는 일종의 범례적(凡例的)인 생각이 드실 거예요. 그렇기 때문에 저는 정치가들처럼 내 생각을 널리 퍼트리고 싶은 욕망이 있는 게 아니고요, 제 책을 읽는 독자나 제 이야기를 듣는 대중이 제 생각을 그대로 카피하는 게 아니라 자기만의 버전으로 만들어내길 원하는 거예요.

니체(Friedrich Nietzsche)가 이렇게 이야기했어요. "니체를 읽고 니체주의자가 되는 것은 니체주의가 아니다. 니체를 읽고 너 자신이 되어라." 저 역시 제 글을 읽은 독자들이 자신만의 생각을 발전시켜나가길 바라고 있습니다. 감사합니다. (청중 박수)

배신의 딜레마, 배신의 과학

과 학 의 눈 으 로 보 는 배 신 의 정 체 성

정재승

배신의 딜레마, 배신의 과학

2008년 4월 2일(수)

과학의 눈으로 보는 배신의 정체성

정재승
카이스트 바이오및뇌공학과 교수

사회자 대한민국에서 가장 아름답고 건강하게 펼쳐지는 인문학 파티에 오신
여러분을 환영합니다.

어느 날부터인가 텔레비전에 출연한 배우, 가수들에 대한 호칭이 '방
송인'이라고 자막에 뜨고 있어요. 참 애매하지 않아요? 텔레비전에 출연
하는 사람이면 방송인이지, 방송인 아닌 사람이 누가 있단 말인가 싶었는
데요. 잘 생각해보니 요즘은 가수가 배우를 하고, 개그맨이 사회를 보는
식으로 직종을 구분하는 게 의미가 없어졌더라고요.

그런데 학계에도 비슷한 일이 벌어지고 있어요. 각 분야가 세분화되
고 전문화되다 보니 오히려 세계와 인간 전체에 대해 포괄적으로 넓게 이

정 재 승

153

해하는 데 한계가 온 것이죠. 그래서 소위 '크로스오버(cross-over)' 연구가 시작된 지 짧지 않은 시간이 흘렀습니다. 고대 그리스의 학자들은 여러 분야에 두루 통달한 천재들이었잖아요. 수학자, 과학자, 의사를 겸하기도 했고요. 유럽의 르네상스를 열었던 레오나르도 다 빈치(Leonardo da Vinci) 역시 예술가이면서 뛰어난 과학자이자 발명가였죠.

칼 마르크스는 이런 말을 했다고 합니다. "앞으로는 자연과학 역시 인간에 대한 학문, 즉 인문학을 다루게 될 것이다. 이 두 과학은 머지않아 하나의 과학이 될 것이다." 마르크스의 이 예언을 온몸으로 증명하는 과학자가 우리에게 있습니다. 참 행복한 일이죠? 과학자인 척하지만 사실 굉장한 인문학자인 분입니다. 정재승 교수를 소개합니다. (청중 박수)

정재승 안녕하세요, 카이스트의 정재승입니다.

사회자 제가 방금 전에 정재승 교수님의 가문의 영광이 될 만한 엄청난 붐을 일으킨 책, 『과학콘서트』의 평을 인용해보았는데요. "과학자인 척하지만 사실은 굉장한 인문학자"라고 소개해드린 부분이 혹시 기분 나쁘진 않으셨나요?

정재승 아닙니다, 영광입니다. 심지어 과학계에서도 그렇게 생각하고 있는 것 같아 걱정입니다. (청중 웃음)

사회자 그렇게 된 이유가 뭘까요? 교수님은 "과학자가 왜 이렇게 인문학의 스펙트럼이 넓은가?"라는 질문에 "강보에 싸여서부터 영화관을 들락거렸다"라고 대답하신 적이 있어요. 도대체 부모님의 교육 철학이 어떠했는지 굉장히 궁금합니다.

정재승 사실 '과학자인 척' 하는 것은 아니고요, 저는 누가 뭐래도 제가 과학자인 것이 자랑스럽습니다. 다행히 그러면서도 인문학이나 예술을 접할 수 있는 환경에 어렸을 때부터 놓여 있었다는 점이 좀 남달랐던 것 같습니다. 적나라하게 말하면 저희 집이 '콩가루 집안'처럼 느껴지실 텐데요, 저는 세 살부터 초등학교를 졸업할 때까지 어머니와 함께 연소자관람불가 영화를 보러 다녔어요.(청중 웃음) 어머니가 영화를 너무 좋아하셔서 어머니 따라 극장에 많이 갔었죠.

그리고 중고등학교에 다닐 때는 책에 빠져서 많이 읽은 편인데, 어머니가 그걸 전혀 나무라지 않으셨어요. 지금 생각해보면, 저라면 정말 그렇게 못할 것 같거든요. 예를 들어 중간고사 기간에 소설책을 보고 있다가 어머니가 방에 들어오시면 혼날까 봐 책을 얼른 숨기잖아요. 그러면 어머니는 "책은 읽고 싶을 때 읽어야 머릿속에 남는다. 그냥 읽어라"라고 하시고, 제가 중간고사를 한 번 망치고 나면 스스로 알아서 그런 행동을 삼가게 되는 뼈아픈 가르침을 항상 주셨어요.(청중 웃음)

고등학교에 다닐 때는 겉멋도 들고 현학적이어서 한 달에 한두 번씩 프랑스문화원에 가서 프랑스 영화를 보곤 했어요. 심지어 자막도 없는, 게다가 앉아 있는 게 고통스러울 정도로 이해하기 힘든 영화들도 종종 봤지요. 그때는 영화를 보고 있는 것만으로도 행복했고 프랑스문화원에서 영화 보는 것을 굉장히 멋진 일이라고 생각했던 것 같아요. 그러다 보니까 실제로 많은 것을 배우고 머릿속에 넣었다기보다는 평범하지 않게 살고자 하는 마음이 조금씩 생겼던 것 같습니다. 과학을 전공하지만 끊임없이 다른 방식으로 생각하게 되는 훈련을 한 것이겠죠.

나는 공공의 적인 '엄친아'

사회자 정 교수님은 카이스트에서 물리학 박사, 미국 예일 대학교에서 박사후 과정을 마치고 카이스트에서 교수로 일하고 계세요. 그런데 아직 서른여섯 살밖에 안 되셨거든요. 지금 이 특강을 듣기 위해 오신 분들 중에는 학부모인 분들도 많이 계실 거예요. 어떻게 하면 우리 아이를 이런 천재로 키울 수 있을까 흑심을 품고 계시다면, 일단 미성년자관람불가 영화를 보게 하십시오. 그리고 중간고사 때 소설을 권장하세요. 가능성이 있습니다. ^(청중 웃음)

정재승 어느 순간부턴가 저를 보면서 '저런 아들이 있었으면 좋겠다' 하는 분들이 제 강연장을 많이 찾으시는 것 같아요. 동년배들은 제게 관심이 없는데, 어머니뻘 되시는 분들이 관심을 많이 보이시니까 제가 가끔 당혹스럽습니다. 말하자면, 제가 한 남성으로서 어필하기보다는, 공공의 적인 '엄친아(엄마 친구의 아들)'로 대중에게 받아들여진 것 같아서요. ^(청중 웃음)

사회자 저는 정 교수님이 〈한겨레21〉에 연재하시는 「사랑학 실험실」 중에 '섹스가 없었다면 예술이 존재했을까' 라는 글을 읽으면서 많이 공감했거든요. 그 글의 요지는 이런 거였어요. '학자가 지적 활동에서, 그리고 예술가가 작품 활동에서 최고의 전성기를 구가하는 때는 성적으로도 가장 왕성한 시기라는 게 과학적으로 입증되었다.' 솔직히 제가 사진으로 교수님의 외모를 봤을 때는 크게 제 취향은 아니었어요. ^(청중 웃음) 그런데 교수님의 강연 스타일과 글에서 남성성과 섹시함이 느껴지더라고요. 지금 교수님이 왕성한 활동을 하고 계시잖아요. 강의도 많이 하시고 책도 엄청 쓰시는데, 아마 왕성한 성생활을 하고 계실 것 같아요. ^(청중 웃음) 충분히 매력 있는 남성성을 가지고 계세요.

그리고 또 어딘가에서 인터뷰하시면서, "세상은 참 복잡하지만 우리가 이해하지 못할 만큼 복잡한 것은 아니다"라는 말씀을 하셨어요. 과학이 그렇게 어려운 것만은 아니라는 말씀이었는데요. 개인적으로 위로는 되지만 조물주의 귀에는 오만방자하고 괘씸하게 들릴 수도 있겠어요. 이 세상을 다 이해할 수 있다고 말씀하신 뜻을 한 번 더 설명해주세요.

정재승 그 말은 제가 『과학콘서트』를 쓰게 된 동기이기도 해요. 이 세상이 복잡한 것은 누구나 잘 알고 있죠. 그러나 세상이 얼마나 복잡하냐고 물어온다면 딱히 해줄 수 있는 말은 없습니다. 그냥 "졸라 복잡하다" 정도겠죠.(청중 웃음) 그런데 과학자들이 자연과학을 연구하던 틀로 사회현상을 들여다보니까 우리 사회는 굉장히 복잡하지만 그 복잡한 데는 이유가 있고, 너무 복잡해서 이해할 수 없을 만큼 복잡한 것이 아니라 다행히 인간이 왜 복잡한지 이해할 수 있을 정도로만 복잡해서 자연과학자들이 사회에 대해 이야기할 용기가 생겼다는 거예요.

저는 신의 존재를 믿는 사람은 아니지만, 신이 있다면 이런 것조차 염두에 두고 이 우주를 만들었을 것 같아요. 신이 우주를 창조하고 그 안에 자연과 생명과 의식 있는 존재들을 만들었을 때는 자기가 얼마나 대단한 일을 했는지 이해할 수 있는 존재를 이 거대한 우주 속에 하나쯤은 만들어두었을 것 같거든요. 제 생각에는 그 존재가 인간인 것 같고요. 그래서 인간은 이 우주가 얼마나 위대한지 드러냄으로써, 신의 놀라운 능력을 알리는 거울 같은 존재인 것이죠. 그런 면에서 신은 인간보다 한 수 위일 것 같습니다.

사회자 신이 '자뻑'의 도구로 인간을 관리한다는 말이군요.(청중 웃음) 지금 교수님께서 과학자들의 이야기를 많이 하셨는데요. 저는 고등학교 때 어학을 좋아해서 국어와 영어는 곧잘 했는데 화학, 물리는 15점, 20점, 심지어는 수학을 다 찍었는데 답 사이로 다 피해서 빵점을 맞은 적도 있어요. 그래서 당시에 수학이나 과학을 잘하는 이과반 친구들은 아마 정서적으로 문제가 좀 있을 거고, 인생이나 예술에 대해서도 이해가 낮을 거라고 생각하면서 위안을 삼았거든요. 과학, 수학을 특히 잘하는 친구들은 정말 문화, 예술 쪽으로는 젬병일 가능성이 높은가요?

정재승 그렇지 않습니다. (청중 웃음) 과학을 하는 사람들은 "내가 옛날에 수학, 과학은 백점 맞았는데, 철학이나 사회, 국어는 진짜 못했어. 나는 라캉이나 들뢰즈가 누군지도 몰라"라는 이야기를 이렇게 많은 사람들 앞에서 감히 못합니다. 우리 사회는 아주 오랫동안 인문·사회과학에 대한 우월의식이 있었어요. 그래서 수학이나 과학은 기술로 치부되고, 그것을 못한다고, 젬병이고 빵점을 맞았다고 (청중 웃음) 기꺼이 남 앞에서 말해도 별 흉이 아닌 사회에서 오랫동안 살아왔어요. 그런데 과학을 전공한 사람이 국어나 영어를 못했다는 이야기를 하면, "아, 쟤는 역시 공돌이고 무식하고 역시 과학 하는 사람이구나"라는 이야기를 듣는 분위기가 있었어요.

그런데 제 생각에는 수학에 젬병이든 철학이나 문학에 젬병이든 결국은 내가 사용할 수 있는 뇌의 절반을 자물쇠로 잠가놓고 사는 사람들이거든요. 우리 모두는 아주 말랑말랑하고 스펀지만큼 흡수력이 좋은, 잠재력 있는 양쪽 뇌를 가졌는데, 고등학교 때부터 누군가가 우리를 이과와 문과로 분류하면서 충분히 사용할 수 있는 나머지 한쪽을 잠가놓도록 교육받았어요.

제 생각에는 여러분 중에 '나는 문과 타입'이라고 생각하시는 분들도 지금 이과에 동기부여를 받고 나머지 뇌가 열리면 빠른 속도로 이과의 지식을 흡수할 수 있습니다. 제일 중요한 것은 누군가가 부여한 이과 타입과 문과 타입이라는 분류에서 자유로워지는 것이겠죠. 그리고 만약 그것에서 자유롭기는 어려우시다면, '내가 문과 타입이기 때문에 지금부터는 이과 쪽 공부를 열심히 해봐야겠다'는 역발상에 도전해보세요. 그러면 앞으로의 삶이 굉장히 풍성해지실 거예요. 자연과학도 인문·사회과학만큼 우리가 즐길 만한 지식을 엄청나게 많이 만들어내고 있는데, 그중의 반을 보지 않겠다고 눈을 가린다면 너무 아깝죠.

사회자 야, 제 안에도 그런 잠재 능력이 있다는 것은 정말 믿어지지 않아요. 제가 노령에 초산을 한데다가, 수중분만하다가 익사할 뻔했거든요. 그래서 심각한 기억력 감퇴로 인해 고통받고 있는데 정말 나머지 반쪽 뇌가 열릴 수 있는 걸까요?

정재승 모두에게 가능한 건 아닐 수도 있겠네요. ^(청중 웃음)

사회자 너무하십니다, 정말. 여러분, 제게 용기를 주세요. 제게도 나머지 반의 뇌가 열리기를 기대하면서 마지막 질문을 드릴게요. 정신분석 의사이신 정혜신 선생님에게 제가 정신분석학과 심리학의 차이에 대해 물은 적이 있어요. 심리학자는 분석도 하고 상담도 해주는데, 정신분석의에게는 열심히 이야기하고 나면 알약을 주기 때문에 미친 사람 취급당하는 것 같아 싫다는 게 제 생각이었어요. 그런데 뇌를 연구하는 정 교수님의 이야기를 들어보면, 심리학적인 내용이 자주 등장하거든요. 그렇다면 뇌과학과 정신분석학, 심리학 이 세 분야는 어떻게 다른지 궁금해요.

정재승 심리학은 인간의 마음과 마음으로부터 비롯된 행동을 다루는 전통적인 학문이고요, 그중에 신경학과 만나는 접점에 있는 한 분야가 정신분석학이죠. 아직 뇌에 대한 이해가 아주 천박했던 약 백 년 전에 칼 융(Carl

Jung)이나 프로이트(Sigmund Freud)와 같은 사람들이 만든 분야입니다. 사실 지난 30년간 우리가 뇌에 대해 알게 된 지식의 양이 그 전 300년 동안 알고 있던 것보다 더 많거든요. 그러니까 50년 전만 하더라도 우리가 뇌에 대해서 잘 몰랐던 거죠. 그런 시절에 사람들이 보이는 특징을 가지고 프로이트라는 사람이 굉장히 담대한 가설로 히스테리를 포함해 사람들의 다양한 감정과 질병에 대한 이론을 만들어냈고, 그 이론을 바탕으로 사람들의 행동과 정신세계를 분석한 것이 정신분석학입니다.

지금도 그 명맥을 유지하고 있고, 정신분열증을 포함해 정신질환, 신경질환 환자들의 5~10퍼센트 정도는 정신분석을 통해 이해되거나 때로는 치료도 되고 있어요. 하지만 지금에 와서 우리가 뇌에 대한 충분한 이해를 가지고 보니까, '프로이트의 정신분석학은 문학적 은유나 상징으로서는 매우 아름다운 이론이지만 뇌가 실제로 그 이론에 맞춰서 행동하는 것은 아닌 것 같다'는 것이 현대 주류 과학자들의 생각입니다. 제 생각에는 그 분야에서도 의미 있는 부분들은 과학적인 접근에서 계속 논의되는 것이 적절할 것 같고요, 또 이제는 인문·사회과학 쪽으로 많이 넘어갔기 때문에 문학을 이해하고 사회를 이해하는 데 많은 도움이 될 것 같습니다.

그리고 심리학은 굉장히 포괄적인 학문이어서, 뇌에 대한 이해마저도 심리학이 끌어안으려고 노력하고 있습니다.

사회자 그러니까 정신분석학이 이미 만들어진 이론을 가지고 심리를 분석하는 것이라면, 뇌과학은 이론 자체를 현재진행형으로 생성해가는 과정인 셈이네요.

정재승 맞습니다. 사실 우리가 우리 뇌에 대해서 잘 모르고 있기 때문에요, 대부분의 연구가 새로운 시도인 경우가 많습니다. 저는 특히 '사회 신경과학

(Social Neuroscience)'이라고 해서, 사람들이 상호작용이나 커뮤니케이션을 하는 동안 뇌에서 어떤 일이 벌어지는지 연구하고 있는데요. 이런 분야에 대한 연구는 시작된 지 10년도 채 안 됐어요. 제가 이 분야에서 30년간 꾸준히 연구만 해도 '선구자' 자리는 따놓은 당상인 셈입니다.^(청중 웃음)

　　제가 물리학을 버리고 이 분야로 온 이유도 사실 그것에 있습니다. 물리학은 천재들이 워낙 많은 일을 해놓아서, 그 천재들이 해놓은 일을 평생 동안 공부하고 나서 나중에 벽돌 하나 얹어놓고 죽어야 하거든요. 하지만 뇌과학 분야는 새로운 이론이 만들어지는 과정을 옆에서 생생하게 목격할 수 있고, 나 역시 어느 정도는 기여할 수 있겠다는 기대를 해볼 수 있죠.

사회자 작년 인터뷰 특강에서, 자존심을 관장하는 전전두엽(prefrontal lobe)이라는 부분이 이마 뒤에 있다고 하시면서, 누가 "임마, 너는 자존심도 없냐?" 하면 이마 뒤에 있다고 대답하면 된다고 하셨잖아요. 그러면 배신을 관장하는 곳은 어디쯤에 있나요?

정재승 배신도 자존심 바로 옆에서 일어납니다. 우리 몸에서 가장 소중한 것들은 이마 뒤에 있다는 것을 잊지 마세요.

사회자 예, 그럼 이제 정말 소중한, 이마 뒤에 있는 것에 대해 동시대 최고의 섹시가이, 정재승 교수님의 강의를 통해 듣도록 하겠습니다.^(청중 박수)

사 람 과 사 람 사 이 에 늘 존 재 하 는 배 신

정재승 이 강연은 제게도 굉장히 소중한 자리이고, 기쁘게 올라오는 자리입니다. 저는 작년에 '자존심'이라는 주제를 가지고 처음 이 자리에 섰는데요, 그때도 자존심을 연구하는 과학자가 얼마나 없는지 처음 알게 되었어요. 그래서 강의를 준비하면서 저 역시 처음으로 자존심에 대해 깊이 생각해 보는 기회가 되었습니다. 이번 주제인 '배신의 과학'도 중요한 내용인데 제가 잘 모르는 주제여서, 이 기회에 열심히 공부해서 제가 알게 된 것을 조금이나마 나누고 싶은 마음으로 이 자리에 올라왔습니다.

제가 특별히 여러분보다 배신에 대해 잘 아는 것도 아니고, 여러분보다 배신을 더 잘하는 것도 아닙니다. (청중 웃음) 하지만 제가 연구하고 있는 주제가 사람과 사람 사이의 상호작용(interaction)과 의사소통이고, 그중에서도 제가 관심이 있는 분야는 신뢰입니다. 배신에 반대되는 개념이죠. '인간 사이에서 배신은 매우 자연스러운 일인데, 왜 사람들은 자신이 손해 본다는 걸 알면서도 남에게 협조하고 기부하고 협동하고 신뢰하는가' 하는 점은 현대 과학의 미스터리 중 하나입니다. 아직은 현대 과학으로 그 이유를 설명하지 못하고 있습니다. 제가 하고 있는 일이 그런 이유를 밝혀내는 일이고요. 사람들이 협동하는 동안 뇌에서 무슨 일이 벌어지는지에 대해 제 학생들과 함께 연구하고 있습니다.

오늘 제가 여러분께 드릴 말씀은 먼저 배신이라는 것이 얼마나 보편적인 행동인가, 그리고 우리는 왜 늘 배신하게 되고, 배신감을 느끼게 되는가, 마지막으로 배신은 무조건 나쁜가 하는 것입니다. 그럼 우리가 여기서 말하게 될 '배신'이란 무엇인지 간단하게 정의를 내리고 시작하도록 하겠습니다. 저는 배신이 무엇인지 궁금해서 옥스퍼드 사전과 위키피디아를 찾아봤습니다.

1. Betrayal is a form of deception or dismissal of prior presumptions.
This is the breaking or violation of a presumptive social contract (trust,
or confidence) that produces moral and psychological conflict within a
relationship amongst individuals, between organizations or between
individuals and organizations.
2. Betrayal is 'the act of violating trust.'

김용철 변호사님과 진중권 교수님이 제 앞서 이미 아주 아름다운 배신
들에 대해 이야기하셨잖아요. 그런데 저는 강의의 출발을 우리 모두가 알
고 있는 상식적인 수준에서의 배신으로 시작하려고 합니다. 앞서 사전에
서 정의한 대로 배신이라 함은 사람들 사이에, 혹은 사람과 집단 사이에
믿음이나 신의, 의리, 계약 등이 있는데 그것을 파기하거나 저버리는 행
위를 말합니다. 〈한겨레21〉이 이 주제를 올해의 키워드로 선정한 이유는
아마 최근 불거진 삼성 문제라든지, 국민도 속고 박 대표도 속았다는 숙
청 사건 때문일 것 같습니다. 하지만 꼭 올해가 아니더라도 배신은 아주
오랫동안 우리와 함께해왔습니다.

배신에 대해 이야기하려면 일단 상대가 있어야 하고, 그 다음엔 그 둘
사이에 믿음과 약속이 있어야 하고, 그 믿음과 약속에는 그들이 그것을
충실하게 수행할 것이라는 기대감이 포함되어야 합니다. 그걸 저버렸을
때 우리가 배신이라고 하죠. 통상적으로 믿음이나 신뢰는 쉽게 지켜지는
것이 아니기 때문에, 배신은 사회에서 줄여야 할 행동으로 규정되고 있습
니다.

이미 몇몇 과학자들이 배신에 대해 연구하고 있습니다. 좀 더 넓은 의
미에서 거짓말을 연구하는 사람들이 있고요, 배신은 여러 가지 '거짓말

행동' 속의 하나의 작은 유형이라고 보고 있습니다. 배신 외에도 변절, 기만 등이 거짓말 안에 포함되겠죠. 배신은 굉장히 극적인 상황에서 벌어지는 일이라, 실험으로 증명하거나 사람에게 설문하기가 쉽지 않아서 배신만을 전문적으로 연구하는 과학자는 많지 않습니다.

배신은 동물적인 본능

배신에 대해 연구하는 과학자에게 첫 번째로 던져볼 수 있는 질문은 이런 것이 있을 겁니다. "동물들도 배신을 하나요?" 짐작하셨겠지만, 동물도 배신을 합니다. 동물도 자기들 사이에 계약이나 믿음이나 신뢰를 갖고 있다는 이야기죠. 그리고 누군가는 그것을 파기하는 행위를 하는 겁니다. 굉장히 흥미로운 현상입니다.

실제로 동물들의 세계에서 그러한 일은 빈번하게 벌어집니다. 특히 사회적 동물들, 협동해서 먹이를 구하고 함께 살아가는 동물들에게는 그런 일이 종종 있는데요. 그중에서 바분(baboon)이라고 불리는 개코원숭이들이 대표적인 예입니다. 이들은 침팬지보다도 사납고, 여러 마리가 떼지어 다니면서 맹수를 공격해서 잡아서 가지고 놀거나 먹기도 합니다. 가령 수컷 바분 여러 마리가 영양 한 마리를 포획하면, 그중 우두머리가 제일 먼저 유유자적하면서 고기를 먹죠. 그러면 암컷 바분이 다가가서 그 우두머리의 털을 뽑아주고 애교도 부리면서 둘 사이에 신뢰를 쌓습니다. 그러다가 먹이를 먹던 수컷 바분이 잠시 한눈을 팔면 암컷은 그 먹잇감을 낚아채서 도망갑니다. '우리는 하나야. 우리는 친한 사이지. 난 네게 반했어' 이런 신호를 계속 보내지만, 마지막에는 변심을 하는 거죠.

그런 일 외에도 먹잇감을 잡아서 같이 나누어 먹는 과정에서 서열상 자기 차례가 안 됐는데도 새치기해서 동료보다 먼저 먹이를 차지하는 일도 흔합니다. 또는 이번에 내가 영양을 한 마리 사냥해서 다른 바분에게 나누어주면 다음에 그 바분이 영양을 잡았을 때는 내게 나누어주는 것이 마땅한데, 주지 않는 경우도 종종 벌어집니다. 이런 식으로 배신은 바분 사이에서 흔히 벌어지는 행동입니다.

또 다른 예로 흡혈박쥐가 있습니다. 흡혈박쥐는 길이가 10센티미터 정도 되고, 동굴에서 서식합니다. 이 녀석들이 하는 일은 소나 말의 등 위에 올라타서 피를 잔뜩 빨아먹고 동굴로 돌아오는 것입니다. 그런데 피를 빨아먹다 보면 소나 말이 발버둥을 치고 난리가 나겠죠. 뒷발로 채이면 흡혈박쥐는 죽습니다. 그래서 2년이 채 안 된 어린 흡혈박쥐들은 피를 빨아먹기 위해 나갔다가 실패하고 돌아올 확률이 무려 33퍼센트, 세 번 중 한 번이나 됩니다. 그 이상 나이를 먹으면 사냥에 능숙해져서 어느 곳을 공략해야 할지 잘 알기 때문에 실패 확률이 약 7퍼센트로 뚝 떨어지죠. 그래서 33퍼센트의 어린 박쥐들이 사냥에 실패하고 돌아오면, 나이 든 흡혈박쥐들이 자기 자식이나 친척이 아니더라도 입에 머금고 온 피를 배고픈 박쥐의 입속에 넣어줍니다.

그런데 가령 사냥을 성공적으로 마치고 돌아왔는데, 동굴 안에 예전에 나에게 피를 줬던 흡혈박쥐가 있고 주지 않았던 흡혈박쥐가 있을 거란 말이에요. 둘 다 굶고 있다면, 당연히 전에 내게 피를 줬던 흡혈박쥐에게 내 피를 나누어주는 것이 흡혈박쥐계의 불문율입니다. 피를 공유하는 것, 이것을 일종의 협동이라고 볼 수 있겠죠. 혹시 어딘가에 드라큘라들이 모여 산다면 사람들의 피를 빨아서 자기들끼리 나눠 먹으면서 "우린 참 착해. 사이좋게 나누어 먹는 협동하는 사이잖아" 이런 이야기를 주고받는 것과 비슷하겠네요. 그런데 몇몇 흡혈박쥐들은 다른 박쥐들이 사냥한 피를 열심히 얻어먹어놓고도 자기가 사냥에 성공했을 경우에는 혼자 다 먹고 온다거나, 배고픈 박쥐가 피를 나누어달라고 요청하는데 자기 새끼들만 먹이는 거예요. 이런 것은 아주 전형적인 배신의 형태죠.

배신에는 굉장히 다양한 유형이 있습니다. 가장 흔한 경우는 집단의 이익에 반하는 행동을 하는 것이죠. 예를 들어 폭력 조직에서 조직원에게 살해나 테러를 지시했는데 불복종한다면 배신이 되겠죠. 그리고 약속의 파기나 계약의 불이행도 전형적인 배신의 유형입니다. 대표적인 예로 혼외정사를 들 수 있습니다. 결혼하면서 "나는 너하고만 잠자리를 같이 할 거야"라고 약속했는데, 혼외정사를 한다면 배신입니다. 사실 혼외정사를 하는 경우가 얼마나 많겠나 싶지만 실제로 조사한 바에 의하면 남자의 40퍼센트, 여자의 30퍼센트 정도가 결혼생활 중에 배우자 외의 상대와 성관계를 가진 적이 있다고 대답하고 있거든요. 미국은 이보다 조금 더 높은 수치를 보이고 있고요. 이런 걸 보면 혼외정사라는 형태의 배신은 우리가 생각하는 것보다 훨씬 더 광범위하게 나타나고 있어요.

더 넓은 배신의 유형으로는 감정적 부정(不貞)이 있습니다. 혼외 상대와 성관계를 갖지 않았어도 감정적으로 사랑에 빠지거나, 사랑에 빠진 사람들이 나누는 행동을 함께 하는 것 역시 배신의 한 유형입니다. 이렇게 되면 여러분 중에 많은 수가 배신으로부터 자유롭지 못하죠. 가령 배우자 외의 이성과 어떤 일을 함께 했는데, 그 일을 아내나 남편에게 알리면 위험하다고 판단해서 말하지 못한 적이 한 번이라도 있다면 여러분은 배신

자입니다. (청중 웃음) 이런 경험이 한 번이라도 있다고 대답한 사람은 70퍼센트나 됩니다. 살다 보면 이런 유의 배신을 한 번쯤은 하게 된다는 것이죠. 사람들이 왜 결혼이라는 제도로 사랑하는 사람을 가두어두고 자기 외의 다른 사람과는 성관계를 가지면 안 된다고 강요하여 독점하려 하면서 정작 자신은 호시탐탐 하룻밤의 정사를 꿈꾸는지 과학적으로 아직 설명이 안 되고 있습니다. 왜냐면 이걸 연구하기 위해서는 피험자가 필요한데, 지원자가 없습니다. (청중 웃음)

또한 다른 이익집단에 복종하거나 정보를 유출하는 것 역시 배신의 한 행위죠. 가령 자기가 속한 회사가 가지고 있는 특허 기술을 동종 업계의 다른 회사에 파는 행위가 그 예가 되겠네요. 그리고 얻은 만큼 돌려주지 않는 경우도 배신의 유형입니다. 자기는 굉장히 많은 것을 얻었는데 상대에게 돌려줄 때는 그만큼 주지 않는 것이죠. 예를 들어 품앗이를 하는 거예요. 돌아가면서 집집마다 농약 치는 일을 돕는데, 남의 집 농약을 칠 때는 설렁설렁 친다든가 일을 안 한다면 결국 남들이 그 일을 해야겠죠. 그리고 정작 자기 집 차례가 됐을 때는 "아, 열심히 좀 해주세요"라고 독촉하는 식이에요.

또 하나의 배신의 유형은 무임승차(free ride)입니다. 이게 제가 주로 연구하는 주제인데요, 무임승차를 하는 사람은 굉장히 많습니다. 예를 들어 여러 명이 돈을 걷어서 어떤 일을 하려 할 때 한 명이 좀 적게 내거나 안 내면서도 그 혜택을 함께 보는 경우가 되겠죠. 대부분의 공공재가 그렇습니다. 내가 시청료를 내지 않아도 KBS 방송은 볼 수 있잖아요. 이것이 무임승차입니다. 세금도 마찬가지입니다. 우리가 삼성의 비리를 폭로한 사람을 보고 "이거, 배신자 아냐?"라고 이야기하지만, 근본적으로는 우리 모두가 공공재를 사용하기 위해 내고 있는 세금을 내지 않으려고 부정을 저지른 삼성이야말로 배신의 한 유형인 무임승차를 한 셈이죠. '침묵의 카르텔(Kartell)'도 공공의 운명을 함께하는 사람들이 보였던 행동이고요. 그 침묵의 카르텔을 깨는 것은 배신입니다. 이런 배신은 상대적으로 의미가 있는 경우가 많죠.

인 간 은   왜   남 을   신 뢰 하 는 가 ?

이런 여러 유형의 배신행위는 굉장히 다양한 방식으로 우리 사회에 스며 있어서, 전혀 배신하지 않고 살아간다는 것은 정말 힘든 일입니다. 이렇게 광범위한 배신행위가 존재함에도 불구하고 왜 대부분의 사람들이 그런 이야기들을 하지 않는 것일까요? "배신해본 경험이 있다"라는 사람은 있지만, "늘 배신하고 있다"고 말하지는 않죠. '인간이 왜 그렇게 고결한 행위를 하는가' 하는 점은 사실 중요한 문제입니다. 배신은 동물의 세계에서부터 인간 모두에게 이르기까지 광범위하게 행해지고, 약속이나 신의, 계약을 파기함으로써 자신의 이익을 도모하게 되죠.

따라서 오히려 우리가 물어야 할 질문은 '인간이 왜 때론 배신하지 않고 남을 신뢰하는가?' 혹은 '배신이 널리 퍼져 있는 상황에서 인간은 왜 신뢰를 하는가?'일 것입니다. 인간은 이득을 얻을 수 있을지 확신할 수 없는 상황에서도 왜 타인을 신뢰하고 상대를 위한 행동을 하는가 하는 질문은 설명하기 어려운 문제입니다. 예를 들어 미국의 레스토랑에서는 식사를 하고 나면 10~15퍼센트 정도의 팁을 주죠. 어떤 웨이터나 웨이트리스도 손님이 레스토랑을 떠나기 전에 테이블로 와서 팁을 정말 10~15퍼센트 두고 가는지 확인하고 "너무 적게 내셨는데요. 잠깐 이쪽으로 오시죠" 같은 행동은 하지 않습니다. 그런데도 왜 사람들이 알아서 일정액의 팁을 내는지, 아무도 확인하지 않고 이곳에 다시 올 일도 없는데 웨이터를 배신하지 않고 이 룰을 지키는 이유가 무엇인지는 아직 현대 과학이 풀지 못한 난제 중 하나입니다.

또 왜 그렇게 많은 사람들이 '기부'란 걸 할까요? 현대의 경제학으로는 사람들이 기부하는 이유를 설명할 수 없습니다. 기부했을 때 내게 돌아오는 혜택은 기부한 것에 비해 너무나도 적은, 비효율적인 경제행위임에도 불구하고 사람들은 기부를 합니다. 이해할 수 없는 부분이죠. 상대가 배신하지 않을 것이라 믿고 그의 신용만으로 돈을 꾸어준다거나 먼저 혜택을 받을 수 있게 배려하는 일들이 어떻게 벌어지는지 생각해보는 것은 매우 중요합니다. 그 사회의 신뢰나 신용의 가치(trust level)가 높을수록 사회가 원활하게 돌아가고 배신행위를 처벌하는 쓸데없는 제약 없이 자율적으로 운영되는데, 이런 사회가 쉽게 만들어지지는 않죠.

그렇다면 도대체 사람들이 배신을 하는 이유는 무엇일까요? 교육을 잘못 받아서일까요? 아니면 가정환경에 문제가 있어서? 혹은 그들이 속한 학교나 사회의 시스템이 너무 경쟁적으로 치닫고 있어서일까요? 당연히 이런 요소들도 영향을 미치겠죠. 그밖에 중요한 요인 중 하나로 뇌의 생물학적 구조를 들 수 있습니다. 사람들의 뇌에는 늘 배신하고자 하는 욕망이 꿈틀거리고 있습니다. 아직 밝혀지지 않았습니다만, 혹시 어떤 사람의 뇌는 특히 배신을 잘하는 구조를 가지고 있고 어떤 사람은 그렇지 않아서, 미래에는 뇌 사진만 보고도 "야, 이거 완전 '배신자 뇌' 구만" 이렇게 단정하는 상황이 벌어질 수도 있어요. 좀 무서운 일이지만, 누군가를 속이거나 자신의 이익을 극대화하기 위해 남을 배신하는 것을 서슴지 않는 행동과 관련된 뇌의 구조나 호르몬이 존재할 수도 있습니다.

최근 들어서 연구된 것으로, 임신한 여성에게는 옥시토신(oxytocin)이라는 호르몬이 분비되는데, 출산이나 육아 시 분비가 왕성하며 젖을 나오게 하고 아이와의 애착관계를 형성하는 데 중요한 역할을 하는 호르몬입니다. 그런데 이 옥시토신의 체내 농도를 높이면 사람들 사이의 신뢰가 굉장히 높아진다는 연구결과가 2005년 〈네이처〉(Nature)에 실렸습니다. 이 논문을 쓴 미국의 교수들은 사람들의 코에 옥시토신을 뿌려준 다음, 트러스트 게임(trust game)을 했습니다. 이것은 사람을 믿고 얼마의 돈을 맡길 것인가를 정하는 게임인데, 옥시토신을 뿌린 사람들이 그렇지 않은 사람들에 비해 상대에 대한 신뢰가 훨씬 높아서 남을 잘 믿고 때로는 그것 때문에 손해를 보기도 하더라는 것입니다.

이 논문이 처음 나왔을 때 세상은 잠잠했지만 과학자들은 이것을 '굉장히 위험한 연구'라고 생각했습니다. 가령 아파트에서 집집마다 방문해서 고객을 설득해 물건을 파는 외판원의 경우, 이 연구결과를 이용하면 임신했거나 최근 출산한 여성들이 사는 집부터 방문하는 것이 좋은 전략이겠죠. 옥시토신 레벨이 높은 주부가 혼자 있는 시간에 집을 방문해서 제품에 대한 소개를 한다면 믿을 확률이 훨씬 높을 테니까요. 반대로 옥시토신 레벨을 낮추면 상대에 대한 믿음이 떨어지고, 심지어는 쉽게 배신할 수 있게 되지 않겠는가 하는 것이 이 논문의 내용이었습니다. 실제로 이 부분에 대한 실험을 한 것은 아니고요. 미국에는 최근 옥시토신을 코로 흡입하거나 스프레이 형태로 뿌리는 약이 나왔습니다. 신에 대한 회의가 들거나 남

정재승

171

들과의 신뢰를 향상시켜야 할 때 뿌리라고 만들어진 약입니다.

또 이런 연구결과도 있어요. 제가 아까 혼외정사, 부정(不貞)에 대한 이야기를 했는데요. 래리 영(Larry Young) 교수가 몇 해 전 〈네이처〉에 발표한 논문 중에 굉장히 무시무시한 내용이 있었습니다. 미국 북서부 지방에는 대초원에 사는 들쥐(prairie vole)와 산에 사는 들쥐(meadow vole)들이 있다고 해요. 이 두 들쥐는 유전자적으로 매우 흡사해요. 그런데 서로 다른 특징이 있는데, 초원에 사는 들쥐들은 부부 간에 매우 화목해서 새끼를 낳고 평생을 같이 삽니다. 반면 산에 사는 들쥐들은 짝짓기를 하고 나면 이내 돌아서서 다른 대상을 찾아나서는데, 죽을 때까지 세 번에서 많게는 열 번까지 파트너를 바꾸면서 자기가 낳은 새끼는 돌보지 않는다고 합니다. 그런데 초원에 사는 들쥐에게서 옥시토신과 바소프레신(vaso-pressin)이라는 호르몬이 분비되는 것을 막으면, 산에 사는 들쥐처럼 행동하는 겁니다. 짝짓기를 해서 새끼를 낳으면 수컷은 떠나고 심지어는 암컷도 새끼를 돌보지 않고 다른 상대를 찾아 떠납니다. 이번에는 산에 사는 들쥐들에게 옥시토신과 바소프레신이 더 많이 분비되도록 유전자를 조작해주면 갑자기 초원에 사는 들쥐들처럼 한평생 순애보적인 사랑을 합니다.

이 연구결과가 나오고 나서 미국 사회가 난리가 났습니다. 페미니스트들은 "바람기가 생물학적으로 결정된 것이니 받아들이라는 말이냐"라며 '생물학적 결정론'이라고 강력하게 비판했고, 또 한편에서는 "부부 간의 부정이 어쩌면 범죄가 아니라 질병인 게 아닐까?"라는 과격한 입장도 있었습니다. 남편이 바람을 피우면 '아, 우리 남편이 치료를 받아야겠구나'라고 생각해야 한다는 것이죠. ^(청중 웃음) 물론 인간과 쥐는 굉장히 다릅니다만, 이 연구가 우리에게 제시하는 가능성은 '배신이 뇌에서 일어나는 생물학적 과정과 어느 정도 연관이 있다'는 점입니다.

우 리 모 두 는 배 신 앞 에 속 수 무 책

그렇다면 우리는 왜 배신 앞에서 속수무책일까요? 사람들은 늘 배신을 하고, 배신을 막을 수가 없습니다. 첫째로, 사람들은 모두 합리적이고 매우 이기적이며, 상황을 보았을 때 배신하는 것이 유리한 때가 우리 사회에는 굉장히 많습니다. 예를 들면 아까 말씀 드린 공공재와 같은 것들이 있죠. 내가 시청료를 내지 않아도 누군가가 내고 있기 때문에 KBS 방송을 볼 수가 있으니 내 이익을 최대화하기 위해 무임승차를 하는 겁니다. 심지어 미국에서는 공중파에 대한 수신료는 전혀 내지 않죠. 대부분이 기부금으로 운영됩니다. 그럼에도 불구하고 아주 많은 돈으로 잘 운영되거든요. 기부하는 행위도 매우 이상하지만, 그런 사람이 많기 때문에 무임승차하는 사람이 많은 것도 재미있습니다.

이 대표적인 예 중 하나가 '죄수의 딜레마'입니다. 죄를 지은 용의자 A와 B 두 사람을 검거해서 각각 다른 방에 넣어둡니다. 그리고 각 용의자와 형사가 협상을 합니다. 먼저 A에게 이렇게 말합니다. "네가 여기에서 B의 죄를 불고 옆방의 B는 네 죄를 불지 않으면, 모든 죄는 B가 진 것이니까 너는 석방되고 B가 10년형을 살게 된다. 둘 다 아무 일 안 했다고 잡아떼면 증거가 불충분하니까 각각 1년형을 살게 되고, 둘 다 서로의 죄를 폭로하여 배신하면 둘 다 죄를 지었기 때문에 각각 5년형을 받는다. 그런데 만약 너는 B의 죄에 대해 침묵하는데 B가 네 죄를 폭로한다면 너는 10년

	A가 침묵	**A가 폭로**
B가 침묵	A−1년형, B−1년형	A−석방, B−10년형
B가 폭로	A−10년형, B−석방	A−5년형, B−5년형

형을 살고 B는 풀려난다."

　사람들이 이런 제안을 받는 경우는 검찰청이 아니어도 아주 흔합니다. 내가 배신하느냐 마느냐가 아니라, 상대가 나를 배신하느냐 마느냐에 따라 내가 얻는 이득이 결정되는 상황입니다. 따라서 상대가 침묵하든 폭로하든, 나는 폭로하는 게 이득인 겁니다. 내가 배신하는 게 이익인 거죠. 상대도 당연히 그렇게 생각할 테고. 그래서 우리 모두는 상대를 배신해서 5년형을 받게 됩니다. 정말 좋은 상황은 모두가 침묵해서 1년만 사는 겁니다. 하지만 폭로하는 게 이득인 전략이기 때문에 사람들은 어쩔 수 없이 배신해야 하는 상황에 놓이게 됩니다.

　예를 들어 북한과 미국이 줄다리기를 합니다. 미국은 "핵을 폐기하면 원조하겠다"라고 하고, 북한은 "원조를 많이 해주면 핵을 폐기하겠다"라고 합니다. 북한이 핵을 폐기했는데 미국이 원조해주지 않으면 북한만 뭐 되는 거죠. 그러니까 당연히 그러면 안 되겠죠. 미국 역시 똑같이 생각하고 있습니다. 그래서 이 줄다리기는 둘 다 안 하는 게 이득인 전략입니다. 그러니까 6자회담은 늘 결렬되고, 심심하면 미사일 하나씩 쏘고, 다시는 원조 안 한다고 으름장을 놓고 하는 겁니다. 서로가 서로를 물고 있는 고리를 끊어야 하는데 아무도 먼저 놓지 않는 거죠. 자기만 큰 손해를 입게 될까 봐. 이런 상황은 우리 주변에 아주 많습니다. 배신하면 매우 큰 이득을 얻는 반면 신뢰를 지키고 협조하는 사람들이 손해 보는 사회에서는 배신이 근절될 수 없습니다. 배신, 억울하지만 이해가 되죠.

　여러분 중에 결혼하신 여자분들께 여쭤볼게요. 회사에서 휴가를 얻어서 카페에서 편안하게 쉬면서 차를 마시고 있다고 합시다. 그런데 갑자기 영화배우 장동건이 나타나서, "우리 2박 3일로 홍콩으로 여행 갑시다"라고 제안하는 겁니다. '나는 안 가겠다'라는 분 손 들어보시죠. 이렇게 도저히 거부할 수 없는, 누가 생각해도 이해가 되는 상황들이 늘 있습니다. 여기서 유일하게 한 분만 안 가겠다고 하셨고, 나머지 분들은 모두 가신다는 거잖아요. 그러니까 남편들이 소망해야 하는 것은 그저 '장동건이 내 아내를 만나 한눈에 반하면 안 되는데……' 정도겠죠. (청중 웃음) 그러면서도 이런 상상을 하죠. '혹시 어느 날 이효리가 나타나서 나한테 2박 3일 동안 홍콩 가자고 하면 가야 하나, 말아야 하나?' 그게 들통 날 염려가 전혀 없는 상황이라면 더욱 복잡해지죠. 그 상황에 놓이지 않았기 때문에 배신하지 않을 수 있는 것이지, 그런 상황에 놓이게 된다면 누구라도 배신할 수밖에 없는 경우가 현대사회에서는 종종 발생합니다.

　우리가 배신할 수밖에 없는 또 다른 이유는 우리가 배신한다 해도 즉각 처벌받지는 않는다는 겁니다. 그리고 발각되지 않는다면 매우 큰 이익을 얻을 수 있는 경우가 많기 때문에 배신을 감행하는 모험을 하게 됩니다. 협동하는 사람만으로 사회 전체가 채워지기 전까지는 배신이 존재합니다. 예를 들어 제가 앞에 계신 여섯 분께 주머니를 돌립니다. 각자 이 주머니 안에 원하는 만큼 돈을 넣으시고, 맨 마지막에 계신 분은 제게 만 원을 만들어서 주셔야 해요. 그러면 제가 여섯 분 모두에게 2만 원씩 드립니다. 6명이 만 원만 만들면 되니까 각각 1600원 정도를 넣으면 되겠죠. 하지만 얼마를 넣는지는 옆 사람들이 모르기 때문에, 중간에 있는 누구는

'맨 끝에 있는 사람이 바보가 아닌 이상 당연히 만 원을 만들어줄 테니 나는 100원만 넣겠다'라고 생각할 수 있어요. 이런 사람들은 100원만 넣고도 2만 원을 받게 되니까 여기 있는 사람들 중에 가장 큰 이득을 보겠죠. 이런 것이 무임승차의 대표적인 예가 될 수 있습니다.

사람들이 배신하게 되는 다른 이유로 배신을 용납하는 우리 사회의 분위기를 들 수 있습니다. 사회에 배금주의와 물질만능주의가 만연하다 보니 배신을 하면 안 되며 신뢰 사회를 만들어가야 한다는 도덕적 테제(These)는 매우 관념적으로 들리는 반면, 배신을 통해 얻는 이득은 매우 실질적이고 구체적이고 즉각적입니다. 신뢰와 명예를 지키고 신용 사회를 만들려고 노력하여 얻게 되는 이득은 간접적이고, 매우 오랜 시간을 필요로 하며, 실제로 얻었는지 안 얻었는지조차 모호하고 추상적입니다. 그러다 보니 사람들은 위험을 감수하면서까지 배신하는 모험을 감행합니다. 우리는 모두 배신 앞에 속수무책인 것입니다.

공동의 운명을 강조하는 집단일수록 배신을 막을 수 있는 장치가 많습니다. 가령 아래와 같은 실험이 그 예가 될 수 있겠죠. 자크라는 학자가 한 '공동 운명에 대한 확신'이라는 아주 유명한 실험인데요. 오른쪽 표에서 기준선은 B보다는 짧고 C보다는 깁니다. 아주 근소한 차이죠. 그런데 제가 다섯 분을 미리 모셔놓고 짭니다. 제가 물어보면, "기준선이 A, B, C 모두보다 짧다"고 대답해달라고 말이죠. 그리고 이런 사정을 모르는 한 분을 더 모셔서 실험을 진행합니다. 제가 한 사람씩 묻습니다. "기준선이 A보다 긴가요?" "그러면 B보다는 긴가요?" "C보다는요?" 그러면 질문을 받은 분이 "기준선은 A, B, C 모두보다 짧습니다"라고 대답해요. 그 다음 사람에게 질문해도 그렇게 대답하고, 그 다음 사람 역시 똑같이 대답하겠죠. 그러면 마지막 여섯 번째 사람은 뭐라고 대답할까요?

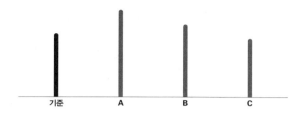

아마 여러분은 지금 속으로 '말도 안 돼. 바보가 아닌 이상 보면 아는 걸. 기준선이 C보다도 짧다고 대답할 리가 없어'라고 생각하실 겁니다. 많은 학자들이 전 세계를 돌면서 30회 가량 이 실험을 실시한 결과, 여섯 번째 피험자가 "예, 기준선은 A, B, C 모두보다 짧아요"라고 대답하는 확률은 60퍼센트가 넘습니다. 놀라운 일이죠. 아마 다섯 명이 아니라 더 많은 사람 앞에서는 진실을 말하는 것이 더욱 어려울 것 같습니다. '내가 요즘 눈이 침침하긴 한데……' 하면서 자기 눈을 의심하겠죠.

제가 실제로 이 실험을 해보면 서양 사람과 동양 사람의 인지과정이 달라서, 비교적 많은 서양인의 눈에는 기준선이 C보다 길게 보이는데, 대부분의 동양인의 눈에는 C가 더 길어 보이는 거예요. 무언의 압력을 받는 거죠. 물론 앞의 다섯 명 중에 한 명이라도 "저는 기준선이 C보다 긴 것 같은데요"라고 반대의견을 낸다면 마지막 사람이 자기 의견을 낼 가능성이 확 올라갑니다. 이렇게 동조하는 사람이 한 명이라도 있으면 괜찮은데, 만장일치로 모든 사람이 하나의 생각을 강요하면 그것에 대한 중압감을 느낀다는 거죠. 이렇게 나는 아니라고 생각하지만 집단의 뜻에 순응해서 이야기하는 분들이 많습니다.

그런데다가 우리 뇌에는, 정확한 위치는 아직 논란이 되고 있습니다만, 사람들 사이에 '우리' 라는 개념이 저장되어 있는 영역이 있고, '그들'이라는 개념이 저장된 영역이 따로 있습니다. 영어권 사람들에게 "네가 좋아하는 단어를 찾아봐" 하면서 말도 안 되는, 실제로는 없는 단어들을 죽 보여주면, 'us' 라는 철자가 들어 있는 단어를 'you' 혹은 'them' 의 철자를 집어넣어 섞어둔 단어보다 훨씬 선호하는 것을 볼 수 있습니다. 말도 안 되는, 없는 단어들임에도 불구하고 말이죠. 어떤 집단이든 아주 어렸을 때부터 '우리', '그들' 을 선명하게 나누는 일이 진행됩니다. 그래서 사람들은 '우리' 라고 나눠놓은 곳에서 굉장히 편안함을 느끼고, 남들이 '우리' 라고 부르는 것 안에 들어가고 싶고, 내가 '우리' 안에 들어가면, '그들' 과 적대적 관계가 된다는 거죠. 일단 한 집단 안에 들어가서 순응하면 '배신' 은 매우 어려운 일이 됩니다.

또 다른 배신을 막는 강렬한 배신의 추억

배신, 별 것 아닌 것 같잖아요. '배신의 트라우마(betrayal trauma)' 라는 게 있습니다. 제니퍼 프리드(Jennifer J. Freyd)라는 여성 정신의학자가 내놓은 이론인데요. 아이들이 아주 어렸을 때 의붓아버지나 친아버지로부터 성적 학대를 당하면 그것을 기억하지 못합니다. 시간이 많이 지나서 "너에게 그런 일이 있었다"고 말하면, 전혀 그렇지 않다고 말해요. 정말 그 기억이 없습니다. 그렇게 상습적으로 성적 학대를 받은 아이들이 어떻게 그 기억을 지우는지 설명이 안 됩니다. 흔히 말하는 외상후증후군과는 달리, 아예 기억을 못하는 것이죠. 왜 이런 일이 벌어지는가 하면, 아이는 아버지와 계속 함께 생활해야 하는 상황인데 그 인간관계에서 맺어놓은 '아버지는 이런 모습이어야 한다' 라는 계약을 아버지가 파기했죠. 배신한 겁니다. 이제 아이에게는 고통을 감당하는 게 문제가 아니라 거부하면 생존이 위태로운 상태입니다. 아버지로부터 벗어나서는 살 수가 없으니까, 아버지가 주는 음식을 먹으면서 아버지와 함께 생활해야 하기 때문에 고통보다 훨씬 더 절박한 문제입니다. 그래서 이것으로 민감해지거나 상처받는 정도라 아니라 이 기억을 지워야만 생존할 수 있는 겁니다. 배신이 다른 사람에게 얼마나 큰 상처를 남길 수 있는지 우리는 이런 사례로 알 수 있습니다. 그 기억을 안고는 살아갈 수 없을 정도로 엄청난 아픔을 안겨주기도 하는 것이 배신입니다.

그런데 배신의 기억은 놀랍게도 잊히지 않습니다. 여러분 중에 '내가 몇 년 전에 배신을 당했는데, 어떻게 당했는지 기억이 안 난다' 하는 분 계신가요?(청중 웃음) 몇 년 전에 누군가와 소개팅을 해서 서너 번 만나 밥 먹고 헤어졌는데 그 사람의 이름이나 얼굴이 기억나지 않는 경우는 종종 있죠. 기억력이 많이 떨어지는 사람이라 할지라도, '배신자' 에 대해서만은 이름과 얼굴, 상황, 배신한 내용을 절대로 잊지 않습니다. 지금까지 보고된 바에 의하면 40년 전에 배신당한 것도 사람들이 기억해내더랍니다.

가만히 생각해보면 엄청 신기한 일이죠. 사건이나 기억의 깊이에 관한 문제가 아니라, 배신은 아주 조금만 당해도 그 기억이 잊히지 않도록 사람의 뇌가 만들어져 있는 겁니다. 이것은 바로 배신에 대한 기억을 오랫동안 저장함으로써 차후에 나를 배신할 만한 사람이나 그런 행동, 얼굴, 제스처 등을 미리 알아채는 능력이 오랫동안 발달해온 것입니다. 배신을 한번 당하면 다시 그 사람에게 배신당하지 않기 위해 스스로 노력하는 거죠. 내가 상대에게 협조했는데 상대방이 배신함으로써 상대방만 이득을 보고 나는 아무것도 얻지 못했다면, 이런 일이 계속될수록 나만 손해인 셈이잖아요. 그래서 배신자의 이름과 얼굴, 배신의 내용은 뇌 속에 굉장히 특별하게 각인됩니다.

우리는 이런 뇌의 능력으로 인해 우리가 보게 될 이득이나 손해를 잘 계산할 수 있습니다. 화폐의 개념이 없던 시절에조차 물물교환이 가능한 가치가 존재했잖아요. 내가 이것을 상대에게 주었을 때 무엇을 얼마나 받아야 마땅한지 알 수 있었다는 사실이 신기하죠. 양쪽이 모두 수긍하는 거래가 성립했다는 것은, 이미 배신당한 기억을 떠올려서 다시 배신당하지 않기 위해 촘촘하게 따지는 능력이 발달해 있었다는 겁니다. '내가 손해보면 안 되지. 다시 배신당하면 안 되지……' 하는 의식이 늘 있으니까요. 그리고 인간이라면 배신당했을 때 상대에게 불만을 토로하는 것이 당연합니다. 일단 "너 배신하면 어떡하냐"라고 말을 하죠. 원숭이들도 배신당하면 불만을 표현합니다. 그래서 집단 전체가 다 알아요. '쟤 배신당했구나.' 그래서 다들 '저 배신자하고는 거래하지 말아야겠다'고 마음먹게 돼요. 배신자가 누군지 알 수 있게 배신당한 원숭이가 집단 전체에게 신호를 보내는 겁니다. 배신은 우리의 뇌를 발달시킨 원동력 중에 하나입니다.

그러면 배신을 막거나 줄일 수 있는 방법이 있을까요? 주로 많이 사용하는 것이 보복이나 처벌이죠. 폭력조직에서 조직원에게 "쟤를 죽여라" 명령했는데 안 죽이고 돌아오면 손을 자른다거나 하는 일이 있잖아요. 그들이 이렇게 처벌하는 데는 이유가 있는 것이죠.

배신을 막기 위한 방법 중 하나로 '평판 하락'이라는 게 있습니다. 예를 들어 전에 비해 요즘 혼외정사, 즉 불륜이 증가했거든요. 이것에는 여러 가지 원인이 있습니다. '옛날에는 일일이 세지 않았다'에서부터 '옛날에는 너무 당연하게 받아들였다'라든지······.⁽청중 웃음⁾ 어떻든 옛날에는 불륜이 아주 위험한 일이었어요. 피임의 기술이 발달하지 않았기 때문에 하룻밤의 정사라는 건 엄청난 위험을 감수해야 하는 상황이었죠. 하룻밤의 대가로 앞으로 30년가량 누군가를 키워야 한다면 대가가 너무 크잖아요. 하지만 현대는 그렇지 않죠. 하룻밤의 정사로 누군가를 책임져야 하는 일이 상대적으로 적어졌어요. 게다가 옛날에는 동네가 빤해요. "누가 누구랑 바람 피웠더라" 소문이 다 나요. 하지만 익명성이 보장되어 있는 현대 사회에서는 상대적으로 나쁜 평판이 멀리 퍼지지 않는데다가 금방 잊혀지죠. 이런 이유로 현대에는 부부 간에 배신이 반복될 수 있습니다. 즉각적인 보복이나 처벌이 줄어들었기 때문입니다.

배신을 줄이는 데는 '협조에 대한 만장일치'라는 방법도 있습니다. 한 집단이 기부를 하려면, "누구는 얼마 냈대?" 하고 물어본 후에 얼마 낼지 결정하게 되죠. 그렇게 금액을 합의하면 배신자는 적어집니다. 아까 말씀 드린 '공동 운명에 대한 확신'도 같은 식의 방법이죠. 집단의 의견에 내 의견을 맞추면 배신자가 적어집니다. 예를 들어 내가 작은 과자 회사를 다니는데, 보니까 우리 과자에 생쥐 꼬리가 들어 있어요.⁽청중 웃음⁾ '어, 이거 어떡하면 좋지?' 고민하겠죠. '이 사실을 내가 알게 됐는데, 이것을 세상에 폭로할 것인가? 이걸 폭로하면 농심보다 작은 우리 회사는 망해. 그리고 나는 직장을 잃어.' 이런 상황에서 폭로는 쉽지 않은 일이죠. '우리 모두가 같은 배에 타고 있다'라는 공동 운명에 대한 확신을 사람들에게 주면, 배신이 줄어들게 됩니다.

이런 공동 운명에 대한 확신을 주는 방법의 하나가 대화입니다. "우리 동네에 가로등이 없어서 밤길을 다니는 것이 위험하니까 돈을 모아서 가로등을 답시다." 강요하는 사람은 없겠지만, 사람들이 모두 혜택을 보기 위한 사안이라면 합의할 수 있겠죠. "내가 돈을 왜 내? 난 싫어!"라고 말하는 한 사람이 있다고 칩시다. 내가 돈을 안 내겠다고 버텨도 결국 가로등은 세워질 테고, 나는 돈 안 내고 그 길을 지나다니는 무임승차를 할 수 있거든요. 그래도 그 사람과 계속 대화를 하다 보면 결국 공공의 이익을 위해 돈을 내게 되는 경우가 많습니다.

배신은 모두 나쁜가?

자, 그럼 마지막으로 생각해볼 문제가 남았는데요. '배신은 모두 나쁜가?'라는 질문입니다. 과연 세상의 모든 배신은 나쁠까요? 그렇지 않습니다. 어떤 배신은 아름답다고 존중해주고 어떤 배신은 처벌할 것인가 하는 평가의 기준은 매우 중요한데요. 이에 관한 가치는 두 가지가 있습니다. 그리고 이 두 가지는 서로 연결되어 있습니다. 하나는 '이 배신을 통해서 얻게 되는 이득이 결국 누구에게 가는가'입니다. 배신하는 자에게 이득이 가는지, 또 다른 특정 집단에게 가는지, 혹은 공공, 즉 더 큰 집단에게 환원되는지를 보면 이 배신이 아름다운 배신인지 처벌받아야 할 배신인지 알 수 있습니다.

좀 더 넓게 보자면, 모든 사람은 여러 층위의 여러 집단에 두루 속해 있습니다. 가족, 직장, 학교, 이익집단, 지역, 더 넓게는 국가와 사회, 세계에 속해 있겠죠. 그런데 그중에 한 집단의 이익이 다른 집단의 이익과 충돌하는 경우가 많아요. 그리고 내가 한 집단과 맺은 신뢰, 믿음, 계약이 다른 집단의 신뢰, 믿음, 계약과 상충되는 경우가 많습니다. 예를 들어 내가 삼성에서 일하면서 알게 된 삼성의 비리를 폭로하는 것은 삼성이라는 집단에게는 배신이죠. 그러나 그 사람이 변호사라면, '정의가 강물처럼 흐르는 사회를 만들기 위해서 변호사는 법을 수호해야 한다' 라는 암묵적인 믿음과 신뢰와 계약을 따르기 위해서는 삼성이라는 상대적으로 작은 집단의 이익에 위배되는 일을 할 수밖에 없겠죠. 하지만 그는 법조계, 혹은 대한민국 국민으로서 정당한 행동을 한 것입니다.

그런 일은 이런 특수한 계층의 사람이 아니더라도 우리 모두가 겪을 수 있는 일입니다. 내가 속한 우리 집안의, 혹은 우리 회사의 이익이 내가 속한 좀 더 큰 사회의 이익과 충돌한다면, 시민으로서의 믿음과 신뢰와 계약을 지키기 위해 작은 집단의 것들을 저버려야 하는 일이 발생합니다. 그런데 그런 상황을 만났을 때 우리 대부분은 나와 직접적으로 연결되어 있는 작은 집단의 이익에 충실합니다. 그러지 않고 좀 더 큰 집단의 이익에 충실하려고 노력하면, 그건 사실 배신이라고 볼 수 없는 거죠. 더 큰 집단의 믿음을 지키고 계약을 이행한 결과니까요. 그러니까 김용철 변호사께서 한 일은 어쩌면 '아름다운 배신'이 아니라, 배신 자체가 아닌지도 몰라요. 우리가 삼성의 측면에서 배신이라고 생각하고 있었던 거지, 대한민국에 살고 있는 시민으로서 그는 우리 모두가 암묵적으로 합의한 믿음과 신뢰, 계약대로 행동한 것이죠. 그런데 놀랍게도 사람들은 대한민국 국민의 한 사람으로서가 아니라 삼성이라는 이익집단의 입장에 서서 그를 배신자라고 부르는 것을 서슴지 않습니다. 저는 오히려 그런 사실이 놀랍습니다.

저는 김용철 변호사의 행동과 같은 것이야말로 지식인의 책무라고 생각해요. 프랑스의 실존주의 철학자 장 폴 사르트르(Jean Paul Sartre)는 이런 말을 했습니다. "지식인은 내가 속한 계층, 내가 속한 계급, 내가 속한 집단의 이익을 대변하는 사람이 아니라, 우리 모두에게 이익이 되는 비판을 할 수 있는 사람이다." 그런 의미에서 이러한 행동은 그가 속한 집단에 대한 배신이 아니라 어찌 보면 지식인의 책무라고 볼 수 있습니다.

이렇게 내 집단의 이익을 옹호하지 않음으로써 더 큰 집단에 대한 신뢰를 지키려는 노력은 인간 외에 그 어떤 동물 집단에서도 나타나지 않습니다. 제 아무리 원숭이라 하더라도 자기가 속한 집단의 이익을 위해서 협동하고 때로는 배신을 하지만, 좀 더 보편적인 집단의 이익과 신뢰를 지키려고 노력하지 못합니다. 이것은 인간만이 할 수 있는 배신입니다. 그런 의미에서 우리는 '인간을 인간답게 만드는 배신'을 자주 하자는 말씀으로 강연을 맺고자 합니다. 감사합니다. ^(청중 박수)

뇌 과 학 은   인 간   본 연 에   대 한   연 구

사회자 뇌과학을 하시는 분이니까 전문용어와 전전두엽 뭐 이런 이야기를 하실 줄 알았는데, 인간의 관계와 행동을 분석한 내용이 많았어요. 그리고 그런 것에 대한 실험 이야기가 자주 나왔잖아요. 저는 뉴스에서 실험용 흰 쥐들을 볼 때마다 '쟤들은 인간을 위해 참 많은 희생을 하는구나' 하는 생각을 하는데요, 보통 과학자들이 실험을 할 때 쥐들이 "나 오늘은 기분이 좀 안 좋아서 실험 안 할래" 이럴 순 없잖아요. 그런데 선생님께서 공부하시는 이 분야는 살아 있는 사람들이 실험용 동물이 되어야 하니, 특히 '배신'과 같은 주제의 실험에는 제정신 박힌 사람이라면 어디 배우자에게 배신당해서 괴로운 심정을 안고 "제가 실험 대상이 되겠습니다" 이러면서 자원하겠어요? 그래서 피실험자는 아무래도 수당을 지급하는 식으로 고용하셔야 할 것 같아요.

정재승 그럼요. 저희는 실험 참가 사례비를 드리고 있습니다. 그러니까 배신하셨거나 당하셨을 때는 언제든지 찾아와주세요. ^(청중 웃음) 그럼에도 불구하고 피실험자를 찾는 것은 매우 힘든 일입니다. 과학은 되도록이면 모두가 공유할 수 있는 일반적인 이론을 만들기 위해 굉장히 많은 사례를 모아야 하는데, 사람마다 경험하는 배신의 유형이 다르다 보니 이런 것에 대한 실험은 좀 힘들고요. 저희 실험실에서는 '배신자'를 모으는 것은 결국 포기하고, 배신에 피해 입으신 분들을 찾고 있습니다. 예를 들어 실연당한 사람들의 뇌를 찍어서 현재 바람을 피우고 있는 사람의 뇌와 비교해야 하는데, 바람피우는 사람의 뇌를 찾는 것은 너무나도 어려운 거죠. 실연을 당해서 큰 실의에 빠져 있는 사람의 뇌는 저희가 모집하고 있는데요, 미국에서 이미 이것에 관한 논문이 하나 나왔어요.

사회자 안 그래도 뉴욕 대학교 심리학과에서 '실연당한 사람들의 머릿속에서 어떤 일이 일어나는가'를 보기 위해 MRI(자기공명영상법) 촬영을 하는데, 엄청나게 많은 학생들이 이 실험에 지원했다는 말을 듣고, '아니, 그 친구들 제정신인가? 슬픔에 빠져 있는데 내 뇌를 검사해보라고 그렇게 많이들 몰렸다니……' 하는 생각이 들면서 그분들의 뇌가 정말 궁금해졌어요.

정재승 예, 우리도 빨리 그런 문화가 생겼으면 좋겠어요. ^(청중 웃음) 저 같으면 그런 기회를 만났을 때 한번 찍어보고 싶을 것 같아요. 저희는 사진을 찍으면 참여하신 분에게 그 뇌 사진을 드리거든요. 사실 우리가 우리 뇌를 볼 일이 잘 없잖아요. 그리고 아마도 많은 사람들이 실연의 아픔을 몇 달 후에는 이겨낼 것이기 때문에 그것을 기념으로 하나 가지고 계시는 것도…… . (청중 웃음)

사회자 글쎄, 저는 사후에 제 시신을 의대에 기증하는 것까지는 할 수 있을지 몰라도 살아 있는 상태에서 내 감정을 사진 찍히는 것은 돈을 아무리 많이 준다고 해도 싫을 것 같아요.

정재승 그러지 마시고, 같은 마음으로 사전에 좀 기증해주세요.

사회자 제가 이렇게 사회를 보는 일거리가 좀 떨어지고 나면 그때 한번 생각해보겠습니다. 그리고 코에 뿌렸다는 그 호르몬, 옥시토신이라는 거 말예요. 이거 인터넷 판매 가능해지면 대박이겠는데요.

정재승 이게 좀 조심스럽습니다. 제가 이렇게 말씀은 드리지만, 과학자들 사이에서 이 사실을 알고 위험한 실험이라고 많은 논란이 되었던 문제입니다. 그런데 다행인지 아닌지 모르겠지만 많은 분들이 관심을 가져주지 않으셔서 수면 위로 오르지는 않았죠.

사회자 혹시 대량 생산이 불가능해서 그런 건 아닌가요?

정재승 아닙니다. 충분히 가능합니다.

사회자 이러다가 정부에서 아리수에 옥시토신을 살포하기라도 하면 어쩌죠? (청중 웃음) 무슨 정책을 발표해도 국민들이 "으흠, 그래" 하고 반응할 수 있잖아요.

정재승 충분히 가능합니다. 그런데 옥시토신을 수돗물에 넣으면 다른 부작용이 있습니다. 남자들도 젖이 나오거든요. (청중 웃음)

사회자 아니, 위험한 게 아니라 진정한 공동 육아가 가능해지니까 굉장히 긍정적인데요. (청중 웃음) 자, 이제 여러분의 질문을 받겠습니다.

청중1 교수님, 많은 사람들이 첫사랑을 오랫동안 기억한다고 하잖아요. 그 이유는 첫사랑에게 당하는 배신의 강도가 더 크기 때문일까요?

정재승 첫사랑을 계속 못 잊고 계시는 거죠?(청중 웃음) 그런 내용에 대한 과학적 연구는 아직 없습니다. 그래서 제가 말씀 드리기가 좀 조심스러운데, 사실 첫사랑에 대한 의미 부여를 우리나라에서 조금 과도하게 하는 편입니다. 우리가 첫사랑을 너무 미화하고, 잊을 만하면 남들이 첫사랑이 누군지 자꾸 물어보기 때문에 계속 기억하는 것일 수도 있어요. 외국에서는 이것이 연구 주제조차 되지 않는 것은 아마 그들에게 첫사랑만큼이나 두 번째 사랑이 중요하기 때문일 수도 있고요.

　또 우리는 '첫'에 관심을 많이 두지만, 외국에서는 '2차성징 전의 사랑(young-love)과 그후의 사랑이 어떻게 다른가' 정도의 주제에 연구의 초점을 맞춥니다. 아이들이 성적 관계 없이 하는 행동들이 그후의 행동과 어떻게 다른가에 대해서는 굉장히 중요하게 생각하고 있고요. 아이들이 너무 어려서 뇌를 찍는 것은 어렵기 때문에 설문조사를 통한 연구를 많이 하고 있거든요. 그리고 재미있게도 성징 전의 아이들이 성적 관계를 맺는 것이 아님에도 불구하고 상대를 성적으로 유혹하는 듯한 어른들의 행동을 흉내 냅니다. 신기한 일이죠. 애들이 뭘 안다고 그런 일들을 하는가 하는 부분이 연구의 대상이에요. 답은 아직 잘 모릅니다.

사회자 만 5세 정도만 되도 벌써 내외를 하던데요. 저희 딸아이도 일곱 살쯤 되니까 텔레비전을 보다가 "사랑해" "미안해" 하는 식으로 진심을 말하는 장면이 나오면 어색해서 자기 혼자 얼굴이 빨개지면서 '끙' 하던데요. 그래서 저희 부부가 그걸 보면서 "쟤가 뭘 안다고……" 했거든요. 다음 질문 받을게요.

청중2 영화 〈가타카〉(Gattaca)를 본 적이 있는데요, 과학적으로 그렇게 완벽한 우성인자를 가진 사람을 인위적으로 만들어낼 수 있는 것인지 궁금합니다. 그리고 정말 그 영화 같은 세상이 현실이 된다면 사는 것이 많이 삭막해질 텐데요, 지금 인간의 뇌를 연구하고 계신 과학자로서 혹시 올지모를 그런 미래에 대해 회의감이 들진 않는지 알고 싶습니다.

정재승 네, 좋은 질문입니다. 〈가타카〉 같은 세상은 이미 온 것 같아요. 영화 〈가타카〉의 배경은 휴먼지놈프로젝트(human genome project)가 완수돼서 우리 몸의 DNA가 어떻게 생겼고, 어떤 걸 조작하면 우성인간이 되는지 다 알게 된 세상입니다. 돈 있는 사람들은 유전인자를 조작해서 우성인간을 만들고, 돈 없는 사람들은 자연분만으로 아이를 낳게 되는 것이죠. 그래서 자연분만으로 태어난 사람들과 우성인간 사이에 생물학적 계급이 생긴 사회를 보여준 영화입니다.

　제가 볼 때 우리는 이미 그런 세상에 살고 있어요. 돈 있는 사람은 모두가 희망하는 직업을 갖고 보통 사람들의 월급의 10~20배를 받을 수 있는 배경을 확보하죠. 그리고 성형수술을 한 사람들만으로 이루어진 예쁜 우성인자를 가진 계급이 존재하고, 그렇지 않은 사람들로 이루어진 계급이 존재합니다. 그렇지 않은 사람들은 "쟤 성형 전에 이랬다" 하면서 인터넷을 통해 감정을 배설하지만, 여전히 우성인간의 계급을 꿈꿉니다. 그래서 방학 때나 학교 입학 전에 수술하지 못한 학생들은 자기가 원하는 직장에 취직하지 못하는 일이 이미 벌어지고 있어요.

　지금은 이런 것들이 이미 태어난 사람의 외형을 바꾸는 수준에서 진행되고 있지만, 인간에 대한 이해가 좀 더 깊어지면 어렸을 때 이런 시도를 할 것이고, 나아가 태어나기 전에 감행하기 위해 사람들은 끊임없이 노력할 것 같습니다. 물론 이것은 매우 비극적인 상황이고, 이런 생물학적 계급사회를 막기 위해 우리가 어떤 노력을 해야 하는지 빨리 논의가 되어야 합니다. 〈가타카〉는 1997년에 개봉했는데, 도입 부분에서 "머지않은 미래……"라는 말로 영화를 시작합니다. 그리고 1999년에 휴먼지놈프로젝트가 완수됐거든요. 불과 2년 후에 이 영화가 실현 가능한 이야기라는 걸 알게 됐으니 난리가 난 거죠. 그래서 지금 미국에서는 중고등학생들이 DNA에 대한 개념을 배울 때 〈가타카〉와 같은 영화를 보여주면서, 우리가 DNA에 대한 이해가 깊어졌을 때는 그것에 대한 철학과 윤리를 어떻게 정립해야 할지 토론하게 하고 있습니다. 아주 좋은 영화죠.

우리가 배신자를 가려내는 뇌를 찍는 등의 일은 조만간은 벌어지지 않을 거예요. 뇌에 대한 우리의 이해가 그렇게 충분히 깊지도 않고, 설령 충분히 이해한다 하더라도 법이나 제도적으로 그걸 막는 장치가 항상 있을 테니까요. 그런데 문제는 그런 기술이 다 만들어지고 나서 덜컥 "우리 이제 이것에 대해서 논의해봐야겠다" 하면 너무 늦는다는 거죠. 그러니까 이런 기술이 나오기 30년 전부터, "실험실에서는 이런 일들이 벌어지고 있는데, 이것이 상용화될 미래에 우리가 이것을 어디에는 사용하고 어디에는 사용하지 말지 생각해보자" 하는 논의가 시작돼야 그 기술을 받아든 미래에는 모두가 공감할 만한 시대정신을 따른 합의가 이루어지고 장치가 마련될 수 있어요. 그런데 현실적으로 과학이 발전하는 속도는 너무 빠른데, 그것에 대한 사람들의 충분한 이해와 시민적 합의는 못 좇아오니까 부작용이 생기는 것이죠.

그래서 저는 '내가 이 연구를 안 하면 아무도 이것에 대해 연구하지 않겠지'라고 생각하지는 않기 때문에 계속 연구하고 있지만, 아마도 판도라의 상자와 같은 주제들이 앞으로 많이 등장할 것입니다. 우리가 이 과학을 어떤 곳에 활용하고 어떤 곳에는 금지할지 지금부터 여러분이 관심 가져주시고, 과학자들의 생각은 어떤지 일반 시민들의 생각은 어떤지 공유해서 시대정신을 만드는 것이 중요하다고 생각합니다.

과학에 선행하는 바른 시대정신

사회자 기술의 발전보다는 그에 대한 담론의 형성이 선제되어야 한다는 말씀인데요. 우성의 기준이 획일화되는 세상이 온다니 참 안타깝습니다. 인생에 정답이 있다는 이야기잖아요. 그러면 예술 하는 사람들은 참 살기 힘들어질 것 같아요. 참고로 성형수술 이야기하셨는데, 제가 지금 데뷔한지 17년 됐거든요. 수많은 유혹을 받았어요. 제 엄마께서 늘 "턱 조금만 깎자" "눈 조금만 하자" "네가 아직 세상을 잘 몰라서 그러는데 여배우는 무조건 예뻐야 한다"고 하셨는데, 제가 2천만 원 들여서 고소영만큼 예뻐진다는 보장이 있으면 하겠어요.

정재승 보장이 없죠. (청중 웃음)

사회자 지금껏 만난 강연자 중에 사회자에게 가장 불친절하세요. (청중 웃음) 저는 아무리 돈을 들여도 자신이 원하는 최고의 미모를 가질 수는 없다는 것을 그동안 주위에서 수없이 봐왔고, 꿋꿋이 제 신념을 지켰거든요. 그래서 오늘날 아주 가끔 텔레비전에 나가면 선배들한테 전화가 와요. "얘, 오랜만에 텔레비전에서 사람 얼굴 봐서 반가웠다." 저는 이걸로 밀고나가볼 생각입니다.

정재승 지금 '성형 없이도 나는 이런 미모를 가지고 있다'는 걸 자랑하신 거죠?(청중 웃음)

사회자 선생님, 그걸로는 지금 수습이 안 됩니다.(청중 웃음) 자, 다음 질문은 앞에 계신 남자 고등학생께 받겠습니다.

청중3 저는 고등학생으로서 교육제도에 대해 배신을 많이 느끼고 있는데요. 문과다 보니까 이과의 교육을 받지 못하고 있거든요. 이 점에 대해 먼저 안타까운 마음을 말씀 드리고 싶고요. 어제 진중권 교수님이 강의에서 '집단의 무의식적 폭력에 대해 지식인은 반대해야 한다'고 하시더라고요. 그런데 아까 정 교수님께서는 더 큰 집단의 신의를 지키는 것이 지식인의 책무라고 말씀하셨어요. 두 교수님이 말씀하신 두 집단이 어떻게 다른지 묻고 싶습니다.

　두 번째 질문은 좀 개인적인 것인데요. 제가 어리지만 친구들과 '사랑'에 대한 이야기를 많이 하거든요. 그런데 친구들의 말에 의하면 남자들은 마음에 방이 여러 개가 있대요.(청중 웃음) 말하자면 1번 방에 첫사랑, 2번 방에 두 번째 사랑 이런 식이라는데, 여자들에게는 방이 하나밖에 없어서 한번 좋아한 사람은 끝까지 좋아하다가 배신을 당하면 너무나도 괴로워하게 되고 다른 사람을 만나면 또 그 사람만을 좋아한다고 하거든요. 그렇다면 남자가 여자보다 더 배신을 많이 하는 것인지 궁금합니다.

정재승 먼저 두 번째 질문에 답을 드린다면요, 아직 뇌 영상 기술을 통해서는 남자에게서 그 어떤 '방'도 발견되지 않았습니다.(청중 웃음) 그래서 그 문제에 대해 '방 이론'으로 설명 드리기는 쉽지 않을 것 같아요. 그런데 실제로 과학자들이 전 세계를 돌아다니면서 전 민족과 전 문화권에, 20세기의 다양한 연대에 남녀 간의 사랑에 대해 아주 광범위하게 조사를 해봤는데,

남성이 여성에 비해 1.5배 정도 더 많이 배신하는 것으로 밝혀졌습니다. 남성이 여성보다 혼외정사도 많이 하고, 감정적 부정도 더 빈번하게 합니다. 이것은 결혼 전의 열렬한 애정관계에서도 마찬가지입니다.

그리고 실연의 아픔도 남성이 훨씬 더 강하게 느낍니다. 그것으로 인해 자살할 확률도 2~3배 정도 많습니다. 물론 여성이 남성보다 옥시토신과 같은 호르몬이 더 많이 분비되기 때문에 상대적으로 많이 신뢰하고 관계를 잘 맺을 수 있는 것이라고 쉽게 설명할 수도 있겠지만, 제가 보기에는 아직 그렇게 단정적으로 결론 내리기는 이른 것 같아요. 특히 남자가 여자보다 더 배신을 잘한다는 식의 이론은 조심스러운 것 같고요. 최소한 여성과 남성이 생물학적으로 다르고, 사회적인 인식 속의 위치나 성역할이 다르기 때문에 상대적으로 남성의 배신이 좀 더 자주 나타나고 있다고는 말씀 드릴 수 있겠어요.

그리고 첫 번째 질문에서 물어보신 것이 진중권 선생님과 제가 말한 '집단'이었죠. 제 생각에는 진 교수님이 말씀하신, 무의식적인 폭력을 행사하고 소수의 의견을 강압적으로 묵살하는 집단은 제가 말한 보편의 집단보다 넓은 개념의 집단은 아닌 것 같아요. 진 교수님이 예로 들으신 집단의 성격을 보면 〈디 워〉와 황우석 교수의 열렬한 지지자들이잖아요. 실제로 이런 사람들로부터 정신적 폭력을 당하시기도 했죠. 이런 것은 어쩌면 서로 다른 이익집단의 싸움이거나 다른 의견을 가지고 있는 단체의 폭력일 수 있어요.

그런데 좀 더 넓은 의미로 '대한민국에 살고 있는 시민'이라는 보편적인 집단의 개념이 있거든요. 이 집단의 일원으로서 생각해보면, 진중권 선생님이 어떤 의견을 내든지 그 주장은 충분히 용납하고 받아들일 만한 내용이에요. 그리고 우리 모두는 그것에 대해 각자 합리적이고 이성적인 방식으로 대응해야 한다는 것을 암묵적으로 이해하고 있지요. 그러니까 이 보편적인 시민 집단에 대한 배신은 진중권 선생님이 한 게 아니라, 진 선생님을 공격한 비이성적인 집단들이 행한 셈입니다. 그래서 제가 보기엔 진중권 선생님이 아니라 그 소수의 집단들이 좀 더 큰 틀에서의 약속과 믿음을 회복하는 것이 중요한 것 같습니다.

사회자 어제 진중권 교수님의 결론과 오늘 정재승 교수님의 결론이 마치 약속이라도 한 듯 똑같죠? 더 큰 사회 집단과 공공의 이익을 위해서 하는 배신은 지식인의 책무라는 말씀인데요, 더 큰 사회의 이익을 위해서라면 달콤하게 즐겨온 습관을 버리고 자신을 멋지게 배신하는 우리 모두가 되어야 하겠습니다. 마지막으로 선생님의 맺는 말씀을 듣고 강의를 마치도록 하죠.

정재승 이 자리에서 배신에 관해 이 정도로만 이야기하고 내려가야 한다는 게 아쉬운데요, 사실 제 강의는 이제부터 시작입니다. 제가 강연을 준비하면서 여러분 모두에게 배신에 관한 정답을 알려드려야겠다고 생각하지 않았고요, 제가 어떤 화두를 던져드려야 여러분께서 배신에 관한 질문과 고민을 할 수 있을까 하는 점에 초점을 맞추었습니다.

그래서 동물을 포함한 모든 세상에서 배신이 이렇게 보편적임에도 불구하고 우리는 어떻게든 배신을 막아야 하며 되도록이면 신의를 저버리지 않고 약속을 이행하기 위해 노력해야 되지만, 그런 약속과 믿음이 충돌할 경우에 '나는 어떤 선택을 해야 하는가' 하는 점이 결국 이 강의의 화두가 되었어요. 이것을 통해서 도대체 배신이란 무엇이고 어떤 배신은 해야 하고 어떤 배신은 하지 말아야 하는지, 배신의 본질을 파악할 수 있다는 생각이 들었습니다. 여러분께서 배신이라는 굉장히 복잡한 현상을 이해하는 데 제가 전해드린 과학적인 시각이 조금이나마 도움이 되었다면, 돌아가시는 길에 배신이 과연 무엇인지 고민해보시면 좋겠습니다. 감사합니다. (청중 박수)

이명박 경제의 배신

747은 어떻게 서민을 배신할 것인가

정태인

이명박 경제의 배신

2008년 4월 7일(월)

정태인
성공회대 NGO대학원 겸임교수
(전)대통령비서실 국민경제비서관

747은 어떻게 서민을 배신할 것인가

사회자 안녕하세요, 인문학 파티의 도우미 오지혜입니다. 이 인터뷰 특강이 '인문학 파티'이기 때문에 조금은 심각한 내용, 가슴 아픈 내용조차도 재미있게 진행하고 싶었어요. 그런데 오늘 나눌 이야기만큼은 너무 절박한 이야기여서 과연 웃으며 파티를 열어갈 수 있을지 걱정이 됩니다. 지금까지 강사들께서 인문학과 자연과학에 대한 이야기를 해주셨다면, 오늘 이 자리에 서실 분은 우리의 '생존'에 관한 말씀을 해주실 것이기 때문이죠.

제가 얼마 전에 방송에서 책을 추천하는 기회를 가졌는데요. 그때 가지고 나간 책이 작년 인터뷰 특강을 묶은 『21세기에는 지켜야 할 자존심』이었어요. 담당 프로듀서가 이 책에서 특히 어떤 부분을 추천하고 싶냐고 묻기에 저는 "시간 없어서 다 읽지 못하겠거든, 정태인 선생님의 한미 FTA 관련 강의만은 꼭 봤으면 좋겠다"고 했어요. 미국의 패권주의가 어디까지 왔고 우리가 어떤 위치에 서 있는지, 혁명을 일으키지는 않더라도 제대로 알기는 해야 할 것 같다고 방송에서 이야기한 적이 있거든요. 특히 요즘 학생들은 자기 문제가 아니라고 생각한다는데, 너무나도 답답합니다.

정태인 선생님께서는 한미 FTA 관련 강의를 벌써 400회 가까이 하고 계십니다. 거의 전도사나 다름없죠. 한미 FTA의 전문가이자 전도사인 정태인 선생님을 여러분께 소개합니다. (청중 박수)

정태인 안녕하세요, 여러분을 만나 뵙게 되어 영광입니다.

사회자 선생님께서는 방송 토론 프로그램에 많이 나오셔서, 오늘 처음 뵙는데도 꼭 '아는 남자' 같았어요. 일단 한겨레의 책을 찾아서 읽으시고 이 자리까지 나오신 청중 여러분 중에는 이미 알고 있는 것을 정리하고 이론화하고자 하는 교사나 학생들이 많으시잖아요. 이런 분들께 꼭 전달하고픈 전략, 전술이 있으실 것 같아요.

정태인 전략, 전술이라는 말은 제가 십 년만에 써보는 말인 것 같습니다. 의외로 경제 문제에 대해서는 많은 분들이 확신이 없으세요. 물론 경제 이론에 따라서 한쪽에서는 이렇게 말하고 또 다른 쪽에서는 다르게 말하니 그런 면도 있겠습니다만, 본인이 가지고 있는 지식을 옆 사람에게 전달하려면 막상 생각이 떠오르지 않는 경우가 많지요. 그래서 한미 FTA에 반대한다든가 현재의 신자유주의적인 정책들, 시장만능의 정책에 반대하는 생각을 가지고 계시더라도 이런 강의를 들으시면 훨씬 더 구체적으로 이해할 수 있습니다. 또 우리만 알면 되는 것이 아니라, 옆 사람에게 이야기해주는 게 대단히 중요합니다. 그래서 많은 국민들이 현재 정부의 정책기조를 비판하는 분위기가 조성되어야만 정책이 비로소 바뀔 수 있습니다. 오늘은 정부가 추진하는 정책의 큰 흐름이 어떠한지 이야기를 드리고자 합니다.

할 머 니 , 할 아 버 지 도 이 해 할 수 있 는 한 미 F T A

사회자 많은 학생들이 정말 상관없을 것 같은 재테크에만 관심을 갖고 한미 FTA는 자기와 전혀 먼 이야기라고들 알고 있는데, 도시에 살고 있는 20대들도 이 일을 피부로 느껴야 하잖아요. 이런 젊은이들부터 시작해서 우리나라의 정말 다양한 층의 사람들이 지난 400회의 강의를 들었을 텐데요. 각 대상에 맞게 강의하시는 노하우가 있나요?

정태인 2006년 2월에 한미 FTA 협상이 시작되었으니까, 제가 4월부터 이 문제를 폭로하고 다녔는데요. 열 번째 강의였던가, 담양에 갔는데 풍물놀이도 하고 해서 사람을 많이 모아놨더라고요. 그런데 강의장에 들어가는 순간 눈앞이 하얘졌어요. 정말로 앉아 계신 분들의 머리가 모두 하얀 거예요. 제가 강의에 영어도 많이 섞어 쓰고 그랬는데, 심지어 한미 FTA도 영어잖아요. 이런 분들께 뭔가를 전달하려고 하니까, 이야기가 점점 쉬워질 수밖에 없었습니다. 상식적으로 알아들을 수 있는 수준으로 강의하게 된 거죠. 70대 할머니, 할아버지들이 충분히 이해하실 수 있는 내용이기 때문에 도시의 20대 학생 여러분들은 충분히 받아들이실 수 있을 겁니다.

사회자 선생님의 글이나 강의에는 박현채(朴玄埰) 선생님에 대한 이야기가 많이 나오는데요. 어떤 분이신지, 그분의 생애를 통해 어떤 이야기를 하고 싶으신 건지 간단하게 설명을 해주시지요.

정태인 예, 박현채 선생님은 제 스승입니다. 물론 대학에서 직접 저를 가르치시진 않았지만, 제가 하도 따라다녀서 '박현채 따라이스트' 라고 불리기도 했습니다. 나이가 좀 드신 분들은 아시겠지만, '민족경제론' 이라는 우리나라의 경제학을 만드신 분입니다. 당시 박정희와 완전히 대립되는 인물이었고, 1995년에 돌아가셨습니다. 소설 『태백산맥』에 '소년 전사 조원제' 라는 장이 있는데요, 이 조원제의 실제 모델이 바로 박현채 선생님입니다.

저도 처음에 선생님을 만났을 때는 그분의 삶을 이해하기 어려웠습니다. 초등학교 3학년 때 동맹파업을 주도하고, 6학년 때 집에서 『맑스주의의 기원』이라는 책이 발견돼서 처음으로 경찰서에 끌려가신 분입니다.^(청중 웃음) 그리고 중학교 2학년 때 빨치산이 되기 위해 입산하셨습니다. 어떻게 보면 남들보다 아주 압축해서 인생을 사신 거죠. 빨치산 소년돌격부대에서 활동하다가 체포되셨는데, 세무소에 있던 아버지가 돈을 써서 목숨을 건지고 바로 전주고등학교에 편입해서 1년 만에 서울대학교 경제학과에 입학합니다. 말하자면 그 시대의 천재죠.

박현채 선생님이 남겨놓으신 경제학 체계는 한미 FTA와 같은 상황이 비일비재한 글로벌한 자본주의 속에서 우리가 해야 할 경제학에 대한 이야기입니다. 주제는 '민중을 잘살게 하는 것이 진보다' 라는 것입니다. 유시민 씨가 자기 책에서, "박현채 선생이 살아 계셨더라면 한미 FTA를 찬성하셨을 것이다"라고 했는데, 절대로 그렇지 않습니다. 이따 설명을 드리겠습니다만, 한미 FTA는 대다수의 국민에게 큰 피해를 주게 되기 때문에 민중을 위한 경제학을 주창하신 선생께서는 절대적으로 반대하셨을 겁니다.

　　우리 사회가 완전히 민주화돼서 조선대학교 교수가 되기 전까지, 그분은 한 번도 제대로 된 직장을 가져본 적이 없습니다. 그래서 그 동안 굉장히 많은 글을 쓰셨는데, 그것들을 체계화하고 그 이론을 1970년대가 아닌 2010년대의 한국에 적용하기 위해서는 많은 연구가 필요하죠. 평전도 제대로 없어서 제가 그 작업을 꼭 하고자 하는 결심을 한 상태고, '글로벌 시대의 민족경제론'이라는 이론을 만드는 것이 공부하는 사람으로서 제 목표입니다.

사회자 진중권 교수께서도 지난 시간에 이런 말씀을 하셨죠. "수많은 악플과 협박이 나를 공격하지만, 그럼에도 불구하고 계속 이렇게 떠드는 것은 이것이 내가 지식인으로서 이 공동체 안에서 해야 할 일이기 때문이다." 정태인 선생님도 이런 말씀을 계속 하셔야 한다는 게 결코 편하지만은 않으실 거예요. 절친한 사이인 유시민 의원과 멀어질 수밖에 없는 운명이 된 것도 유쾌하지 않으셨을 테고요. 불편한 진실을 폭로하는 지식인으로서 스트레스가 있으시죠?

정태인 그렇죠. 술 마시면서 풉니다. ^(청중 웃음) 할 수 없죠, 뭐. 해야 하는 일인 걸요.

사회자 오늘은 아무래도 부담 가는 이야기, 당장 스크럼 짜고 밖으로 나가서 뭔가 해야만 할 것 같은 다급한 마음을 먹게 하는 이야기를 듣게 될 텐데요. 그래서 제가 강의 전에 선생님께 "늘 이런 이야기만 하시려면 힘드시겠어요" 하니까, "즐겁게 해야죠, 즐겁게"라고 대답하시더라고요. 그때 저는 '아, 길게 가는 사람은 저렇게 하는 거구나' 하는 생각이 들었어요. 저는 이런 이야기를 들으면 금방 흥분해서 짧게 일어섰다가 식고 마는데,

브레히트가 말한 '장기적인 분노'가 필요하다는 것을 깨닫게 되더라고요. 선생님께서는 이것을 장기전으로 생각하시기 때문에 여러분께 "즐겁고 쉽게 가자"라고 말씀하실 수 있는 것 같습니다. 그런데 설마, 진짜 즐겁게 생각하고 계신 건 아니죠?

정태인 아니, 저는 제가 그렇게 멋있는 사람인 줄 몰랐습니다. 지금 오지혜 선생님 말씀을 우리 마누라가 꼭 들어야 하는데, 이거. (청중 웃음)

사회자 이명박 대통령이 그런 말을 했다고 하죠. "우리 국민 모두에게는 '할 수 있다 DNA'가 있다"라고요. 놀라운 사실을 알려주셨는데, 정말 그렇다면 우리가 노력할 필요도 없죠. 늘 의지가 강하고 의욕이 솟는 DNA가 있다면, 맘 편하게 살아도 얼마든지 성공할 수 있잖아요. 오늘 정태인 선생님은 우리에게 '해도 안 되는 게 있다'는 것을 알려주실 겁니다. 박수로 선생님의 강의를 청하겠습니다. (청중 박수)

노 무 현 의 배 신 , 이 명 박 의 배 신

정태인 저는 노무현 전 대통령의 경제 비서관이었습니다. 경제 가정교사로 알려져 있었죠. 그런데 2006년 4월에 제가 진행하던 CBS 〈시사자키〉라는 방송에서 처음으로 한미 FTA가 얼마나 준비 없이 진행되고 있는지, 미국과 맺으려고 하는 이 협정이 얼마나 무서운 것인지 폭로했고, 다음날 '조중동'에는 이런 기사가 떴습니다. "왕의 남자, 배신하다." 그러나 이것은 사실이 아닙니다. 노무현 전 대통령이 스스로 밝혔다고 합니다. "한미 FTA에 관한 한, 내가 이정우(전 대통령자문 정책기획위원회 위원장)와 정태인을 배신한 것이다."

그런데 정말로 노 전 대통령이 잘못한 것은 국민을 배신한 것입니다. 대통령 후보로 노무현 씨가 나왔을 때 국민들은 '아, 저 사람이 대통령이 되면 서민들의 삶이 좋아지겠구나'라고 생각하고 찍었습니다. 물론 서민을 위한 정책이 많았습니다. 이명박 정부와는 아주 달라요. 오늘은 이명박 정부의 정책 전반에 대한 이야기를 하게 될 텐데요, 하다 보면 한미 FTA와 똑같아요. 참여정부의 서민을 위한 정책들을 모두 인정하지만 그런 모든 노력을 한 번에 뒤집어버린 것이 한미 FTA입니다. 이명박 정부의 '시장에 모든 것을 맡기면 다 해결된다'는 식의 정책기조는 한미 FTA와 같은 맥을 가지고 있습니다.

이명박 정부가 내놓았던 대표적인 경제 정책은 '747공약'입니다. 10년 내에 7퍼센트 성장, 일인당국민소득 4만 불, 세계 7개 경제대국을 달성하겠다는 약속이죠. 그런데 여기서 7퍼센트 성장이 어떻게 나온 계산인지 아십니까? 대선 때 한나라당의 정책공약집을 보신 분이 계신지 모르겠습니다만, 저도 이걸 보고 놀랐습니다.

강만수 현 기획재정부 장관이 짜낸 정책이겠지만, 이명박 대통령이 동서독 통일을 열심히 공부하셨다고 합니다. 그런데 독일 통일의 비용이 서독의 GDP만큼 들더라는 겁니다. 그래서 10년 뒤에는 현재의 GDP를 두 배로 늘려놓아야겠다고 생각하고, '$x^{10}=2 \therefore x=1.07$' 이런 공식이 나온 겁니다. 저는 경제성장률 목표를 이렇게 설정한 것은 처음 봤어요. 그런데 이건 맞지 않아요. 왜냐면, 동독과 서독이 통일할 때, 서독의 GDP는 동독의 3배였습니다. 남한의 GDP는 북한의 20배예요. 북한의 경제 수준을 남한만큼 끌어올리려면 x^{10}은 7~8이 돼야 해요. 그러면 x가 1.2는 돼야겠죠. 왜 20퍼센트 성장시킨다고 하지 않았는지 모르겠어요.

　이렇게 인구가 늘지 않고 GDP가 7퍼센트 성장하게 되면 현재 세계 GDP 수준에서 7위쯤 됩니다. 이탈리아 정도 수준이죠. 그런데 이 목표를 달성하려면 10년 동안 다른 나라들은 성장률이 0퍼센트여야 해요. 남들이 가만있어야 우리가 7등이 되는 겁니다. 목표를 어떻게 설정했든 이런 계산이 나왔어요. 그런데 이걸 실천하는 방법은 아까 오지혜 선생님이 말씀하셨듯이 한국인의 몸에는 '할 수 있다 DNA'가 있어서, 하면 된다는 겁니다. 사실 이건 아주 위험한 발상이에요. 게르만 민족의 우수성을 이야기했던 나치 같은 발상이잖아요. 따지고 보면 이명박 대통령직 인수위원회가 일을 시작한 지 이제 40일 됐는데, 진중권 선생 말처럼 5년 지난 것 같아요. 이 인수위원회가 지난 40일 동안 내놓은 정책들은 747을 이루기 위한 것으로, 수도권 규제 완화, 공기업 민영화, 금산 분리 완화, 법인세 감세, 그리고 한반도 대운하입니다. 이 정책들을 통해 747을 이루겠다는 겁니다. 제가 이따 설명을 드리겠습니다만, 실제로 가능합니다. 불가능한 숫자는 아니에요.

　제가 청와대 비서관으로 있을 때, 재벌들이 가장 원하는 것 세 가지가 있었습니다. 첫째는 수도권 규제 완화입니다. 수도권 규제는 서울이 너무 과밀해지다 보면 환경 파괴가 일어나니까 그린벨트 같은 것으로 묶어놓은 겁니다. 그래서 공장도 마음대로 세우지 못하게 한 건데, 이 규제 푸는 것을 재벌들이 가장 원했습니다. 두 번째는 출자총액제한제 폐지입니다. 우리가 외환위기를 맞았을 때, 재벌들이 문어발 식으로 너무 많은 곳에 투자했다가 한 군데가 무너지니까 우르르 무너지는 것을 보고 문어발 식 투자를 막기 위해 만든 장치가 출자총액제한제입니다. 외환위기 때 크게 망한 회사 중에 삼성자동차라는 게 있습니다. 지금의 르노삼성이지요. 그 회사는 오로지 이건희 회장이 자동차를 좋아하기 때문에 설립한 회사입니다. 기술도 없이 왕창 투자했다가 실패하니까 삼성자동차를 그룹에서 빼내지 않으면 다른 계열사까지 망하게 생겨서 출자총액제한제라는 게 만들어진 것입니다. 세 번째가 금산 분리 완화입니다. 금산 분리는 금융과 산업을 분리하는 것입니다. 기업이 은행을 소유하면 안 된다는 거예요. 또는 은행이 기업을 소유하면 안 된다는 겁니다.

이 세 가지를 그렇게 원했는데, 이른바 진보적 경제학자라고 하는 이정우 선생이나 저나 "이것만은 절대로 안 된다"라고 주장하면서 온몸을 바쳐서 겨우 지켜냈습니다. 그런데 지난 40일 동안 이 세 가지 규제 완화를 전부 다 들어준 겁니다. 그럼 어떤 일이 벌어질까요? 출총제, 금산 분리, 수도권 규제 이 세 가지를 완화하면 어떤 일이 벌어지는 걸까요? 일단 재벌은 은행을 소유할 수 있게 됩니다. 이제 자기 돈 들일 필요도 없어요. 수도권 규제 완화되면 은행 돈 빌려서 땅 사고 건설 경기를 일으킵니다. 투자를 막던 장치를 다 풀어버렸으니, 마음대로 내 돈, 남의 돈을 쓸 수 있습니다. 수도권 집 값과 땅 값은 올라가게 돼 있습니다. 붐이 일어나는 거죠. 건설 경기는 경제를 가장 빨리 성장시키는 길입니다.

여기다 한반도 대운하까지 하면 전국을 투기장화하겠다는 이야기입니다. 전국을 파헤치면 물론 공사 장비도 쓰이고 고용되는 사람도 있으니 성장률은 올라갑니다. 2퍼센트 이상 올라갈 수 있습니다. 이게 문제인 거죠. 한반도 대운하는 상식적으로 말이 안 되는 정책입니다. 서울에서 부산까지 운하로 연결한다면 우리나라의 특수한 지형 때문에 조령을 중심으로 배가 산으로 올라가야 합니다. 그래서 보를 다 막고 물을 채워넣겠다는 겁니다. 강이 흐르는 것을 막으면, 강물은 썩습니다. 제가 영국에서 한 2년 살았는데, 런던의 템스 강은 한강보다 훨씬 작습니다. 그런데 배가 다녀요. 어떻게 이런 일이 가능한가 했더니 런던에는 일 년 내내 비가 똑같이 옵니다. 부슬부슬부슬. 굉장히 기분 나빠요. 그런데 우리나라는 비가 여름에 몰아서 옵니다. 한반도 대운하 유역은 전부 홍수가 나게 돼 있어요. 겨울에는 물이 말라버리니까 물을 채워놔야 되잖아요. 그러니까 썩고, 여름에는 홍수 나고……. 이런 걸 지금 하겠다는 겁니다. 오로지 하나 때문이죠. 건설 경기 부양.

거 꾸 로   가 는   7 4 7   정 책

감세라는 것은 세금을 줄여주겠다는 것이죠. 이미 정부는 법인세를 5퍼센트 인하하겠다는 정책을 발표했습니다. 약 8조 원의 세금을 깎아주는 겁니다. 법인세는 기업들이 내는 세금인데, 영세한 중소기업은 이미 면세기 때문에 8조 원의 대부분은 대기업들이 감세 받는 부분입니다. 그런데 우리나라 1000대 기업이 현금으로 가지고 있는 돈이 지금 350조입니다. 재벌들이 돈 없어서 투자 안 하는 게 아니에요. 증권이나 부동산에 투자하는 게 훨씬 이익이 되니까 제조업에 투자 안 하는 거죠. 8조 원 더 준다고 해서 재벌들이 공장 짓고 설비 투자하지 않습니다. 오히려 그 돈은 빠져나갑니다. 지금 우리나라 무역수지가 적자로 돌아섰는데, 무역외수지는 더 심합니다. 우리나라 GDP의 2퍼센트 정도가 무역외수지 적자예요. 무역외수지란 외국에서 돈 쓰는 겁니다. 해외유학, 해외여행, 해외부동산으로 돈이 빠져나가고 있는 겁니다. 부자들 감세해줘봐야 그 돈은 밖으로 빠져나갑니다. 반면에 가난한 서민들 세금을 깎아주거나 보조금을 주면 그건 국내에서 소비돼요. 그러면 우리나라 GDP가 늘어날 수 있습니다.

정책을 거꾸로 쓰고 있는 겁니다. 건설 경기 빼고는 오히려 국내 소비를 줄이는 정책입니다. 지금 기업들의 세금을 깎아주면 재정 적자가 생기겠죠. 나라도 빚이 많아집니다. 나라의 빚이 많아졌을 때 정부가 쓸 수 있는 정책이 바로 공기업 민영화입니다. 공기업 중에는 굉장히 큰 기업이 많아요. 특히 우리가 중요하게 생각해봐야 할 게 네트워크 산업입니다. 네트워크 산업이란 네트워크를 가진 산업들이에요. 전기, 철도, 수도, 가스, 우편 등이 되겠죠. 철도의 레일, 수도의 파이프라인, 우체국의 우편망 등 네트워크로 전국 곳곳에 재산을 가지고 있는 산업입니다. 전국 방방곡곡에 없는 데가 없는 게 바로 우체국입니다. 이걸 누구한테 판다고 생각해보세요. 이런 어마어마한 재산을 누가 살 수 있겠어요? 국내 재벌 아니면 외국 기업밖에 없습니다. 이걸 팔면 돈이 왕창 들어오잖아요. 단기간에 재정적자를 메우는 방법으로 이런 민영화를 추진합니다.

네트워크 산업 민영화는 우리나라에서 이미 시작되었습니다. 외환위기 때 IMF가 돈을 빌려주면서 네트워크 산업 민영화를 요구했고, 그때 민영화된 게 포스코와 케이티입니다. 아까 오지혜 선생님과 식사를 하면서 들었는데, 외딴 곳에 이사를 가셔서 전기를 끌어오느라 전봇대 세 개를 세우셨답니다. 그런데 이제 민영화가 되면 이런 건 불가능합니다. 네트워크 산업은 인구가 희박할수록 1인당 비용이 기하급수적으로 증가합니다. 기차가 수도권에서 1킬로미터를 달리나, 산간벽지에서 1킬로미터를 달리나 들어가는 비용은 비슷하겠죠. 에너지가 들어가고 승무원이 있을 것 아녜요? 근데 서울에서는 천 명이 타지만 시골에서는 열 명밖에 안 탑니다.

시장에는 '수익자 부담의 원칙'이 있습니다. 수익을 얻은 사람이 비용을 부담해야 한다는 원칙입니다. 그러면 서울 사람은 비용의 천 분의 일을 내면 되지만, 시골 사람은 십 분의 일을 내야 합니다. 그러니까 비용이 확 올라가죠. 마찬가지로 수도권의 아파트 밀집 지역에 전봇대를 하나 세우면 백 가구에 공급할 수 있습니다. 그런데 오지혜 선생님처럼 저 산골에서 외따로 살면 그 집만을 위해 전봇대를 열 개 세워야 합니다. 수익자 부담의 원칙을 따르면 수도권에서는 백 분의 일의 비용을 내면 되지만 오지혜 선생님은 열 개의 전봇대 값을 다 물어야 하는 것이죠. 그 사람을 위해서 세웠으니까. 그런데 지금 실제로 이렇게 지불하나요? 안 그렇습니다. 외딴 곳이 조금 더 비싸긴 합니다만, 정부가 모든 지역의 비용을 비슷하게 설정하기 때문입니다. 수도권에서 돈을 더 많이 내서 지방에 보조해주는 셈입니다. 이것을 '교차보조'라고 이야기합니다.

그런데 이번 기획재정부의 업무 보고를 보면 '교차보조금의 폐지'가 들어 있습니다. 교차보조금이 없으면 시골에 철도가 다닐 이유가 없잖아요. 삼성 철도가 생긴다고 생각해보세요. 독점입니다. 삼성이 하면 뭘 해도 다르니, 철도가 좋아지겠죠. 돈 많이 낸 사람에게는 분명히 더 좋은 서비스를 제공할 거예요. 그러나 보통 사람, 가난한 사람, 시골에 사는 사람에 대한 서비스는 끊깁니다. 우리가 한번 이건희 회장의 입장에 서봅시다. 아까처럼 지역에 따라 비용이 하늘과 땅 차이라면 가격을 어떻게 설정하겠어요? 수도권에서는 이전과 똑같이 돈을 받으면 불만이 없을 거고, 비용이 많이 드는 지역은 서비스의 공급을 끊어버립니다. 이게 돈을 제일 많이 버는 방법이죠. 시골의 기차 요금을 열 배로 올리면 비싸니까 사람들이 안 탈 것 아니에요? 그러면 비용이 증가해서 가격을 더 올려야 해요. 그러다 보면 결국 시골의 철도 서비스는 끊어집니다.

'에이, 경제학 이론으로 그렇게 설명하면 되나' 하시는 분들 계시겠죠. 하지만 천만에요. 네트워크 산업의 민영화를 실시한 모든 나라에서 일어난 현실입니다. 원래 네트워크 산업이란 이 교차보조 때문에 국가가 하도록 되어 있는 겁니다. 그런데 1980년대에 영국의 대처(Margaret Thatcher)와 미국의 레이건(Ronald Reagan)이 이 산업의 민영화를 시작했습니다. 일본도 철도를 민영화했어요. 그랬더니 서울, 대전, 대구, 부산과 같은 큰 줄기가 되는 간선은 살아남았습니다. 그런데 시골로 들어가기 위해 기차를 갈아타야 하는 지선은 다 끊어졌습니다. 왜? 운영해봐야 돈이 안 되니까. 그리고 네트워크 산업을 민영화하면 사고가 많이 납니다. 영국 정부는 철도 민영화를 하면서 이런 일이 일어날까 봐 브리티시 레일의 요금을 많이 올리지 못하게 했어요. 그런 경우, 이익을 많이 내는 방법은 비용을 줄이는 거죠. 그러니까 직원 수를 줄이고 유지 보수를 잘 하지 않습니다. 세계에서 제일 정확하고 안전하다던 브리티시 레일이 제가 살던 2년 동안 두 번이나 큰 사고를 냈습니다. 사고가 터질 수밖에 없죠. 결국 최근에 브리티시 레일은 부분적으로 다시 국유화했습니다.

지금 이명박 정부가 참여정부 때부터 시작한 것 중에 서두르고 있는 것이 물 민영화예요. 아마 고향의 물이 민영화되었다는 이야기를 들으신 분들도 계실 겁니다. 많은 곳에서 지금 물 민영화를 놓고 싸우고 있습니다. 물을 민영화하면 이것과 똑같은 현상이 일어나요. 시골의 외딴집에는

21세기를 사는 지혜, 배신

그 집만을 위한 수도 파이프라인을 깔아야 하잖아요. 그걸 민간회사가 하겠어요? 절대로 안 합니다. 그리고 전체적으로 수도요금이 올라갑니다. 네트워크 산업은 독점이 되기 쉽기 때문에 가격이 올라갑니다. 그리고 수질이 나빠집니다.

이게 후진국에서 일어나는 일이 아닙니다. 『바람과 함께 사라지다』로 유명한 미국의 애틀랜타 시는 수에즈라는 프랑스 회사와 20년 계약을 맺고 상수도를 팔았어요. 그랬더니 비용을 줄이기 위해 수질 관리를 제대로 안 하는 바람에 콜레라와 이질이 발생했어요. 심지어는 시내에서 불이 나도 끄지를 못했어요. 수도 사업에서 비용을 낮추는 가장 좋은 방법은 수압을 낮추는 것이거든요. 수도가 완벽하질 않잖아요. 관에 구멍도 나고 부실한 부분도 많을 텐데, 수압이 높으면 그런 곳으로 물이 다 빠져나가니까 수압을 낮추면 바로 비용이 내려갑니다. 그런데 이렇게 수압을 낮춰 놓으니 불이 나도 물차에서 물이 세게 나가질 못하는 거예요. 그래서 애틀랜타 시는 8년 만에 계약을 해지했습니다. '우리도 해보고 안 좋으면 해지하면 되겠지'라고 생각하실지 모르지만, 안 됩니다. 한미 FTA 때문에 안 됩니다. 이 부분은 좀 있다가 다시 말씀 드리겠습니다.

우체국 민영화는 한미 FTA에서 이미 약속했습니다. 5년 뒤에는 정부 독점을 풀겠다는 약속을 김현종 본부장이 했습니다. 철도, 전기, 가스, 수도가 끊어지면 시골에서는 어떻게 살 수 있을까요? 살기 어려우니까 서울로 더 많이 올라오겠죠. 수도권 과밀은 더 심해지고, 시골은 더 살기 어려워집니다. 이렇게 되면 나라가 두 조각이 납니다.

땅 파는 것보다는 가치재 투자가 낫다

또 하나 큰 문제가 닥치고 있는 것은 제가 '가치재 산업'이라고 부르는 분야인데, 바로 교육, 의료, 주거입니다. 자립형사립고를 많이 지어서 교육 문제를 해결하고, 병원당연지정제를 폐지하고 민간 의료보험을 확대하는 것이 이명박 정부의 핵심 정책입니다. 건강보험증을 가지면 못 가는 병원 없죠? 작은 병원부터 삼성의료원까지 다 갈 수 있습니다. 아, 못 가는 병원 있습니다. 국군병원.(청중 웃음) 이렇게 모든 병원을 다 갈 수 있게 한 제도가 바로 병원당연지정제입니다. 우리나라 건강보험은 사회 보험이라서 여기에 우리나라 병원이 다 연결돼 있는 거예요. 당연히 지정됐다고 해서 당연지정제예요. 그리고 모든 국민이 의무적으로 건강보험에 가입해야 합니다. 이걸 강제 가입이라고 합니다. 이게 우리나라 건강보험의 두 가지 특징입니다. 그리고 이명박 정부는 이 두 가지 제도를 없애겠다는 거예요. 민간 병원이 수익을 누리게 하면, 자유롭게 경쟁하기 위해 의료 기술과 서비스의 수준이 높아진다는 것이 이명박 정부 정책의 모토입니다.

부자들이 우리나라 의료에 대해 갖는 바람은 세 가지입니다. 첫째는 줄 안 서는 것, 특별한 경우에는 다른 경로를 통해 진찰받겠지만, 일반적으로 우리나라 병원은 선착순입니다. 그리고 우리나라는 5분 진료잖아요. 의사들이 뭐 설명해주는 거 보셨어요? 부자들은 30분 이상 자기만을 위한 친절한 진료를 원합니다. 그리고 마지막으로 1인 병실을 원합니다. 그들은 다른 사람과 같이 있는 것을 별로 원치 않아요. 그래서 이 세 가지만 충족된다면 돈을 얼마든지 낼 용의가 있는 사람들이에요. 2천만 원짜리 민간 의료보험을 들면 이 세 가지를 들어준다고 했을 때, 그걸 살 거예요. 그럼 그 보험회사는 부자들이 좋아하는 큰 병원들과 계약을 맺습니다. 이 보험증을 가진 환자들에게는 줄 설 필요 없이 30분 진료를 해주고 1인 병실을 제공하라고 병원에 요구합니다. 이것을 당연지정제와 반대되는 계약지정제라고 합니다.

이 제도를 통해 셋 다 행복해집니다. 병원도 행복하고 보험사도 행복하고 부자도 행복합니다. 2천만 원을 낸다 해도 부자들은 병원에 잘 가지 않습니다. 재산과 질병은 정확히 반비례하거든요. 가난한 사람은 작은 질병이 생겼을 때 고치지 않고 키워서 나중에 더 큰 돈을 들이고, 부자들은 평소에 열심히 운동하고 정기적으로 건진을 받습니다. 그러니까 보험료는 많이 내면서 보험금은 거의 받아 가지 않는 것이죠. 이 이익을 큰 병원과 큰 보험회사가 나누어 갖는 겁니다.

2천만 원짜리 보험이 생기면, 1500만 원짜리 보험도 생깁니다. 20분 진료, 2인 병실을 제공하는 보험이겠죠. 그 다음에는 천만 원짜리가 생깁니다. 그 다음에는 5백만 원짜리가 생깁니다. 그리고 나머지 가난한 사람들을 위한 보험은 없어집니다. 당연하게 없어져요. 가난한 사람들은 보험료를 많이 못 내죠? 그러니까 처음에는 백만 원짜리 보험을 모집할 거예요. 그런데 이 사람들은 병원에 자주 갑니다. 보험료는 조금 내고 보험금은 많이 받아 가니까 그 보험은 항상 적자가 날 수밖에 없어요. 그렇다고 보험료를 올리면 가입을 못하잖아요. 그런 기본 서비스만 제공하는 저가 보험은 자동적으로 없어집니다.

지금은 전 국민을 위한 건강보험이 존재합니다만, 부자들만을 위한 의료보험을 허용하면 건강보험 역시 자동적으로 사라집니다. 경로는 세

가지입니다. 첫째는 병원들이 건강보험을 받아야 하는 당연지정제 병원 명단에서 빼달라고 할 겁니다. 우수한 의사들은 그런 병원으로만 들어가 겠죠. 드라마 〈뉴하트〉의 지성이 광의대학교 흉부외과에 어떻게 들어갔 어요? 아무도 지원하지 않으니까 들어갈 수 있었죠. 그러면 광의대학교 인턴들은 다 어디로 갔을까요? 성형외과로 갔겠죠. 왜? 성형외과는 건강 보험이 적용되지 않으니까 돈을 많이 벌 수 있거든요. 그리고 조금 더 시 간이 지나면 부자들이 자기들을 건강보험 명단에서 빼달라고 할 겁니다. 2천만 원짜리 민간 보험을 가지고 머리끝에서 발끝까지 다 관리하고 있는 데 건강보험에 또 가입하라고 하니 당연히 빼달라고 요구하겠지요. 부자 들은 누진이 적용돼서 건강보험료도 비싸거든요. 일전에 이 문제를 가지 고 위헌소송이 있었지만, 헌법재판소에서는 건강보험의 강제가입이 정당 하다고 정부의 손을 들어줬어요. 그런데 시간이 흘러서 민간 보험 가입자 가 늘어난다면 이건 압력이 됩니다. 만약 헌법재판소의 판사들이 다 민간 보험에 가입했다고 해봐요. 어떤 결론을 내릴 것 같습니까? 부자들이 건 강보험에서 빠져나가는 순간 건강보험은 적자가 날 수밖에 없겠죠. 그래 서 보험료를 올리면 남아 있던 사람 중에 돈 있는 사람들이 나갑니다. 이 런 식으로 가난한 사람을 위한 보험은 없어지는 거예요.

이걸 경제학에서 '역선택의 이론' 이라고 하는데요, 경제 이론을 가지 고 거짓말한다고 생각하실지 모르겠습니다. 결과는 바로 확인할 수 있습 니다. 마이클 무어 감독의 영화 〈식코〉(Sicko)를 보십시오. 여러분, 보험 이 없다고 생각하면 우선 큰 병이 걱정되시죠? 그래서 우리가 암 보험 같 은 것들을 들어두는 거잖아요. 그런데 보험이 없으면 작은 병도 문제가 됩니다. 〈블리딩〉(Bleeding)이라는 미국의 다큐멘터리가 있는데, 흑인

아줌마가 손가락을 다쳐요. 가만 놔두니까 손가락이 곪았어요. 그런데도 병원에 못 갑니다, 십만 원이 없어서. 이분은 보험이 없거든요. 결국은 병을 키워서 자기가 스스로 손가락을 잘라버립니다. 〈식코〉에도 일을 하다가 손가락 두 개가 잘린 사람의 이야기가 나옵니다. 이 사람은 민간 보험에 들었는데, 병원에 갔더니 손가락 접합하는 데 하나는 천오백만 원, 하나는 오백만 원인가를 내야 해요. 그러니까 하나만 붙이고 나옵니다. 여러분도 주위에서 많이 보셨을 거예요. 공부하러 미국에 가 있던 사람들도 수술하려면 한국에 들어와서 하고 갑니다. 그게 비행기 값까지 합한 것보다 더 싸요. 이게 민간 의료보험의 실상이에요. 부자들을 위한 고급 서비스 시장은 커지지만 가난한 사람들을 위한 서비스는 없어져버리는 것이 우리들의 미래입니다.

공교육, 사교육 정책도 마찬가지입니다. 사람들이 교육에 대해서는 대단히 이중적이에요. 모두들 공교육 강화해야 한다고 이야기해요. 그런데 아마 교육세 만 원씩 올린다고 하면 난리가 날 겁니다. 혁명이 일어날지도 몰라요. 하지만 최근 통계를 보면, 사교육비로 가구당 평균 월 25만 원씩을 지출하고 있다고 합니다. 실제 사교육비는 그것보다 더 많을 거예요. 빈부격차가 아주 심한 부분이거든요. 못 시키는 사람도 있지만 몇 백만 원짜리 과외를 시키는 사람도 있어요. 사교육비가 일 년에 20조이고, 우리나라 대학 등록금을 다 합친 게 12조입니다. 아까 법인세 8조 깎아주기로 했다고 했잖아요? 이명박 정부가 그걸 안 깎아주고 그 돈을 대학에 투자하면, 등록금이 당장 3분의 1로 줄어들겠죠. 사교육에 돈이 쏠리면 공교육은 죽을 수밖에 없습니다. 둘 사이에 정확하게 경계를 그어서 공교육을 보호하지 않으면 사교육이 자꾸 영역을 넓히는 것입니다. 그러다 보면 역시 가난한 사람들을 위한 교육은 없어지고 맙니다. 이런 경쟁이 계속되면 부모의 경제력과 엄마의 정보력이 자식의 학력이 되고, 이 게임에서 보통 사람들은 다 지게 됩니다. 어떻게 이길 수 있겠어요? 재산 싸움을 하는데…….

그래서 교육을 포기하게 되면 그 나라의 경제 성장률은 확 떨어집니다. 미국은 흑인들이 바로 그런 계층이 되었죠. 영국은 원래 발달된 복지국가이기 때문에 빈부격차는 훨씬 덜합니다. 미국보다 살기 편안해요. 그러나 아이들은 꿈을 잃어버린 지 오랩니다. 남자아이들에게 꿈이 뭐냐고 물어보면 70퍼센트가 똑같은 대답을 해요. 뭘까요? 베컴(David Beckham)입니다. (청중 웃음) 그 수많은 아이들 중에 한 명이 나올까 말까 한 꿈을 그 수많은 아이들이 똑같이 갖고 있는 거예요. 장래에 희망이 별로 없다는 이야깁니다. 그러면 성장률은 뚝 떨어져요. 우리나라의 경제 성장을 설명하는 이론은 굉장히 많습니다. 좌파도 있고 우파도 있어요. 그러나 그 모든 경제학자들이 모두 동의하는 것은 '한국의 교육열이 한국의 경제 성장을 만들어왔다'는 것입니다. 그러나 이제 한국의 경제 성장은 교육 때문에 망할 지경에 이르렀습니다. 지금 나는 이렇게 살아도 내 자식만큼은 신분 상승을 시켜보려고 교육에 투자했던 거 아니에요? 그리고 그게 힘이 돼서 경제가 성장한 건데, 신분이 상승할 가능성이 전혀 없다면 교육에 투자를 안 하게 되겠죠. 그러면 성장률은 뚝 떨어집니다.

경기가 침체했을 때 국민들이 소비할 수 없으니까 정부가 지출을 늘리는 건 맞아요. 그게 케인스(John Keynes) 식 경제입니다. 하지만 땅을 파는 것보다는 교육과 의료에 투자하는 게 훨씬 생산성이 높습니다. 지금 경기 나쁘다고 하잖아요? 이때야말로 공교육과 공공의료에 투자한다면 장래 우리나라의 생산성은 훨씬 높아집니다. 그런데 지금 이명박 정부의 정책은 거꾸로 가고 있는 거예요. 전부 시장에 맡기니 고급 시장은 생깁니다만, 보통 사람들을 위한 시장은 없어지는 겁니다. 양극화가 굉장히 심해지는 것이죠. 참여정부 때 양극화가 심해졌다고 비판합니다만 그래도 분배에 상당히 신경을 쓴 정부인데, 이제 분배는 완전히 내팽개치고 오히려 양극화가 심해지는 정책을 쓰고 있는 겁니다. 규제 완화, 공기업 민영화, 다 그런 정책입니다.

이제 한미 FTA에 대해 정부 차원에서 할 일은 다 끝났습니다. 양국의 의회, 국회 비준만 남겨놓고 있습니다. 하지만 금년에 비준될 가능성은 없습니다. 미국에서 안 해요. 한국에서 미국산 자동차 점유율을 보장하라는 겁니다. 그걸 어떻게 보장해요? 미국 자동차가 팔려야 가능한 일이죠. 그런데 우리 정부가 뭐라고 대답했는지 아세요? 고속도로 순찰차를 미국 차로 바꾸겠다고 했어요.(청중 웃음) 이게 한미 FTA 협상 중에 우리 정부가 내놓은 답변입니다. 천재죠? 미국 비위 맞출 때는 엄청나게 머리 잘 굴립니다.

정부는 광우병의 위험을 잘 알고 있다

쇠고기는 광우병이 문제입니다. 제가 영국에 살 때 광우병이 발생했습니다. 지지리 복도 없죠. 그때 저희가 왜 영국을 택했냐면, 바로 미국의 의료보험 때문이었어요. 아이들 둘이 한꺼번에 감기 걸리면 20~30만 원이 들어가는데 그걸 감당할 자신이 없어서 영국으로 간 겁니다. 영국은

NHS(National Health Service)라고 해서 국가가 국민의 모든 의료를 보장해줍니다. 여러분이 영국에 놀러갔는데 갑자기 어딘가가 아프다면 보이는 병원 아무데나 들어가면 됩니다. 이름 안 물어봐요. 키 재고 몸무게 잰 다음에 히스토리를 물어봅니다. 그때 자랑스러운 한국의 역사를 이야기하시면 안 됩니다. (청중 웃음) 과거 병력을 말씀하시면 되는 거예요. 질병 이름을 영어로 외우는 건 정말 힘들어요. 아이가 아파서 병원에 가려면 한영사전 들고 가야 합니다. 어쨌든 병원이 공짜라서 영국에 갔는데 거기서 인간 광우병이 발생한 거예요.

광우병은 정말 무서운 병입니다. 100퍼센트 죽습니다. 한 명도 살아난 사람이 없어요. 어느 정도 공포였냐면, 아이들하고 기차 타고 여행을 가다가 밖에 소가 보이면 애들이 "미친 소"라면서 숨었어요. 우리 애들만 그러는 게 아니라 영국 애들이 다요. 본다고 걸리는 것도 아닐 텐데, 그 정도 공포였습니다. 그래서 우리는 영국 쇠고기를 한 점도 안 먹었어요. 하지만 우리 가족은 헌혈하지 못합니다. 우리 딸이 고등학교 때 헌혈하려고 줄을 섰는데, 간호사 언니가 묻더래요. 몇 년도부터 몇 년도 사이에 영국에 산 적 있냐고. 살았으니까 그렇다고 대답했겠죠. 그랬더니 "너는 광우병 환자일 수 있으니 헌혈할 수 없다"라고 하더래요. 뒤에 서 있던 애가 들었어요. 전교에 소문이 쫙 퍼졌습니다. "××는 광우병 환자라더라!" 그러나 무사히 졸업했습니다. 왜? 우리는 사실 광우병이 얼마나 무서운지 아직 잘 모르거든요. 소도 아직 광우병이 발생하지 않았잖아요. 인간 광우병이 발생하면 나라 전체가 정말 공포의 도가니가 됩니다.

광우병은 뇌의 신경 계통에 이상이 생기는 거예요. 그래서 뇌에 구멍이 뚫려서 죽습니다. 광우병은 세균 때문에 생기는 병이 아닙니다. 이것은 변형 프리온(prion)이라고 하는 단백질 때문에 걸리는 병입니다. 이 변형 프리온이 가장 많은 데가 바로 뇌, 척수, 내장, 뼈, 그리고 뼈에 붙어 있는 고기입니다. 미국, 영국 사람들은 안 먹는 부위예요. 여러분, 스테이크 먹다가 뼈가 나온 적 있습니까? 그럴 리가 없어요. 그런데 우리는 뼈를 고아 먹습니다. 이건 단백질이기 때문에 아무리 끓여도 없어지지 않습니다. 말하자면 우리는 변형 프리온을 추출해서 먹는 거예요. 이렇게 추출이 잘 된 경우를 '진국'이라고 부릅니다. ^(청중 웃음) 한국인은 소의 모든 것을 먹습니다. 제가 지금 농담처럼 이야기했지만, 정말 위험한 거예요. 실제로 의사들이나 과학자들은 한국인이 광우병에 굉장히 취약한 식생활 문화를 가지고 있다고 이야기합니다. 그걸 수입하는 거예요.

우리 가족이 헌혈 못하는 건 보건 당국이 이미 이게 얼마나 무서운지 알고 있다는 이야기거든요. 그런데 광우병이 발생한 미국의 소는 완전 자유화하라고 주장하고 있습니다. 소에게서 광우병이 발생하게 되면 십 년의 잠복기가 있습니다. 그래서 미국에서 아직 인간 광우병이 발생하지 않은 거예요. 그러니까 미국 사람들이 아직 쇠고기를 먹고 있는 거죠. 영국 사람들도 처음엔 그랬어요. 광우병 소가 처음 발견됐을 때에는 무서우니까 아무도 쇠고기를 먹지 않잖아요. 그러니까 농림부 장관이 딸하고 같이 방송에 나와서 안심해도 좋다며 시식을 했어요. 그리고 그로부터 6년 뒤에 인간 광우병이 발생해서 장관의 딸은 무사했지만 딸의 친구가 죽었어요. 웃을 일은 아니죠.

건강과 환경에 관해서는 '예방 우선의 원칙'이라는 게 있습니다. 잘 모를 때는 먼저 예방한다는 이야깁니다. 환경을 파괴할 가능성이 있으면 일단 안 한다, 건강을 위협할 가능성이 있으면 하지 않는다는 원칙이지요. 이것에 반대되는 게 바로 '증명 우선의 원칙'입니다. 해가 된다는 걸 먼저 증명하라는 거예요. 그걸 어떻게 증명해요? 먹고 나서 십 년 있어야 아는데. 지금 우리 공무원들이 수입하려는 것도 아무리 빨라도 2018년이 되어야 인간 광우병이 발생한다는 안이한 마음 때문입니다. 그러면 그때 가서 그 사람이 미국 쇠고기를 먹고 광우병에 걸렸다는 걸 어떻게 증명해요? 불가능하죠. 음식과 관련된 것을 증명하는 것은 대단히 어렵습니다. 담배가 인체에 해롭다는 것을 미국 정부가 인정하는 데 백 년 걸렸어요. 지금도 소송하죠.

한미 FTA에는 LMO(living genetically modified organism)라는 것도 포함되어 있습니다. 유전자 변형 생물체입니다. 요즘 식량 위기가 닥치니까 우리나라에서 유전자 변형 생물체의 수입을 늘렸어요. 우리의 규제 수준은 미국과 유럽의 사이에 있었습니다. 미국은 유전자 변형 생물체를 가장 많이 만드는 곳이니까 규제가 약해요. 유럽은 규제가 아주 강해서 미국 소는 한 마리도 수입 못합니다. 한국이 그 중간 수준이었는데, 미국 정부가 미국 수준으로 낮추라고 요구했습니다. 받아들였습니다. 이 결정에 보건복지부는 관여도 안 했어요. 산업자원부 국장이 사인했습니다.

LMO는 새로운 생물체예요. 이걸 먹고 무슨 일이 벌어질지는 아무도 모릅니다. 혹시 붕어를 회로 드셔보셨나요? 드셔보셨다면 그분은 창자가 금속성입니다. 붕어를 회로 먹지 않는 이유는 붕어의 몸속에 아주 작은 기생충들이 많기 때문입니다. 그래서 먹으면 창자가 뚫려서 죽을 수 있습니다. 우리가 붕어를 찜으로 먹게 된 것은 오랫동안 붕어를 먹어온 경험이 있기 때문입니다. 옛날에는 많이들 먹고 죽었겠죠. 어른들이 그걸 보고 붕어는 회로 먹는 게 아니라고 가르친 겁니다. 우리가 알고 있는 음식에 대한 지식은 수천 년에 걸쳐서 쌓여온 것이죠. 그런데 LMO는 그런 지식이 없는 음식이에요. 이럴 때 쓰는 정책은 예방 우선의 원칙입니다.

스위스도 미국과 FTA 협상을 벌였습니다. 미국이 LMO를 수입하라고 압력을 엄청나게 가했어요. 스위스 정부가 "좋다. 수입은 한다. 그런데 포장재에 LMO라고 크게 쓰겠다"고 제안했어요. 그랬더니 미국은 거절했죠. 그래서 스위스 정부는 이 문제를 국민투표에 붙였고, 국민들은 안 된다고 했어요. 그래서 협상이 결렬됐습니다. 그런데 우리는 이것을 슬그머니 인정해줬어요. 증명되기 전까지는 다 허용한다는 미국식 원칙이 관철된 겁니다. 왜 미국에서는 이런 원칙을 고수하는 것일까요? LMO를 만드는 회사들이 어마어마한 다국적 기업들이기 때문입니다. 이 곡물 회사들은 석유 회사보다도 힘이 세요. 이런 기업들이 정부에 로비를 해서 정책을 바꾸고 규제를 완화시키는 겁니다. 미국의 그 형편없는 의료제도가 도대체 어떻게 유지되는 걸까요? 클린턴이 대통령에 당선되면서 처음 내놓은 공약이 한국과 같은 의료보험제도를 만들겠다는 것이었습니다. 그러나 8년 동안 못했어요. 미국의 보험회사와 병원 기업들이 워낙 막강하니까 그들의 로비 때문에 할 수가 없었던 겁니다.

출 발 하 면 멈 출 수 없 는 한 미 F T A 의 폭 주

이명박 정부의 '시장 만능의 정책'은 한미 FTA의 이상과 똑같습니다. 규제 완화, 공기업 민영화 같은 것이 다 미국이 추구하는 것입니다. 그런데 한미 FTA는 다른 FTA와 다른 큰 특징이 있습니다. 네 가지 독소조항을 가지고 있는데요. 첫 번째, 네거티브 리스트(negative list), 두 번째, 래 칫(rachet) 조항, 세 번째, 미래의 최혜국 정책(future MFN), 네 번째, 투자 자—국가 제소권(ISD)입니다.

먼저 네거티브 리스트는 서비스 시장 개방에 대한 조항입니다. 미국 만 가지고 있는 미국식 FTA의 특징인데요. 포지티브 리스트(positive list)는 내가 개방하고자 하는 분야를 고르는 것이고, 네거티브 리스트는 개방하지 않을 분야를 쓰는 거예요. 상식적으로 네거티브 리스트가 개방 의 폭이 훨씬 넓겠죠. 게다가 이 조항의 특징은 새로 생기는 서비스 분야 는 무조건 개방해야 한다는 거예요. 미래에 생길 서비스는 알 수가 없잖 아요. 우리가 만약 30년 전에 이 리스트를 작성했다면 절대로 인터넷 서비 스를 넣을 수 없었겠죠? 모르니까. 그런데 새로운 서비스 분야는 압도적 으로 미국에서 많이 생깁니다. 금융서비스든 IT서비스든. 그럼 그 분야에 대해서는 한국은 무조건 개방한다는 겁니다. 한국의 첨단 서비스 시장은 당연히 미국 기업에게 넘어가겠죠. 미국이 개발한 서비스니까 독점 아니 겠어요?

네거티브 리스트에는 '현재유보'와 '미래유보'라는 리스트가 있습니 다. 쉽게 설명하기 위해 스크린쿼터를 예로 들겠습니다. 스크린쿼터 폐지 도 한미 FTA 4대 선결조건 중에 하나였습니다. 김현종 본부장이 미국에 가서 FTA 하자고 하도 애걸을 하니까, 미국이 스크린쿼터부터 줄이라고 이야기했죠. 그런데 이 스크린쿼터 축소는 9년 동안 미국이 요구했지만 한국의 문화부에서 받아주지 않은 거예요. 대통령이 중립을 지키면 재경 부에서 아무리 압력을 가해도 문화부 장관이 들어주지 않습니다. 그런데 대통령이 지시해서 146일을 73일로 줄였습니다. 이제 한국 영화 의무 상영일이 반 토막이 난 거죠. 그러니까 영화인들이 이 스크린쿼터를 '미래유보'에 넣어달라고 했습니다. 그런데 사실 현재유보에 들어가 있습니다. 한미 FTA 협정문을 보면 '스크린쿼터 73일'이라고 써 있죠. 73일로 줄여봤더니 한국 영화가 형편없이 망했다면, 다시 146일로, 200일로 돌아갈 수 있는 게 미래유보 리스트입니다. 하지만 현재유보에 들어가면 무슨 일이 있어도 73일 이상으로 늘일 수는 없습니다. 그리고 더 큰 문제는 바로 래칫이라는 조항이 붙어 있다는 것입니다.

래칫은 톱니바퀴의 역진을 막는 장치를 말합니다. 톱니바퀴는 두 개가 맞물려 돌아가야 정상이죠? 그런데 이 톱니바퀴들을 자세히 보면, 딸깍딸깍 걸리는 작은 장치가 달려 있어요. 톱니바퀴가 제 방향으로 돌아갈 땐 넘어가지만 거꾸로 돌아가려고 하면 꽉 물고 못 돌아가게 하는 장치죠. 그게 래칫입니다. 낚싯바늘을 보면 뾰족한 바늘 아래 다시 뾰족한 미늘이 달려 있어서 한번 물린 물고기는 빠져나가지 못하는데요, 이게 바로 래칫입니다. 거꾸로 돌아가지 못하게 하는 장치라는 말이죠. 이명박 정부가 우리 영화 산업도 경쟁력을 가지려면 이런 보호장치는 없애야 한다고 주장할 가능성이 대단히 많습니다. 그래서 스크린쿼터를 50일로 줄인다고 생각해봅시다. 현재유보에 '스크린쿼터 73일'이 들어가 있으니 50일로 줄였다가 73일로 늘리는 것은 가능합니다. 그런데 래칫이 붙기 때문에 이제 50일이 상한선이 됩니다. 심지어 다음번에 진보신당이 정권을 잡는다 해도 51일로도 늘릴 수가 없습니다. 만약 한나라당이 다시 집권해서 20일로 줄인다면, 20일이 상한선이 되겠죠. 앞으로 개방하고 시장에 맡기는 건 가능하지만, 거꾸로 돌아가는 건 불가능하다는 이야깁니다. 이 조항은 모든 서비스 시장에 적용됩니다.

미래 최혜국 정책(future MFN-most favored nation)이란, 일본에 해준 만큼은 미국에 해줘야 한다는 뜻입니다. 현재 한미 FTA 협정에는 우리가 다른 나라에 준 혜택은 전부 다 들어가 있어요. 그런데 미래 최혜국 정책을 발동하면 예를 들어 우리가 미래에 몽골과 FTA를 맺게 된다면 몽골에 개방하는 만큼 자동적으로 미국에도 개방해야 하는 겁니다. 한미 FTA는 앞으로도 계속 강화될 수밖에 없도록 설계되어 있습니다. 다른 나라에 더 좋은 조건으로 개방하면 자동적으로 미국에도 적용되는 것이죠. 기가 막히죠. 이 조항은 우리가 세계 최초입니다. 한미 FTA에만 들어 있는 조항이에요.

막 아 야 만 살 수 있 다

그러나 이 세 가지 조항을 다 합친 것보다 더 무서운 게 바로 네 번째 조항인 ISD(investor-state dispute settlement)입니다. 이건 투자자—국가 제소권이라는 조항입니다. 제가 아까 건강보험 이야기를 했죠. 한번 당연지정제를 폐지하고 국가 건강보험을 약화시키면 다시는 과거로 못 돌아가는 게 가장 큰 문제입니다. 지금 AIG가 우리나라에서 보험을 팔고 있는데요, 암과 심근경색 등 세 가지 질병을 보장해주고 월 2만 5천 원, 뭐 이런 거 팔고 있잖아요? 엄청나게 비싼 겁니다. 1년에 30만 원 아니에요? 우리가 가지고 있는 국가 건강보험은 대부분의 질병의 60퍼센트를 보장해주잖아요. 그 나머지 40퍼센트의 시장을 노리고 민간 보험사들이 들어와 있는 겁니다. 하지만 굉장히 까다로워요. 보험금을 받는 건 아주 어렵습니다. 우리 건강보험은 100원 내면 110원 돌려받게 돼 있어요. 그런데 AIG는 100원 내면 60원 이하를 돌려받게 됩니다. 지난 대선에서 민주노동당과 진보신당은 건강보험의 보장을 80~90퍼센트까지 올리는 무상의료를 공약으로 내놨었죠. 심지어 열린우리당의 정동영 후보도 암만큼은 보장해주겠다고 이야기했어요. 하지만 한미 FTA가 체결되면 불가능합니다. 무상의료해주면 AIG가 망할 거 아녜요? 암을 무상으로 치료해주면 AIG 가입자들이 보험을 해지하겠죠. 이럴 때 AIG가 쓸 수 있는 방법이 바로 ISD입니다.

AIG는 한국의 건강보험공단을 제소할 수 있습니다. 정부의 정책이 기업의 이익을 '상당히' 침해하면 쓸 수 있는 제도입니다. 우리나라에도 행정 소송이라는 게 있잖아요. 누구나 국가에 대해 소송할 수 있는데, 미국 기업의 행정 소송을 한국에서 하면 한국 정부에 유리하게 판결이 날 수 있으니 제3의 민간기구에서 판결을 내려야 한다는 내용을 담고 있습니다. 그런데 '제3의 민간기구'라는 것은 존재하지 않습니다. 세계은행(IBRD) 산하에 국제투자분쟁해결기구(ICSID)가 있습니다만, 규칙만 정해주는 곳이에요. 실제로는 이렇게 합니다. AIG와 건강보험공단이 각각 한 명의 변호사를 고용합니다. 둘이 합의해서 또 한 명의 변호사를 고용합니다. 이렇게 세 명의 변호사가 모이면 트리뷰널(tribunal)이라는 재판부를 형성하게 되고, 여기서 결정을 내리면 단심이에요. 이 결정을 정부는 무조건 따르도록 규제하는 조항인 것입니다. AIG가 손해를 봤다고 주장했을 때 이 재판부에서 AIG의 손을 들어주면 정부는 AIG가 손해 본 만큼 현금으로 물어줘야 해요. 지면 몇 천억 원의 벌금을 물게 되는 것이죠. 큰 건은 33조 원도 있었어요. 33조라니까 너무 엄청난 돈이라 감이 안 오시죠? 이렇게 물어주면 나라가 망합니다.

그런데 이 재판부는 여러 가지 원칙을 가지고 재판을 합니다. 여기서는 판례도 적용되지 않아요. 그냥 세 명이 결정하면 끝입니다. 이 사람들이 재판하는 원칙 중에 가장 위험한 것이 '최소 기준'이라는 원칙입니다. 아주 애매한 기준이에요. 국제적인 관례에 비추어서 정부의 너무 과도한 정책은 허용할 수 없다는 것이죠. 지금 전 세계에 통상 전문 변호사는 150명 정도 됩니다. 대부분 미국 사람입니다. 그래서 서울대나 고려대나 로스쿨 세우면 통상 전문 변호사를 만들겠다는 겁니다. 하지만 절대로 그 사람들은 고용 안 됩니다. 걸린 돈이 얼만데, 영어도 잘 못하는 한국인을 고용하겠어요? 미국 출신의 통상 전문 변호사들은 건강보험을 경험해본 적이 없습니다. 민간보험과 계약지정제가 당연한 거예요. 돈 있는 사람은 비싼 보험 들어서 좋은 서비스를 누리고 가난한 사람은 누리지 못하는 게 이 사람들에게는 당연해요. 그런데 한국 정부가 갑자기 암 완전보장 정책을 내놓아서 AIG를 망하게 한다면, 이 재판부에서는 집니다. 우리는 이런 도박을 하고 있는 거예요.

여러분이 공무원이라면 이런 정책을 쓰겠어요? 제소당할 수 있는데, 보건복지부 과장이 '암 100퍼센트 보장'과 같은 정책을 낼 수 있겠어요? 쫄아서 못해요. 칠링 이펙트(chilling effect)라고 하는데, 스스로 쫄아붙어서 이러한 규제를 강화하거나, 국민의 건강을 지키는 건강보험을 알아서 없앱니다. 제가 청와대 비서관일 때, 산자부 직원들에게 일만 시켰다 하면 들고나오는 게 바로 WTO(세계무역기구) 협정이었습니다. 한미 FTA보다 훨씬 약한 건데도 WTO에 걸리기 때문에 안 된다고 공무원들이 먼저 나서서 주장하는 거예요. 이게 바로 칠링 이펙트예요. 우리나라는 참 이

상한 나라예요. 학교 급식도 WTO에 걸린다고 대법원이 판결을 내렸잖아요. 사실은 안 걸려요. 스스로 제약하는 것이죠. 그러다 보면 앞으로 공공성을 강화하는 정책은 불가능해집니다. 한다고 하더라도 걸립니다. 시장으로 시장으로, 자유화로 자유화로, 개방으로 개방으로 나가게 되지, 거꾸로 돌아갈 수가 없기 때문이죠. 그렇게 되면 아까 설명 드린 대로 양극화는 점점 심해집니다.

제가 참여정부에 "한미 FTA를 하면 민간 건강보험 때문에 위험하다"고 이야기했을 때, 그들은 괴담이라고 했어요. 협정이 시작되기 전부터 제가 대통령 면담을 계속 신청했는데, 한미 FTA 협정을 2월 3일에 시작하고 2월 27일이 되어서야 대통령이 저를 만나줬어요. 그런데 신문에는 문성근, 정태인, 이정우 등등 해서 "집권 3년을 기념하기 위해 청와대에 모였다"라고 났더라고요. 사실은 2시간 정도 한미 FTA에 대해서 토론을 했습니다. 그런데 제가 건강보험에 대해 굉장히 걱정하니까, 노 대통령이 "걱정하지 마라! 건강보험은 내가 지킨다"고 했어요. 아니, 영원히 대통령인가요? 당장 정권이 바뀌니까 당연지정제를 완화하고 민간 의료보험을 들여오잖아요. 거기에 한미 FTA가 겹쳐지면 거꾸로는 못 돌아간다는 이야기예요. 한미 FTA를 폐기하지 않는 한, 다시 과거로 돌아갈 수 없다는 것을 의미합니다.

여러분, 그리고 여러분의 아이들, 아이들의 아이들까지 상위 10퍼센트에 계속 들 자신이 있으면 찬성하셔도 좋습니다. 계속 고급 서비스를 누릴 수 있을 테니까요. 그러나 그럴 자신이 없다면, 이건 반대해야 하는 겁니다. 너무나 위험한 협정입니다. 반대할 국회의원과 대통령을 뽑아야 합니다. 한미 FTA는 원래 한나라당의 정책이에요. 그런데 이걸 지금의 통합민주당의 전신인 열린우리당에서 추진했잖아요. 그러다 보니 압도적 다수가 찬성하는 정책이 되어버린 거예요. 지금 한미 FTA 협정문에는 없어도 우리 정부가 스스로 교육 민영화하고 의료 민영화하는 중에 미국 기업이 들어오면, 이 분야에 자동으로 한미 FTA가 적용됩니다. 한미 FTA는 투자자만 있어도 성립이 됩니다. 즉 한국 기업이라 하더라도 미국 투자자가 투자하고 있으면 한미 FTA 협정이 적용되는 겁니다. 그 투자자의 이름으로 제소할 수 있습니다.

많은 사람들이 한미 FTA가 미국의 선진 제도이니 좋은 것 아니냐고 이야기하지만, 의료만 보아도 알 수 있듯이 결코 우리에게 좋은 제도가 아닙니다. 미국은 이미 파산 상태예요. 무역 적자 세계 최고, 재정 적자 세계 최고, 빚더미에 올라앉아 있어요. 국민들도 빚이 엄청나게 많습니다. 미국이 그렇게 방만하게 국가를 경영해도 살아남는 건 달러를 가지고 있기 때문입니다. 그리고 세계 최강의 군사 국가예요. 전문가에게 최고의 연봉을 지불하는 국가이기 때문에 인재들이 모여듭니다. 그런 것 때문에 미국의 경제제도가 유지되는 거예요. 그 네 가지가 없는 나라가 미국의 제도를 도입하면 망합니다. 아르헨티나와 멕시코가 바로 그 상황이에요. 십 년마다 위기를 맞잖아요. 미국이 장기침체에 들어갈 가능성이 높다는 것은 모든 경제학자들이 동의하는 바입니다. 다만 3년이냐, 5년이냐, 10년이냐를 가지고 논쟁하고 있어요. 중국은 여전히 높은 경제 성장률을 보이고 있지만, 거기도 틀림없이 조정이 필요합니다. 부실 금융이 많아요. 한국 혼자 거품을 일으키고 있는 상태예요. 이렇게 되면 3년 후에는 거품이 왕창 꺼집니다. 대위기가 오는 것입니다. 제 예상으로는 외환위기보다 더 큰 위기가 올지도 모르겠습니다.

1994년에 김영삼 전 대통령이 미국에 다녀와서 세계화를 외쳤습니다. 자본 시장을 개방했어요. 그리고 3년 만에 외환위기를 맞았습니다. 지금 또 준비도 없이 엄청난 개방을 하려 합니다. 다시 부동산 거품을 일으킵니다. 3년 후에는 또 한 번의 위기가 올 수 있습니다. 막아야 합니다. 사실 한미 FTA는 이제 우리나라에서 막기는 굉장히 어려워요. 한나라당과 통합민주당이 합쳐서 과반을 안 넘어야 막을 수 있는데, 그럴 수가 없잖아요. 하지만 미국에서 폐기할 가능성이 높습니다. 첫째로는 아까 말씀 드린 쇠고기와 자동차에 대한 요구를 들어줘야 협정을 맺는다는 조건 때문에 그렇습니다. 이것은 들어줄 가능성이 아주 높습니다. 그런데 지금 미국의 유력한 대통령 후보인 오바마(Barack Obama)는 거기서 한 걸음 더 나가서 FTA가 미국의 노동자들에게는 아무런 도움이 되지 않더라는 사실을 지적합니다. 이게 FTA의 정확한 현실입니다. 기업에게는 도움이 되지만 중산층 이하의 국민에게는 전혀 도움이 되지 않습니다. 그래서 오바마는 전면적인 재검토를 하겠다고 했습니다. 폐기될 가능성이 높아지겠죠.

만일 우리나라 국회든 미국 의회에서든 한미 FTA가 비준되지 않으면 조금 다행이에요. 5년 후에 정권이 바뀌면 우리는 다시 공공성을 강화하는, 그래서 모두가 고루 잘사는 정책을 채택할 수 있게 되니까요. 함께 꼭 막아냅시다! 감사합니다. (청중 박수)

언 제 나 부 자 들 이 이 기 게 되 어 있 는 게 임

사회자 일단 참 재미있게 듣기는 했는데, 내용을 생각하면 갑갑합니다. 그런데 선생님, 힘이 빠지는 건요. 옛날처럼 싸워야 할 적이 권력자라거나 김지하 선생이 말씀하신 '오적' 정도만 된다면 "연대합시다, 여러분!" 이럴 텐데, 다 아시면서, 다 아는데, 정보의 홍수화 시대인데, 그래도 이명박 씨가 압도적인 표로 당선이 됐다는 거. 그리고 10퍼센트만 잘살 수 있는 정책이라고 목이 터져라 외치면 '이런, 저지시켜야겠다!' 가 아니라 '그래? 그럼 나도 10퍼센트 안에 들어야지' 이렇게 생각하시는 분이 너무 많다는 게 저는 안타까워요. 그래서 아는 것보다 깨닫는 것이 중요한 시점인 것 같습니다.

고추 말리기의 심리가 있죠. 고추를 널어서 말리는데 비가 와도 왠지 우리집에만은 비가 안 올 것 같은, 얼토당토않고 근거 없는 믿음 있잖아요. 너무 많은 분들이 한미 FTA 앞에서 이런 심리를 가지고 계신 것 같아요. 이런 강의를 들어도, '그거 참 맞는 이야기야' 하고는 돌아서서 '빨리 버블7 안에 진입해서 집값을 불려봐야지. 사위는 무조건 의사로 맞아야겠다. 어쨌든 10퍼센트 안에 들어서 나만 살면 되니까' 하는 생각을 많은 사람들이 하게 된다면 정태인 선생님 같은 전문가는 떠드실 필요가 없어요. 그렇지 않나요, 선생님?

정태인 제가 어제 국회의원 총선 선거유세 때문에 동작을 지역에 갔는데, 한나라당과 민주당 후보의 선거공약이 똑같아요. 특목고 유치, 뉴타운 개발. 왜 당을 따로 나누는지 모르겠어요. 어떻든 이 두 후보의 표가 동작을에서 압도다수일 거란 말예요. 그래서 동작을에 특목고를 유치한다고 합시다. 거기에 애를 들여보낼 수 있는 사람이 동작을에 몇 퍼센트나 될까요? 학비 천만 원씩 내면서 그 학교 보낼 수 있는 사람은 10퍼센트도 안 될 거예요. 뉴타운 개발하면 집값 땅값이 올라가니 모든 주민이 이익을 볼 수 있을 것 같죠? 하지만 집 있는 사람, 그것도 두 채 이상 가진 사람만이 이익을 보는 거지, 세입자가 특히 많은 동작구의 실거주자들은 그저 쫓겨날 수밖에 없어요. 한 채 가진 사람도 보상금은 받겠지만 서울 안의 다른 지역도 이미 집이 다 비싸잖아요. 그러니까 집값이 올라가나마나 사실은 똑같아요. 그런데 이 공약을 대부분의 주민들이 지지합니다. 이건 로또 심리입니다.

사교육도 마찬가지예요. 남들 다 시키는데 나만 안 시키면 안 되니까 억지로 시킵니다만, 이것 역시 똑같이 다 시키면 아무 효과가 없습니다. 그러니까 이 게임은 무조건 돈 많은 사람이 이기는 게임이에요. 사교육을 가지고 경쟁하다가 이 경쟁이 거세질수록 점점 많은 사람들이 못 따라갑니다. 집도 마찬가지예요. 그런데 오지혜 선생님이 이야기하신 고추 말리기의 심리 있잖아요. '나만은 괜찮겠지' 하는 이 마음을 은사특권이라고 합니다. 모든 사형수가 자기는 사형 안 될 거라고 생각한대요. 특별사면이 돼서 살아남을 수 있을 거라고 믿는대요. 그런데 지금 우리 국민들이 이런 개발 공약을 내건 사람들을 찍는 심리가 이것과 비슷합니다. '우리 애들은 특목고 갈 수 있겠지.' 뉴타운 개발해도 이익 못 보는 거 뻔히 알면서도 '뭔가 떡고물이 떨어지겠지' 이렇게 생각하는 이유는 간단합니다. 이 게임은 언제나 부자들이 이기게 돼 있는데, 언론은 부자가 아님에도 성공한 사람들을 찾아내서 대대적으로 보도합니다. '나도 가질 수 있다'는 환상을 자꾸 심어주는 겁니다.

그러나 그렇지 않습니다. 공교육을 강화해서 모두가 똑같이 누리게 하고, 경쟁이 필요하다면 아이들끼리 경쟁하게 하면 되잖아요. 그런데 이걸 부모들의 경제력 경쟁으로 만들어버리면 결국 희생자는 아이들이 되는 것이죠. '같이 살아갈 수 있다'라는 생각을 가져야만 극복할 수 있는 일인 겁니다. '내가 이길 수 있다'는 믿음만 가지고 들어가면 분명히 지는 게임입니다. 그걸 국민들이 깨달아야 하는 것이죠. 그런데 이건 진보 쪽의 잘못입니다. 한번 개방, 시장화로 가면 그게 자꾸 강화돼요. 아까 제가 멕시코와 아르헨티나가 십 년마다 위기를 맞는다고 했잖아요. 이 위기는 우리도 경험해본 거예요. IMF가 들어오죠. 돈 빌려주면서 더 민영화하고 더 시장 개방하라고 요구합니다. 그래서 더 개방하고 더 민영화해요. 또 위기 맞아요. 그런데 좌파, 진보진영에서 설득력 있는 대안을 내놓지 못하면 국민들은 계속 그쪽을 선택하는 거예요.

이제 저희 진보진영에서도 훨씬 좋은 정책을 많이 개발했습니다. 국민들이 그걸 들여다보시고 그게 더 현실적이라고 믿는다면 진보가 이길 수 있습니다. 많은 나라들이 그래요. 실제로 세계적인 경쟁력을 가진 나라들은 공교육이 강한 나라들입니다. 핀란드와 스웨덴이 경쟁력 1, 2위 국가죠. 다 공교육 공짜예요. 애들은 경쟁을 안 합니다. 학급 당 20명이거든요. 대신 개인별 교습을 시켜서 세계 최고로 만들어요. 그게 우리나라도 가능합니다. 현재의 재정만으로도 가능합니다. 유럽의 대부분의 나라들은 무상의료예요. 물론 무상의료의 문제점도 많지만, 부분적으로 보완하면 돈을 훨씬 덜 들이고 큰 병 걱정 안 하고 살아갈 수 있습니다.

우리나라를 그렇게 만들 수 있는데, '나만은 고급 서비스를 누릴 수 있다'라는 환상 때문에 모두가 못사는 길을 지금 택하고 있는 겁니다. 근데 이게 참 어렵습니다. 저는 데모를 했어도, 애한테 "이게 옳으니 나가서 데모해라"라고 말하기는 참 힘든 거거든요. 자기가 조그맣게 실천을 시작하고 다 같이 잘살 수 있는 길을 고민하는 것이, 일단 출발하는 것이 중요합니다.

사회자 혹시라도 여러분이 그 10퍼센트 안에 들었다 쳐요. 그렇다 해도 그게 과연 행복일지 함께 생각해봤으면 해요. 한미 FTA 때문에 최악의 시나리오로 세상이 변했지만, 나는 정말 성공해서 내 자식까지 잘 먹고살 수 있다 해도 그게 뭘까요? 그런 상황에서 행복을 누리는 것이 가능할지 저는 정말 회의적입니다. 어쨌든 강연하시는 분들의 말씀 다 맞고 다 아는데, 아이들 교육에 대해서도 내 아이만 뒤쳐질까 봐 걱정하시잖아요. 그런데 과연 무엇에서 어떻게 뒤쳐진다는 건지 정확히 말씀을 못하시거든요. 지금의 40~50대 성인들이 자라날 때는 무엇이 행복이고 어떻게 살아야 잘 사는 건지 아무도 가르쳐주지 않았어요. 자기 자신조차 무엇이 행복한 삶인지 모르다 보니 자기 아이에게도 일단 불행이 닥치지 말아야 한다고 생각하시는 것 같아요. 모르겠어요, 저는 오늘 행복한 아이가 자라나서도 행복하다고 생각하기 때문에 제 아이한테 어떤 사교육도 강요하지 않고 있고 학교조차 다니기 싫다고 말하면 그렇게 하라고 할 생각이거든요.

그리고 아까 스크린쿼터 말씀하셨는데, 저희 집안이 스크린쿼터 축소되면서 바로 직격탄을 맞은 케이스예요. 사실 제 남편이 3년 전쯤 〈이대로, 죽을 순 없다〉라는 영화로 입봉한 신인감독인데요, 하필 그때 〈웰컴 투 동막골〉하고 붙어서 참패를 겪었죠. ^(청중 웃음) 아, 정말 너무 가슴이 아팠습니다. 첫 번째 영화로 성공하지 못한 감독은 두 번째 영화를 하기가 정말 힘들거든요. 설상가상 스크린쿼터가 없어졌기 때문에 당분간은 한겨레가 저희 식구를 먹여 살려야 합니다. 잘 부탁 드립니다. ^(청중 웃음)

제가 〈한겨레〉 같은 곳에서 여는 행사에서 사회를 많이 보는데요, 요즘 원천징수를 끊어주는 곳이 많더라고요. 그래서 본의 아니게 건강보험료가 점점 늘어가요. 정말 무식했던 몇 년 전만 해도, '나는 아프지도 않은데, 이 돈 정말 아까워!' 라고 생각했지만, 정태인 선생님 같은 분들의 강의를 들으면서 '악화가 양화를 구축한다'고, 악화가 없을 땐 몰랐던 걸 느끼게 되었어요. 건강보험제도가 확실히만 자리 잡는다면, 보험금이 더 올라도 저는 할 말 없을 것 같아요. 소위 능력 있는 분들이 조금씩 더 내면, 열심히 살아도 사회 안전망 없이는 도저히 살아갈 수 없는 분들께 도움이 되는 거니까요. 그런데 이런 좋은 일을 안 하게, 못하게 세상이 돌아간다니 너무 안타깝습니다. 강의 내용에 대한 질문을 받겠습니다.

미 국 식 으 로 가 면 망 한 다

청중1 우리 사회에서 분배가 얼마나 중요한지 강의를 통해 잘 알게 되었습니다. 하지만 부자들은 여전히 이명박 정부의 정책이나 한미 FTA를 반기고 있잖아요. 제가 평범한 20대의 시민으로서 그들을 설득할 수 있는 분배의 정의는 무엇인지, 또 시장주의 정책 속에서 자본주의가 천박하게 팽창해 가는 것을 어떻게 막을 수 있는지 알려주시면 감사하겠습니다.

정태인 사실은 경제적인 효율성만 갖고 이야기하더라도 특히 교육이나 의료 부문에서 분배가 잘되고 주거의 기회가 평등하게 주어질 때 그 나라의 생산성은 높아집니다. 아까 제가 잠깐 말씀 드렸지만, 투자 중에 가장 회수율이 높은 분야가 바로 교육과 의료예요. 공교육과 공공의료에 많은 돈이 투자되면 삶의 질이 바로 올라가잖아요. 흔히 말하는 인적자원의 질이 높아지기 때문에 생산성도 높아집니다. 부자들에게도 도움이 되는 겁니다.

만약 자기들 때문에 가난한 사람들이 교육과 의료의 혜택을 못 받는다면 그 사회는 대단히 위험해집니다. 제가 비서관일 때 북한과 사업을 한 적이 있습니다. 그런데 가서 보니까 아이들이 너무 작아서 참 걱정이 돼요. 먹을 것이 부족하면 건강뿐아니라 뇌의 발육에도 문제가 됩니다. 우리가 북한을 도와주지 않으면 통일 후에 전체적인 사회 생산성이 떨어지는 게 당연하잖아요. 이렇게 경제 논리로 설명하면 비인간적으로 들리겠지만, 우리나라의 미래를 위해서라도 북한에 식량과 의약품은 최대한 지원하는 것이 맞다고 말씀 드리고 싶습니다. 이런 면에서 부자들을 설득해야 하는 것이겠죠.

우리나라는 원래 평등에 대한 욕구가 대단히 강한 나라였어요. 그런데 1990년대 들어, 시장에 맡기는 것이 옳다는 생각이 너무 강해졌어요. 우리나라의 지식인들이 지나치게 미국 편향이라 그래요. 우리 경제학자의 90퍼센트가 미국에서 박사학위를 받았거든요. 그런데 미국 경제를 공부하고 돌아온 게 아니에요. 가서 한국 경제에 대한 논문을 써서 학위를 받는 거예요. 그래서 미국과 같은 특수한 사회의 문제점에 대해서는 전혀 모릅니다. 미국 박사들이 말이에요. 그래서 우리나라에 와서 시장경제를 도입하면 미국처럼 될 거라고 아이들에게 가르치니까 점점 이기적이 됩니다. 그런데 이건 부자들을 위해서도 좋은 논리가 아닙니다. 이 부분에 대해 더 관심이 있으시다면, 노벨경제학상을 받은 스티글리츠(Joseph E. Stiglitz) 교수의 책들을 권하고 싶습니다. 스티글리츠는 미국 경제학자인데, 한국에 미국 경제학은 맞지 않으며, 오히려 스웨덴 형을 권하고 있습니다. 한국이 미국 식으로 가면 망하는 길이라고 이야기한 바 있습니다. 하종강 선생님 홈페이지(www.hadream.com)에 실어놓은 제 글들도 도움이 될 것 같습니다.

이렇게 올바른 방향으로 사회를 이끌어가는 것은 개인이 할 수 있는 일은 거의 없습니다. 연대해야겠죠. 시민단체도 있고, 정당도 있습니다. 제가 요즘 많이 생각하는 것은 지방자치제입니다. 국가도 시장도 아닌, 풀뿌리 공동체에서 이런 문제들을 해결할 수 있지 않겠는가 고민하고 있습니다.

제가 영국에서 놀란 것이 몇 가지 있는데, 그중 하나가 교육을 그 마을의 사람들이 모여서 직접 결정한다는 거예요. 그래서 정말 귀찮아요. 학부모들을 아주 자주 소집하거든요. 제가 더 놀란 것은 애가 한 학기가 끝나 성적표를 가져왔는데, 그게 노트 한 권이에요. 거기엔 숫자가 쓰여 있는 게 아니에요. 이 학생이 어떤 과목에서 어떤 점이 뛰어나고 어떤 점은 부족한지 한꺼번에 쓸 수가 없으니까 선생님이 거의 매일 차근차근 기록한 거예요. 이게 바로 개인별 학습의 결과겠죠. 그리고 학교에서 기부금을 내라는 연락이 옵니다. 얼마를 내야 하는 건지 제가 고민을 많이 했어요. 감이 안 오니까 한국 사람 생각에 '그래도 십만 원은 내야지' 하잖아요. 선생한테 주는 뇌물이 아니고 학교에 내는 거니까. 그래서 거기 오랫동안 살던 친구에게, 십만 원쯤 내면 되냐고 했더니 절대 안 된대요. 그렇게 내면 뇌물이래요. 1만 5천 원 이상이면 무조건 뇌물이랍니다. 교육을 해결하려면 아이들을 어떻게 가르칠 것인가 자주 모여 논의해야 하는 것이지, 혼자 힘으로 무언가를 해보겠다는 것은 불가능합니다.

이번 총선에 진보신당이 내놓은 정책 중에 하나가 공교육 특구인데, 특구를 지정해 핀란드 식 교육을 도입해서 성공 케이스를 만들어 보이겠다는 것입니다. 공교육만으로도 충분히 잘해낼 수 있다는 것을 증명해내겠다는 것이죠. 지역 안에서 해결할 수 있는 것들이 많습니다. 일자리도 다 거기에 있어요. 돌봄 노동이라는 게 있죠. 노인이나 환자들을 돌보는 이런 일을 저는 '따뜻한 노동'이라고 부르는데, 이런 일은 그 지역에서 가장 잘할 수 있습니다. 농촌 노인을 돌보는 건 그 노인이 어디에 사는지 어디가 아픈지 아는 사람들이 제일 잘할 수 있겠죠. 그 일자리만 해도 얼마나 많겠어요. 우리나라 건설 회사들은 엄청 큰 걸 짓잖아요. 농촌 마을 개축하는 건 그렇게 큰 공사도 아니지만 엄청나게 많은 일자리가 창출됩니다.

지역에서 또 할 수 있는 게 바로 재생에너지 사업입니다. 우리나라는 에너지와 물, 음식을 너무 많이 소비합니다. 불과 십 년 전만 해도 '부자들은 겨울에도 아파트에서 반팔 입고 산다더라' 하는 내용이 구설수에 올랐는데, 지금은 우리 대부분이 그렇게 살아요. 엄청난 낭비를 하는 겁니다. 우리나라는 지금 세계 최고 수준의 일인당 물 소비량, 에너비 소비량을 자랑하고 있습니다. 이걸 3분의 1까지는 줄일 수 있는데, 그 필수 소비량까지는 가격을 낮추고 그 이상을 소비하면 누진을 적용해서 기하급수적으로 요금이 올라가게 해야 합니다. 그렇게 되면 석유 수입이 줄어드니까 남는 돈으로 재생에너지 사업에 투자하는 겁니다. 바람이나 태양열, 물 등을 이용해서 생태적인 에너지를 만드는 것이죠. 이런 식으로 바꾸지 않으면 단순히 경제 문제를 넘어서 생존 자체가 위험한 상태에 놓이게 됩니다. 에너지와 식량 공급의 체계를 바꿔서 소비를 줄이고 우리나라에서 자급하는 시스템이 절실합니다. 현재의 세계 경제 상황으로 봐서는 곡물가와 유가가 급증할 가능성이 높거든요.

이렇듯 지역에서 많은 일거리를 찾고 뜻을 같이하는 사람들을 만나는 것이 우리의 첫걸음이 될 수 있을 것 같습니다. 옛날에 러시아에 브 나로

드(V narod), '인민 속으로' 라는 운동이 있었잖아요. 그게 다시 시작되어
야 할 것 같아요.

한미 FTA는 한나라당의 정책기조

사회자 은행이랑 관공서는 정말 에너지를 과소비하는 것 같아요. 여름에 들어
가면 얼어 죽겠던데. 동사무소 벽에 '에너지를 절약합시다' 라고 써놓고
에어컨은 왜 그렇게 빵빵하게 트는 걸까요? 아리수 개발하고 안전하다고
홍보한 팀이 아리수는 절대 안 먹고 생수 사다 먹는 모습이 방송에 난 적
있죠. 비슷한 논리 같아요. 말씀하신 지방자치제는 정말 중요한 것 같네
요. 일단은 국가를 배신하고 부모님으로부터 벗어나서 이웃과 연대해야
우리의 문제를 해결할 수 있을 것 같습니다. '연대' 라는 말이 참 아름다운
말인데 요즘은 연세대학교의 준말로밖에 쓰이지 않는 것 같아서 안타깝
습니다. 여러분이 다시 한 번 연대의 힘을 성찰하고 많이 사용하셨으면
합니다. 다음 질문 받겠습니다.

청중2 저는 아버지와 한미 FTA를 두고 많이 논쟁을 벌였는데요. 아버지는 해
야 한다, 저는 안 된다 편을 갈라서 싸우다 보니 본의 아니게 거리감이 많
이 생기게 되었습니다. 선생님이 청와대에 비서관으로 계실 때에도 이와
비슷한 기분을 느끼셨을 것 같은데, 그때 노무현 전 대통령에게 느끼신
감정을 듣고 싶고요. 두 번째로, 여러 대중을 상대로 강의를 하셨는데, 이
강의를 들은 청중들이 보인 반응은 어떠했는지 궁금합니다.

사회자 하긴 선생님, 오늘 주제가 배신이에요. 노무현 정부를 배신하셨던 이야

기를 조금 더 해주셔야 할 것 같습니다.

정태인 사실 우리나라의 FTA 로드맵이 만들어진 게 1998년 3월이에요. 저도 잘리기 전에 마지막 3개월 동안 FTA 업무를 담당했는데, 미국과 중국은 그 로드맵의 맨 끝에 달려 있었어요. 당연한 것이죠. 너무나 큰 나라들이기 때문에 준비 없이 함부로 하면 대단히 위험하거든요. 그런데 이 스케줄을 갑자기 당긴 겁니다. 제가 잘린 다음에 일어난 일들입니다. 지금 유엔대사로 가 있는 김현종 본부장이 오랫동안 준비해온 것은 한일 FTA예요. 그런데 이걸 현대자동차가 엄청나게 반대했습니다. 그래서 2004년 11월에 한일 FTA를 중지시킵니다. 그러고 나서 한일 FTA보다 더 큰 성과를 내기 위해서 한미 FTA를 추진한 겁니다. 이때 비밀리에 결정된 게 4대 선결조건입니다. 처음에 미국이 8개 정도를 요구했는데, 그중에 4개를 들어주고 굴욕적인 협상을 시작하게 된 것이죠.

따라서 제가 청와대에 있을 때는 한미 FTA라는 것을 추진하는 사람도 없었고, 청와대에서 논의한 적도 없었습니다. 제가 청와대에서 나와서 이 문제에 대해 이야기하자, 제일 먼저 나온 질문은 "노무현은 그렇게 문제가 많은 정책을 왜 수용하려 하느냐"는 것이었습니다. 저도 모르겠어요, 왜 하려고 했던 건지. 왜냐면 이 정책기조는 한나라당의 기조거든요. 그런데 나중에 노 대통령이 스스로 밝혔어요. "한나라당이, 이명박 씨가 대통령이 되더라도 못할 정책이기 때문에 내가 한다." 실제로 그래요. 노무현 대통령이 하니까 그만큼 반대가 적었어요. 이걸 한나라당이 했으면 정말 반대하는 사람이 많았을 겁니다. 역사에 남기 위해 이 일을 시작한 겁니다. 남긴 남을 거예요, 나쁜 쪽으로. 안타깝습니다. 다른 좋은 정책들을 다 엎어버릴 만큼 어마어마한 정책을 아무런 준비 없이 시작할 용기가 어디서 나왔나 정말 궁금합니다.

그런데 더 걱정스러운 것은 인수위부터 지금까지 약 40일 동안 이명박 정부는 더 과감하게 밀어붙이고 있다는 겁니다. 정말 놀랄 정도예요. 저도 참여정부의 인수위원을 했습니다만, 인수위가 정책 발표하는 곳이 아니에요. 어떤 정책도 10일 동안 검토해서 발표할 수 있는 것은 없습니다. 이 정책이 현실화되면 어떤 일이 벌어질지 미리 측정해야 하고 생겨날 부작용에 대한 대책을 만들려면 큰 정책의 경우 6개월 이상 들여다봐야 합니다. 그런데 이 엄청난 정책들을 한 달 만에 해치워버렸어요. 걱정입니다. 이명박 씨는 국가를 기업이라고 생각하는 것 같아요. 기업은 기본적으로 독재예요. CEO가 책임지고 과감한 결정을 빠르게 내려서 실행하고 시장에서 실패하면 그만두는 거예요. 그러나 나라는 그런 게 아닙니다. 나라는 그랬다간 절단 납니다.

사실 국가에 위기가 닥치면 그 원인을 제공한 부자들이 고통을 받아야 마땅하죠. 재벌들이 돈을 마구잡이로 빌려다가 투자하는 바람에 외환위기가 왔습니다. 그건 사실 우리 서민들과 아무 상관없어요. 여러분이 외국에서 돈 빌린 적 있어요? 그런데 고통은 힘없는 사람들이 전부 당했잖아요. 구조조정한다고 잘렸죠, 금리인상으로 경기 침체되니까 가난한 사람들이 먹고살기 어려워졌죠.

그리고 두 번째 질문에 대한 답은 "여러분과 같다"입니다. 사실 그 동안 한미 FTA 투쟁에 실패했다고들 하지만, 저는 여기까지 온 것도 반대 운동의 덕분이라고 생각합니다. 청와대의 원래 계획은 2006년 12월에 국회 비준까지 다 끝내는 거였어요. 그런데 지금 2008년이잖아요. 그리고 미국이 비준 안 할 수도 있는 거 아니에요? 여전히 한미 FTA에 대해 우려

하는 국민들이 많기 때문에 이렇게 버텨올 수 있었던 것이라 믿습니다.

　　한미 FTA 강의를 하면서 제일 어려웠던 것은, '이제 다 끝난 것 아니냐'라는 사람들의 생각이었습니다. 둘째로는 '나랑 관계없다'고 생각하는 것이었습니다. 실은 그게 정상이에요. 저 어마어마한 정책의 목적은 수출을 늘린다는 것인데 내 삶과는 관계없다고 생각하는 게 맞죠. 그러나 오늘 제가 설명을 드렸듯이 한미 FTA는 우리와 우리 아이들의 삶에까지 아주 심각하게 영향을 미치는 정책입니다.

청와대의 386들은 왜 침묵했나?

청중3 구구절절이 다 옳으신 말씀이고, 감동적이고, 배움이 큽니다. 그런데 주군이었던 노통, 그리고 절친한 벗이던 유시민 의원이 문외한이 아니고, 이른바 '개혁적 블록'이랄까요, 진보의 범주 안에서 정치를 해오신 분들인데 한미 FTA가 그렇게 잘못된 방향으로 진행되었다면 도대체 왜 했을까 정말 의문입니다. 말씀하신 대로 단순히 역사에 남고자 하는 생각만으로 강행했다는 건 납득하기 어렵거든요. 참여정부에 개혁적 인사들이 정말 많았는데 그분들이 주군의 말 한 마디에 한미 FTA를 진행한 것이라면 그분들의 책임이 큽니다. 그때 정말 별 반대 없이 그 사람들이 따른 것인지 궁금합니다.

사회자 많은 분들이 궁금해하시는 부분입니다.

정태인 예, 영화계로 이야기하면 문성근 씨나 이창동 감독이 노무현 전 대통령과 가장 가까웠던 분들이고, 그분들도 처음에는 한미 FTA에 반대했습니다. 제가 2월 24일인가 대통령을 만나러 들어갈 때 같이 들어갔고 반대 의견을 표명했어요. 그런데 그곳에 다녀온 후로는 한미 FTA는 물론이고 스크린쿼터 축소 반대 시위에도 전혀 나가지 않았을 거예요. 노무현 대통령에 대한 충성심이 분명히 작용을 했을 테고요.

또 하나, 노무현 전 대통령이나 청와대의 386에 대해 질문하셨는데요. 청와대 안에서 느끼는 최고의 압력은 재벌, 조·중·동, 재경부 이 세 가지입니다. 대통령이 정치에 관해서는 전문가이지만 경제에 대해서는 그렇지 않잖아요. 그러다 보니 어떤 방식을 취했냐면, 재경부의 관료들과 이정우 교수나 저 같은 사람 양쪽의 이야기를 다 들어보고 결정한다는 것이었습니다. 이런 식이니 재경부의 저지 때문에 개혁적인 정책이 나오기는 어렵죠.

물론 아까 말씀 드린 출총제나 금산분리 완화와 같은 정책은 재경부에서 무수히 시도했지만 우리 쪽에서 막을 수 있었습니다. 그런데 시간이 지나면 지날수록 대통령이 그쪽으로 끌려가는 거예요. 특히 386 세력은 금방 재경부와 손을 잡았습니다. 대표적인 사람이 이광재 의원이에요. 2004년에 한미 FTA를 해야 한다고 처음 말을 꺼낸 사람입니다. 이건 삼성에서 써준 리포트였어요. 삼성, 재경부와 손을 잡으면 자기 지위가 안전해지거든요. 그러면서 386들이 그쪽으로 급속히 끌려들어갔습니다. 그러다가 금감위 부위원장이었던 이동걸 박사가 삼성 문제로 잘렸습니다. 삼성생명 상장 문제 때문에 그만두게 된 거죠. 이동걸 박사는 저와 이정우 교수와 함께 개혁 삼인방이라 불린 분입니다. 재경부에서 1년 안에 쫓아내겠다고 했었는데, 그 다음에 제가 잘리고, 이정우 교수는 금산분리 때문에 잘렸습니다. 전부 다 삼성과 재경부 때문에 잘린 거예요.

그후로는 대통령 주변에 재경부나 재벌을 견제할 사람이 한 사람도 남지 않았습니다. 청와대 경제비서관은 재경부 사람으로 채워졌어요. 민간인 비서관이 한 명도 없었어요. 그 상황에서 한미 FTA가 추진된 겁니다. 제가 경제를 20년 공부했다 하더라도 모르는 분야가 있잖아요. 하다못해 경제 전문가가 아닌 대통령이라면 끊임없이 외부에서 이야기를 들어야만 올바른 판단을 내릴 수 있었겠죠. 자기 이익이 걸린 공무원들의 논리는 못 당해냅니다. 끊임없이 밖의 이야기를 듣고 자기를 돌아보지 않으면 거기에 포섭되고 맙니다. 한미 FTA는 재벌과 조·중·동과 재경부에 대통령이 업혀버린 거예요.

한미 FTA 자체는 재벌에게 별 이익이 없습니다. 수출이 크게 늘어나는 게 아니니까. 그러나 그로 인해 시행될 공기업 민영화와 규제 완화는 재벌에게 엄청난 이익을 안겨줍니다. 제가 캐나다와 멕시코에 가서 현장을 보고 왔는데, 미국과 FTA를 추진하는 나라들은 똑같습니다. 그 나라의 대기업, 보수 언론, 경제부처, 이 세력들이 강력하게 밀어붙입니다. 이유는 보수 정권이 다음번에 집권을 못하더라도 지금의 정책기조를 바꿀 수 없기 때문입니다. 자기들의 정책기조인 시장 만능 정책들을 어떤 정권에서도 없앨 수가 없는 거예요. 미국과의 FTA는 헌법 위에 있다 해도 무리가 아닙니다. 그래서 캐나다의 한 정치학자는 '초헌법적 상황' 이라는 용어를 사용했습니다. 이제 이것이 우리나라의 앞날을 전부 결정해버리는 것이죠.

유시민 의원에 대해서도 참 가슴이 아픕니다만, 스스로 세뇌를 한 셈이에요. 이라크 전 파병도 반대했었고, 한미 FTA도 반대했었어요. 그런데 스스로 세뇌를 해서 반대쪽으로 돌아서셨죠. 이창동 감독이나 문성근 씨도 마찬가지였지만, 유시민 씨는 특히 정치인이기 때문에 찬성하는 입장을 훨씬 적극적으로 이야기하기 시작했죠.

사회자 여러분, 대통령 한 명과 몇 명의 정치인이 정권을 잡았다고 해서 세상을 다 바꿀 수 있다고 생각하시는 건 아니겠죠? 요즘 이명박 정부도 '아, 이게 왜 이렇게 맘대로 안 되지?' 하는 상황이잖아요. 혁명보다 어려운 게 개혁이라니까요. 진짜 뿌리 깊은 보수 언론이나 재벌, 관료들, 그리고 무엇보다 국민들의 생활 속에 깊이 뿌리 박혀 있는 보수적인 정서를 움직이려면 더 큰 조직력과 단단한 철학이 있었어야 할 것입니다. 그걸 이기기에는 청와대 386들의 힘이 부족하지 않았나 생각해봅니다. 이제 마지막 질문을 받겠습니다.

청중4 저는 한미 FTA에서 특히 농업 분야에 많은 관심을 가지고 있습니다. 한미 FTA는 농업 개방으로 한 가지를 포기하는 대신 자동차와 같은 첨단 분야에서 이익을 얻는 일종의 'give and take'라고 알려져 있거든요. 이러다 보니 농업 한 가지쯤은 포기해도 되는 게 아닌가 하는 인식이 국민 전체에 퍼져 있는 것 같습니다. 정태인 선생님께서 오늘 강의를 통해 한미 FTA에서 예상되는 결과에 대해 많은 말씀을 해주셨는데, 농업과 관련해서는 어떤 영향이 있는지 말씀해주시면 고맙겠습니다.

거짓으로 얼룩진 정부의 선전

정태인 우리나라의 농업 생산액이 약 30조입니다. 쌀이 10조, 축산이 10조, 그리고 나머지 과수·채소가 10조 정도 됩니다. 한미 FTA가 체결되면 일단 축산이 가장 큰 타격을 받게 되겠죠. 아무래도 미국은 멀리 떨어져 있는 나라기 때문에 채소는 조금 낫습니다. 하지만 지금 진행되고 있는 한중 FTA가 체결되면 그야말로 우리나라 농업은 살아날 길이 없습니다.

박정희 시대부터 지금까지 우리나라의 농업 정책기조는 똑같아요. '대농육성(大農育成)'입니다. 기계농, 화학농 육성이에요. 하지만 이걸로는 게임이 되질 않아요. 미국 경작지는 우리나라의 100배입니다. 더 기름 져요. 그러니 미국과 다수확으로 게임한다는 것은 임금을 낮춰서 중국과 생산성으로 게임하자는 것과 똑같습니다. 절대로 이길 수 없는 게임이에요. 그러니까 게임을 바꿔야 해요. 지금 안전한 먹거리에 대한 국민들의 인식은 굉장히 높아졌고, 소득도 올라갔기 때문에 정말 안심하고 먹을 수 있는 먹거리를 우리 농촌에서 생산한다면 경쟁이 가능합니다. 특히 농산물은 신선도가 중요하죠.

광우병에 대해서도 규제를 강화해야 해요. 유럽에서는 미국 쇠고기를 수입 안 한다고 말씀 드렸잖아요. 그것은 광우병 때문이기도 하지만 호르몬 문제도 있어요. 유럽은 호르몬을 먹인 쇠고기는 무조건 수입 금지입니다. 그런데 우리는 그걸 수입하거든요. 왜? 우리 농가도 호르몬을 먹이니까요. 그러니 오히려 이 부분에 대한 규제를 강화하는 것이 우리 농가도 살 수 있는 길이 되겠죠.

아까 제가 식량 위기 이야기를 했지만, 농업은 대량으로 생산하는 것이 문제가 아니라 현재의 규모에서 안전한 먹거리를 상승된 가격으로 공급한다면 충분히 살려낼 수 있습니다. 우리나라의 식량 자급률이 무지하게 떨어졌어요. 그것을 어느 정도까지 회복시키지 않으면 앞으로의 세계 경제 상황에서는 제조업을 아무리 발전시켜도 먹고살기 힘들어집니다.

한 마디 덧붙이자면, 다들 'FTA 맺으면 수출로 먹고사는 나라는 수출이 늘어난다더라' 하는 맹신을 갖고 계시는데, 수출이 늘어날 게 없습니다. 아직까지는 자동차의 관세를 2.5퍼센트 인하한 게 성과의 전부입니다. 지금 우리나라에서 제일 많이 수출되는 2천만 원짜리 소나타가 50만 원 떨어지는 거예요. 이것도 미국 국경을 넘을 때마다 미국 관세청에 내던 관세 50만 원을 안 내도 된다는 소리일 뿐이에요. 자동차의 정가를 내릴지 말지 결정하는 건 미국의 정무부입니다. 여러분 같으면 내리겠어요? 그리고 50만 원 싸졌다고 해서 혼다, 토요타 타던 사람들이 소나타 타겠어요? 한국을 제외하고 전 세계에서 일본 차와 우리 차의 비율은 10대 1 정도입니다. 일본 차가 훨씬 많이 팔려요. 우리나라에서나 대우 차 50만 원 깎아준다니까 현대 차 타려던 사람들이 대우 차 사는 정도의 이치에서 가능한 이야기지요.

더구나 미국에서 현지 생산하는 게 30만 대가 넘어요. 우리나라 자동차 수출이 50만 대 정도입니다. 수출이 점점 늘어나면 미국에서 더 많이 생산해서 미국에서 팔게 돼 있습니다. 더 나쁜 건, 한미 FTA에서는 미국에서 생산된 일본 차는 미국 차로 인정받습니다. 원산지 비율이 50퍼센트 이상이면 그 나라 생산물로 쳐주는데, 일본의 혼다는 미국 생산 비율이 60~70퍼센트가 넘습니다. 이 차들이 우리나라에 들어올 때면 관세가 7.5퍼센트 떨어집니다. 그러면 세 배를 더 깎아주는 거예요. 정부가 지금 아주 이상한 계산을 하고 있습니다. 미국에 들어가는 현대는 50만 원 깎아주면 왕창 팔리고, 우리나라에 들어오는 혼다는 150만 원 깎아줘도 절대 안 팔린다는 거예요. 현대는 어떻게 생각할까요? 잘 모르겠답니다.

두 번째로 섬유 수출이 늘어난다고 하죠. 그런데 섬유에는 원산지 규정이라는 게 있어요. 옷을 수출할 때 원산지가 우리나라여야 관세를 깎아주는데, 그 원산지는 옷을 만든 실의 원산지를 말하는 거예요. 우리나라에 목화를 심나요? 목화 없습니다. 새마을운동 때 다 없어졌어요. 실크는요? 우리나라에서 누에 키우나요? 키웁니다, 번데기 용으로. 모직도 마찬가지예요. 양 키우나요? 여러분이 입고 있는 옷 중에서 한국산 원사로 만든 게 있나 살펴보세요. 화학섬유밖에 없습니다. 모르죠. 삼베나 모시를 수출할 수 있다면. 우리나라가 이 원사의 원산지 규정을 받아들였어요.

그리고 제가 토론할 때마다 짜증나는 게, 대통령부터 경제학 박사인 한덕수 총리, 그리고 국민들까지 이상한 생각을 가지고 있어요. 농업이나 서비스업은 우리나라의 경쟁력이 약하지만, 제조업은 강하다는 겁니다. 일본보다는 약하지만 미국보다는 강하대요. 그러나 미국의 제조업 생산성을 100이라고 했을 때, 한국은 40입니다. 일본이 80~90이에요. 제조업에서 미국이 강한 분야는 굉장히 많습니다. 미국이 들어오면 특히 정밀화학이나 정밀기계 같은 분야에서 우리나라는 완전히 쑥대밭이 됩니다. 제약, 화장품, 그리고 계측제어기기, 광학기기와 같은 고급 기계 부분의 중소기업은 다 무너집니다.

우리가 자동차와 반도체 수출이 많으니까 재벌 두세 개의 이익을 가지고 우리의 제조업이 강하다고 생각하지만, 그렇지 않습니다. 우리나라의 관세가 지금 7퍼센트거든요. 그거 낮추면 타격이 더 큽니다.

농업을 포기해도 제조업에서는 우리가 유리하다? 그렇지 않습니다. 너무나 많은 거짓말을 정부가 했어요. 성장률은 반드시 올라간다? 이것도 거짓말이에요. 언젠가는 다 밝혀질 수밖에 없는 너무나 큰 거짓말들이죠.

사회자 아, 이제 여러분을 보내드려야 할 시간인데요. 다 느끼셨죠? 숙대, 고

대, 이대가 아닌, '연대' 가 필요한 때입니다. ^(청중 웃음) 학교, 직장, 그리고 가까운 지역사회에서 연대할 수 있는 기회가 있다면 국민이 얼마나 무서운지 확실히 힘을 보여주시기 바랍니다. 선생님께 마지막으로 한 말씀 듣고 강연 끝내도록 하죠.

정태인 제가 한 마디 할 수 있는 시간을 확보했는데요. 청중 중에 아까부터 줄기차게 손 드신 분이 계시거든요. 그분의 질문을 듣고 싶습니다.

청중5 감사합니다. 한미 FTA의 모든 내용을 보았을 때 우리가 미국에 수출할 때도 고개를 숙여야 하고 수입할 때도 고개를 숙여야 하는 상황인 것 같습니다. 이렇게 철저하게 미국에 종속된 협상을 체결해야 하는 부끄러운 상황을 경제학자의 입장에서는 어떻게 생각하시는지 궁금합니다.

그리고 저는 정보통신 분야에서 일하고 있는 사람입니다. 지금 세계 거대 다국적 기업들이 우리나라의 정보통신 분야에 진출해 있고, 그들의 라이센스를 가지고 우리가 사업하고 있는 상태를 보면 우리나라가 정보통신의 강국이라 경쟁이 가능하다는 말도 허울뿐이라는 생각이 듭니다. 강의하실 때마다 정보통신 분야도 안전하지 않다는 말씀을 꼭 전해주셨으면 합니다.

우 리 가 갈 길 은 캐 스 팅 보 트 의 역 할

정태인 예, 제가 버클리에서 실리콘밸리를 연구해서 박사논문을 썼는데요. 그 과정에서 본 것들을 상기하면 말씀하신 정보통신 분야에 대한 내용이 충분히 이해가 갑니다. 저는 청와대에 있을 때, 저희 사무실을 마이크로소

프트로부터 벗어나게 하려고 했어요. 리눅스 시범 사용 지역으로 만들려고 했죠. 그것도 제가 나가니까 도로 돌아가더라고요. 미국으로부터 벗어나는 방법은 없어요. 그저 종속을 약화시키는 수밖에요. 우리나라의 수출에서 미국 시장이 차지하는 비율은 15퍼센트밖에 되지 않습니다. 중국이 훨씬 커요. 물론 우리나라의 부품이 중국으로 수출돼서 그게 다시 미국으로 들어가기 때문에 미국 경제가 나빠지면 우리가 피해를 볼 수밖에 없죠. 어쨌든 미국에 대한 의존도는 지금 낮아지고 있고, 특히 핵심 기술에 관해서는 더 낮출 필요가 있습니다.

하지만 제가 볼 때, 미국에 대해서는 실제 의존도보다 정신적인 의존도가 훨씬 커요. 특히 경제학자들이나 여타 지식인들의 미국 의존도는 상상을 불허합니다. 사고가 미국인보다 더 미국스러워요. 에피소드를 하나 드리자면, 제가 아까 말씀 드린 노벨경제학상을 받은 스티글리츠 교수가 우리나라의 해외자본단장을 맡을 뻔했습니다. 인수위 때 마침 한국에 와서, 제가 주선해서 노무현 대통령 당선자와 자리를 마련했어요. 그래서 대통령과 이야기가 잘 맞다 보니 해외자본단장을 맡기로 했는데, 그걸 청와대에서 거부했어요. 그 이유가 월스트리트가 싫어한다는 겁니다.

실제로 스티글리츠는 IMF나 월스트리트 비판을 많이 해요. 그래서 결국 이분을 우리가 해외자본단장으로 못 모시게 되었어요. 이 정도로 우리나라의 미국 편향은 심각합니다. 스티글리츠는 클린턴 정부의 경제자문위원회 위원장이었어요. 그때 월스트리트가 돈을 제일 많이 벌었고요. 그런데 월스트리트가 싫어할 거라는 자기 생각으로 우리나라에 도움 될 분을 거절해버린 거죠. 그런 분들이 우리나라에 조언을 했으면 이렇게까지는 안 됐을 거예요. 우리나라 지식인들이 얼마나 미국에 경도돼 있는지 알 수 있는 경우였죠.

앞으로는 아시아에서 중국과 미국이 패권 다툼을 하게 될 겁니다. 여기서 우리나라가 살아남기 위해 택해야 할 길은 중립밖에는 없습니다. 그냥 적절하게 견제해야 해요. 중국이 패권 잡는 것도 원하지 않고, 미국이 잡는 것도 원하지 않아요. 한쪽이 패권을 잡으면 거기에 종속되어야 하니까. 러시아 같은 나라들과 중립지대를 형성해서 양쪽을 견제하면서 캐스팅보트(casting vote)의 역할을 해야 해요. 우리들의 말을 듣도록 만들어야 해요. 그런데 한미 FTA를 하겠다는 것은 우리가 완전히 미국 편을 들겠다는 소리입니다. 중국하고 대립하겠다는 이야기예요. 이것은 외교안보적으로도 대단히 잘못하고 있는 것입니다. 강의를 들어주셔서 감사합니다. (청중 박수)

교수와 법률가의 배신

그들은 어떻게 한국을 어지럽혀놓았나

조국

교수와 법률가의 배신

2008년 4월 8일(화)

조국
서울대 법대 교수
국가인권위원회 인권위원
(전)참여연대 사법감시센터 소장

그들은 어떻게 한국을 어지럽혀놓았나

사회자 마지막 날입니다. 참여정부에 대한 농담 중에 "참여정부가 확실히 한 것은 전쟁 참여밖에 없다"는 말이 있었죠. 물론 과한 농담이고, 저도 완전히 동의하지는 않습니다. 그러나 제가 살고 있는 이 나라가 침략 전쟁에 동조하는 것을 용납할 수가 없어서, 1인 시위도 나갔고 〈한겨레〉에 칼럼도 쓴 적이 있어요.

그 칼럼을 쓸 즈음 제가 어린이들을 위한 헌법 책을 읽어봤는데요. 우리 헌법에는 '남의 나라가 침략 전쟁을 할 때 절대 발 담그지 않는다'는 내용도 들어 있다고 해요. 그런데 대통령 취임할 때 헌법을 준수하겠다는 선서를 하신 노 대통령이 이라크 전쟁에 동참했잖아요. 그래서 제가 칼럼에 노무현 대통령께 이 책을 선물해주고 싶다고 썼거든요. 그러면서 "가만 있어봐라. 청와대 주소가 어떻게 되더라? 아차, 그분께서 법조인 출신이시지? 이런 이런, 민망할 데가……"라고 칼럼을 마무리했더랬죠.

　　정치인 중에 법조인 출신이 굉장히 많잖아요. 같은 법전으로 공부를 했는데, 너무도 다른 이야기들을 하시죠. 그것은 몰라서가 아니라, 명분이 다르기 때문인 것 같아요. 법은 성경만큼이나 해석하기 나름이라 귀에 걸면 귀걸이, 코에 걸면 코걸이가 되겠구나 싶어요. 그럼에도 불구하고 조국 교수가 쓰신 『양심과 사상의 자유를 위하여』와 『성찰하는 진보』를 읽으면서 제가 드는 생각은, '다 차치하고 그야말로 법대로 하면 많은 것이 해결되겠구나' 하는 것이었습니다. 왜, 접촉사고가 나면 아저씨들이 때리지는 못하고 배로 막 밀면서 "법대로 해! 법대로!"라고 하잖아요. 법대로만 하면 의외로 해결될 일이 많더라고요.

　　전 몰랐는데, 교수님의 책을 읽어보니까 우리나라 법이 상상을 초월할 정도로 진보적인 내용이 많아요. 어쩌면 비현실적일 수밖에 없는 어린아이 같은 순진함이 혹시 세상을 바꿀 수도 있지 않을까 하는 생각을 해봤습니다. 그러기 위해서는 우리가 함께 꿈을 꿔야 한다고 외치는 한 법학자가 우리 곁에 있습니다. 요즘 찾아보기 힘든 '젊은 선비'십니다. 조국 교수님을 여러분께 소개합니다. (청중 박수)

조국　안녕하세요, 조국입니다.

사회자　방송에 얼굴을 많이 노출하는 분이 아니시기 때문에 진중권, 정태인 선생님처럼 많이 알려져서 연예인 같으신 건 아닌데, 일단 기본 외모가 참, (청중 웃음) 아마 여성분들 중에는 오늘만 강의 들으러 오신 분들도 꽤 계실 것이라고 생각합니다.

잘생기셨죠, 키 크시죠, 서울대 법대 출신에 같은 학교 교수시죠, 매너가 또 작렬하십니다.(청중 웃음) 그리고 정치적으로 올바른 삶을 살고 계세요. 참 신도 무심하시지요. 이름도 어쩜 그렇게, 연예인 가명도 아니고 말입니다. 이거 어떡해야 할까요. 본인은 본인을 어떤 남자라고 생각하세요?

조국 재미없고 밋밋한 '범생'이라고 생각하고 있습니다. 얼굴로 먹고사는 사람이 아니니 외모 칭찬은 민망할 따름입니다.

사회자 그런데 궁금한 건 선생님이 1965년생인데 82학번이세요. 저는 1968년생인데 재수 안 하고 학교 들어가서 87학번이거든요. 도대체 계산이 안 되잖아요. 저보다 세 살 많으신데 학번은 다섯 학번이나 높으세요. 해명 좀 해주세요.

조국 뭐, 학교를 빨리 들어가서 그렇습니다. 그 덕에 제 대학 동기들로부터 지금까지도 구박을 받고, 막내 취급당하고 있습니다. 대학을 빨리 들어간 게…… 그러니까, 특별한 이유는 없습니다. 그냥 공부하다 보니까 그렇게 들어간 거죠.

사회자 수재라 월반을 해서 대학에 빨리 들어가셨다는 말씀을 본인 입으로는 참 하기 힘드실 거예요. 그렇죠?(청중 웃음) 그러니 공부를 너무 잘하는 것도 알고 보면 좀 불편할 것 같아요. 우리나라는 '나이 공화국'이잖아요. 어떤 사고가 나도 결국은 나이 이야기로 끝나죠. "내가 집에 가면 너만 한 동생이 있어" 등등 주민증을 어쩌고 하면서요. 이런 세상에서 평생 동기들보다 어린 동생으로 살았으니, 불편하셨겠어요.

조국 한국 사회는 나이 사회기도 하지만, 학번과 군번의 사회입니다. 나이, 학번, 군번으로 세세한 서열과 층위를 나누죠. 적절한 호칭과 존댓말 사용 여부로 다툼이 생기는 경우도 많습니다. 봉건적인 이야기로 들릴지 모르겠습니다만, 조선시대만 하더라도 아무리 나이가 적다고 하더라도 한 훈장 선생님 밑에서 공부하면 서로 존댓말을 썼습니다. 아래위로 다섯 살 차이가 나는 사람끼리는 서로 존대를 했고, 그러다 보니 아호가 필요했던 것이죠. 사례를 보면, 한 훈장 선생님 밑에 아버지의 친구와 아들의 친구가 같이 공부하는 경우도 있었다고 하니, 서로 존대를 할 수밖에 없었을 것입니다. 제 생각에는 군사문화가 모든 영역으로 퍼지면서 군번 따지고 학번 따지다가 나이 따지게 된 것 같습니다. "내가 너보다 더 먹은 밥알 수가 몇 개인 줄 아느냐"류의 말이 여전히 돌아다니고 있지요. 저의 경우, 가능하면 후배 분들께도 말을 높이고 있습니다.

사회자 어느 누구도 나이 스트레스에서는 벗어날 수가 없을 것 같습니다. 대학 시절 이야기 좀 해주세요. 여러분, 〈진실게임〉이라는 방송 프로그램 보신 적 있죠? "진실의 종을 울려라!" 하면 가짜와 진짜가 갈리잖아요. 저는 그걸 보면서 진실의 종만 있는 줄 알았지, 서울대에 '정의의 종'이 있는 줄은 몰랐습니다.

조국 제가 대학에 다니던 1980년대 초반은 교내 시위에 참여하면 유기정학을 당하고 주동자의 경우에는 감옥까지 가야 하는 황당한 시절이었습니다. 어용 학도호국단 대신에 학생직선에 의한 학생회를 만드는 시도 자체가 징계사유가 될 정도였습니다. 그런데 저희 법과대학 앞에 정의의 종이라고, 작고 거칠게 생긴 종이 하나 있었습니다. 학교에서 시위를 하게 될 때마다 주동자가 그 종의 추를 땡땡 쳤고 그것을 신호로 학생들이 모였거든요. 그랬더니 어느 날인가는 제 주먹만 한 종추가 아예 사라져버렸어요. 나중에 교내 출입형사와 교직원들에게 물어보니 분실됐다고 하더라고요. 그런데 정치적 민주화가 되고 나니 어느새 다시 붙어 있더군요.

사회자 오히려 역효과가 났을 텐데요. 그 혈기왕성한 청년들에게 뻔한 거짓말을 하다니요.

조국 종추가 없다고 해서 시위를 못하는 것은 아니었지요. 스피커폰을 준비해서 모이곤 했습니다. 종이 달려 있던 종대에는 작은 현판이 붙어 있었는데, 거기에는 "하늘이 무너져도 정의를 세워라"라는 칸트의 말이 새겨져 있었습니다. 이 명언이 무색했던 시절입니다.

사회자 시대가 워낙 유치했으니, "그래, 떼 가라, 떼 가. 그거 없으면 우리가 시위 못하냐?" 하는 분위기였나 봐요. 어떻든 서울대 법대에 정의의 종이 있고, 그 종소리를 신호로 학생들이 모였는데 경찰도 군인도 아닌 학교의 직원들이 그것을 떼버렸다는 건 참 희한한 일입니다.

　　교수님은 법대를 졸업하시고도 법조인이 아닌 학자의 길을 택하셨는데요, 특별한 동기가 있었던 건가요?

조국 역사에는 가정이 없습니다만, 제가 지금 만약 대학에 들어간다면 법조인이 될지 모르겠습니다. 1982년에 제가 대학에 들어가서 처음 접한 것이 광주 민주화운동의 사진이었습니다. 물론 공식적으로 볼 수 있는 자료는 아니었고, 몰래 돌려 본 사진입니다. 그것을 보고 제가 충격을 많이 받았습니다.

　　그리고 학교에서 배우는 '법의 정신'이라는 게 있는데, 제가 눈으로 보는 현실은 그것과 정반대였습니다. 헌법에는 국민에게 집회 및 시위의 자유, 양심의 자유 등 각종 정치적 기본권이 있다고 명백히 적혀 있습니다만, 실제는 그렇지 않았습니다. 또한 노동3권이 있다고 적혀 있습니다만, 노동 현실은 전혀 그렇지 않았고요. 그런 상황에서 일차적으로는 제가 왜 법을 공부해야 하는지 동력이 생기지 않더군요.

당시 집권당이 '민주정의당'이었는데, 그 이름이 참 아이러니합니다. 전두환 씨가 쿠데타를 일으켜서 정권을 잡았는데, 정당 이름은 '민주적이고 정의로운 당'이라니 말이죠. 당시 저희가 이 민주정의당을 '육법당(陸法黨)'이라고 불렀습니다. 육사 출신과 법대 출신이 핵심을 차지하고 있었거든요. 저는 '내가 법을 공부하지만 적어도 육법당에 봉사해서는 안 된다'라는 결심을 하였고, 법조인이 아닌 길을 택해야겠다고 마음먹었습니다. 당시의 법 현실에 대해서 비판적인 입장을 가지다 보니, 자연스럽게 법조인이 되는 것보다는 법학자 쪽으로 빠지게 된 것 같습니다.

육법당에는 봉사하지 않겠다

사회자 지금 돌아보면 평생을 좌우하는 결정을 내리기에는 어리다고도 할 수 있는 나이였지만, 열혈 청년의 가슴으로 내린 진지한 선택이었을 것이라고 생각합니다. 상황이 존재를 규명한다고, 아까 말씀하셨다시피 지금 대학에 들어간다면 또 다른 선택을 하셨을 겁니다. 조국 교수님께서 '양심수' 출신의 학자이신 거, 여러분 아세요? '별'도 다셨어요. ^(웃음)

조국 아휴, 쑥스러운 이야깁니다. 큰일을 한 것도 아닌데요. 당시 위반법조는 국가보안법 제7조 '이적행위죄'였습니다. 박노해, 백태웅 씨가 '수괴'였던 '반국가단체'인 '남한사회주의노동자동맹'(이하 사노맹)을 이롭게 했다는 것입니다.

현재 캐나다에서 교수를 하고 있는 백태웅 씨는 저의 법대 1년 선배입니다. 대학 시절 백 선배는 서울대 학생회장을 하는 등 학생운동의 선봉에 섰다가 감옥을 갔는데, 저는 주로 글을 쓰고 후배 교육하는 활동을 했어요. 그리고 대학 졸업 후 저는 대학원에 갔고, 다시 백태웅 선배와 연락이 닿게 되었지요. 선배가 사노맹이라는 좌파 노동운동조직을 만들어 활동을 하고 있음을 알게 되었고 이리저리 도와드렸습니다.

1987년 6월항쟁으로 정치적 민주화가 개시되었지만 자본주의의 모순의 문제는 오히려 확대되고 있었고, 그 결과 여러 좌파 운동조직이 만들어졌습니다. 당시 저는 사노맹이 가지고 있던 사회주의의 전망이나 실천방략에 대해서 전적으로 동의하고 있지는 않았습니다. 그렇지만 그때나 지금이나 자본주의의 모순을 해결하기 위해서는 사회주의적 이론과 실천이 필요하며, 이를 통하여 민주주의는 더욱 발전한다고 생각해왔습니다. 민주주의는 주권자가 대표자를 선출하는 정치적 민주주의로 국한되는 것이 아니며, 가지지 못한 자, 힘이 없는 자, 일하는 자, 일하고픈 자가 사람답게 살 수 있게 만드는 사회·경제적 민주주의로 확장되어아 하기 때문이지요.

이후 박노해, 백태웅 두 사람은 차례로 체포되어 재판을 받고 투옥되었고, 사노맹은 해산의 길로 접어듭니다. 저는 대학원에서 계속 공부하고 있었는데 해산된 조직의 서류가 우연히 노출되어 공안당국에 전달되었고, 이 안에서 제 이름이 나왔던가 봐요. 그 덕분에 경찰청 대공분실에서 수사를 받고, 5개월 정도 서울구치소에 있었습니다. 개인적으로는 뒤통수를 맞은 듯한 기분이었습니다. 그러나 수많은 동기들이 대학 시절에 투옥되었기에 늦깎이로 '죗값'을 받는구나 싶었죠. 여러 가지로 괴로운 시간이었습니다만, 저 나름대로는 유익한 경험이었다고 생각합니다. 감옥 안에서도 흥미로운 경험이 많았습니다.

사회자 흥미로운 경험이라면 예를 들어 어떤 것들이 있었나요? 고문은 안 당하셨죠?

조국 수사과정에서 고문이라고 할 정도의 신체적 고통은 당하진 않았습니다만, 심리적 억압과 위협을 많이 느꼈습니다. 헌법상 진술거부권과 변호인의 조력을 받을 권리가 있었지만 신문과정에서 이를 제대로 행사하기란 참으로 힘들더군요. 법을, 그것도 형사법을 전공하던 제가 힘들었으니 일반 시민들은 어떨지 가히 짐작이 갔습니다.

재미있는 일은 구치소에서 있었죠. 수감자 대부분이 '혼거수용' 되었지만, 저는 '독거수용' 되었습니다. 그런데 저 말고 또 독방을 쓴 사람으로 사형수가 있었어요. 가끔이나마 교도관들이 이 사형수와 저를 방 바깥으로 불러서 '대접'을 해주었습니다. 여러 사람을 죽인 사람과 과자를 나눠 먹으며 이런저런 이야기를 나눈 경험은 특별했습니다. 가슴에 빨간 명찰을 단 그 사형수는 이후 '넥타이 공장'—사형집행대를 가리키는 교도소 은어입니다—을 거쳐 세상을 하직하지 않았을까 생각해봅니다.

그리고 조직폭력배 한 팀이 제가 있던 구치소 사동에 들어왔어요. 분산수용을 하니까 방마다 한 명씩 넣어뒀는데, 복도 맨 끝에는 '두목'이 있었던 모양입니다. 아침만 되면 이 친구들이 "형님, 안녕히 주무셨습니까!" 하는 거예요. 그러면 저쪽 끝에서 "그래, 너희들도 잘 잤냐!" 하는 대답이 들립니다. ^(청중 웃음) 자기 전에는 "형님, 편히 쉬십시오!" 하면 "그래, 너희도 잘 자라!" 하고요. 자신들의 내부결속을 다지며 동시에 바깥에는 세를 과시하기 위함이었겠지요. 아침, 저녁마다 이 소리가 들리는데, 나중에는 화가 나더라고요. 안 그래도 기분 좋지 않은 장소인데 말이죠. 그러다가 목욕을 하러 갔는데, 저와 이 친구들이 같이 목욕을 하게 되었습니다. 조폭과 일반수를 섞으면 문제를 일으킬 수 있으니까 저하고 같이 시켰나 봅니다.

사회자 일반이 아니셨나 봐요?^(웃음)

조국 그러게 말예요. 같이 목욕탕에 들어갔는데, 제가 그 친구들한테 화가 난 상태라 '하대'를 하였습니다. 그랬더니 한 친구가 저한테 와서, "너 왜 우리 형님한테 그런 식으로 말하냐" 하고 시비 걸더라고요. 그래서 모두가 벌거벗은 작은 목욕탕 안에서 해프닝이 있었습니다. 나중에 그 친구들이 밖에 나가게 되면 자기들 일하는 천호동에 꼭 들러달라고 하더라고요.^(청중 웃음) 출소 후 가보지는 못했네요.

사회자 아니, 어떤 해프닝이기에······.

조국 그냥 화가 좀 나서 초반에 기선을 제압했는데, 제가 그 당시에 정신적으로 정상이 아니었던지도 모르겠습니다.^(청중 웃음) 밖에서라면 그럴 수가 없었을 텐데 말이죠. 넘버원인 친구에게 바로 다가가 크게 고함을 질렀더니 이게 먹혔던 것 같습니다. 다행히 제가 키가 좀 더 커서 몸을 갑자기 밀어붙였더니 약간 놀랐나 봐요. 그 친구들이 제가 '공안사범'인 걸 알고 봐주었는지도 모르겠어요.

사회자 아, 조폭을 누르는 담력까지. 갖추지 못하신 게 없다 보니, 무서워서 뭘 물어볼 수가 없어요.^(청중 웃음) 남자분들, 오늘 괜히 오셨나 싶죠?

　　책에는 이렇게 쓰셨어요. "이런 경험들은 법학도로서 참여관찰과 현장실습의 기회였다."^(청중 웃음) 전공분야가 '헌법적 형사법학'이라고 하셨어요. 이게 구체적으로 뭘 이야기하는지 쉽고 간단하게 설명해주세요.

조국 형사법은 무엇이 범죄이고, 그 범죄에 대해 어떤 형벌이 내려지는가, 그 형벌을 집행하려면 어떤 절차를 거쳐야 하는가를 다루는 학문입니다.

그런데 우리 사회의 통념은 '범죄인' 하면 유영철 등의 흉악범을 생각하게 만듭니다. 그리고 범죄인의 인권을 말하면 사치스러운 이야기로 치부하기도 하지요. '헌법적 형사법학'이라 함은 이러한 형사법적 쟁점을 헌법정신에 비추어 판단하고자 하는 것입니다.

먼저 형사법 조문에 범죄라고 규정되어 있다고 무조건 정당성을 인정해서는 안 됩니다. 예를 들어 경범죄처벌법을 봅시다. 한 조항을 보면 '못된 장난(제1조 12호)'으로 다른 사람의 업무를 방해하면 처벌됩니다. (청중 웃음) 그런데 이 못된 장난이 무엇인지 아무도 알 수가 없습니다. 따라서 못된 장난이 무엇인지에 대해서는 국가의 자의적 해석이 가능합니다. 이러한 범죄구성요건은 헌법이 요구하는 '명확성의 원칙'에 반하는 것이지요. 또 다른 조항을 보면, '뱀이나 끔찍한 벌레(제1조 52호)'를 진열한 사람은 처벌됩니다. (청중 웃음) 이는 시골의 뱀 장수 아저씨들을 처벌하기 위한 것입니다. 저는 어려서 방학 때면 고향 시골을 방문했기에 뱀 장수 아저씨들을 많이 봤는데, 뱀 장수 아저씨가 '범죄인'이라는 생각이 든 적은 없었습니다. 당시 그분들은 요즘 말로 '엔터테이너'였어요. 이러한 행위는 범죄로서의 실질이 없으므로 범죄로 규정하고 처벌하는 것은 헌법정신에 반하는 것이지요. 양심과 사상의 자유 등 헌법적 기본권을 침해한다는 이유로 주목을 많이 받는 국가보안법 등과 같은 정치형법 외에도, 경범죄처벌법같이 미세하고 별 것 아닌 것처럼 보이는 영역에도 주목을 해야 할 것입니다.

헌법이 보장하는 형사절차상의 권리로는 묵비권과 변호인의 조력을 받을 권리 등이 있는데, 과거 군사독재 시절에는 이런 것들이 아무 의미가 없었습니다. 지금은 우리 모두가 이 권리를 알고 있습니다만, 묵비권이 왜 소중한지, 변호인의 조력을 받을 권리가 왜 필요한지 관심을 가져야 합니다. 신체구속된 형사피의자는 경찰서 유치장이나 구치소에서 행동의 자유가 박탈당한 채, 그리고 외부와의 교통이 두절된 상태에서 신문을 받습니다. 인신구속은 피구속자를 이전까지의 정상적인 사회생활로부터 갑작스럽게 차단시켜 행동의 자유를 박탈하므로, 피의자는 심리적·육체적으로 매우 취약한 상태에 놓이게 됩니다. 수사기관은 이러한 피의자의 상태를 이용하여 자백을 획득하려 노력하게 되며, 위법수사를 하고 싶은 유혹에 빠지게 되지요. 수사기관이 폭행이나 협박을 사용하지 않더라도 피의자는 낙담하고 무기력하게 되며, 나아가서는 자포자기의 상태에까지 이르러 수사기관의 요구에 응하여 허위자백을 하기도 합니다.

권위주의 시대 하에서 사용되던 '물고문', '전기고문' 등의 고강도(高強度) 고문은 '민주화' 이후 거의 사라졌지만, 협박이나 기망 등 불법한 수사방법은 여전히 사용되고 있습니다. "춘향이가 수청을 들게 하려면 월매 목에 칼을 씌워야 한다"는 비전(秘傳)이 검찰 내부에 유지되고 있는 현실은 씁쓸합니다. 또한 피해자가 피의자를 지목하였다, 공범이 이미 자백하였다, 피의자의 범행에 대한 목격자가 있다, 피의자의 범행을 입증하는 물증이 발견되었다 등의 거짓말을 하고 자백을 종용하는 방식, 피의자가 관련된 범행을 과장하여 추궁하여 실제 범죄를 자백하도록 하는 방식도 여전히 유지되고 있습니다. 그리고 수사를 받게 되는 피의자는 전문적인 범죄론 개념과 논리에 대하여 무지하기 때문에, 조서 작성시 교묘한 법률용어를 사용해 피의자의 의사를 왜곡할 가능성도 존재합니다. 저는 이러한 현실을 직시하고 묵비권과 변호인의 조력을 받을 권리를 강화하려는 노력을 하고 있습니다.

사회자 우리가 잘 몰랐던 분야지만 말씀을 들으니 그리 먼 이야기만은 아닌 것 같아요. 교수님은 사회 여러 분야에 관심이 많으시고 또 그에 대해 다양한 글을 써오셨습니다만, 오늘 이 자리에서 해주실 말씀은 주로 대한민국의 교수사회, 대학 그리고 법조계에 관한 이야기입니다. 이 시대에 마지막으로 남은 치외법권이라는 교수사회와 법조계를 적나라하게 파헤쳐주실 겁니다. 법학교수이신 선생님께는 자아비판이랄까, 내부고발과도 같은 고백이 되겠네요. 박수로 강연 청해 듣도록 하죠.^(청중 박수)

대학과 지식인들의 천박한 배신

조국 오늘 주제가 '배신'인데요. 뭘 이야기할 수 있을까 생각해보니 제가 모르는 것은 이야기할 수 없을 것 같고, 법과대학 교수이다 보니까 대학, 법학, 교수, 학자에 대한 이야기를 해야겠다는 생각이 들었습니다. 1992년 만 27세를 앞두고 울산대학교 전임강사로 발령이 난 후 지금까지 대학에서 생활을 했으니, 이 문제는 저 개인적으로도 중요한 사항입니다.

　　우리 사회에서 대학이란 게 뭐냐, 교수라는 게 뭐냐, 학자가 뭐냐 하는 문제에 대해서는 이미 많은 논란이 있습니다. 과거와 다르게 대부분의 고등학교 졸업생이 대학에 입학하는 상황에서 대학생 하면 '지식인' 또는 '예비 지식인'이라는 등식이 성립하지 않게 되었습니다. 또 과거에는 교수라고 하면 그 자체로 도덕적 권위가 부여되었지만, 지금은 그렇지 않습니다. 대학을 졸업해도 취직하기가 힘들어서 '88만 원 세대'라는 말까지 나오는 상황에서, '대학이란 게 대체 뭐냐' 생각해보지 않을 수가 없습니다. 그리고 대학 바깥에서는 "대학에서 쓸데없는 공부를 하는 것 같다. 취직에 도움되는 공부를 해야 한다"라는 이야기가 들리기도 하고요. 학생들의 경우 각자 다른 전공으로 대학에 입학했지만, 도서관에 가보면 모두가 영어와 상식 책을 펴놓고 있거나, 혹은 고시를 준비하고 있습니다. 다른한편으로는 대학교수들이 경쟁력이 있어야 하는데, 자꾸 딴짓을 하는 것같다는 비판의 목소리도 있습니다. 예컨대 학문 연구는 제쳐두고 국회의원 배지를 달려고 안달인 사람도 있기 때문이지요.

이러한 현상이 지금 우리 대학들의 모습이며, 대학 공동체 안에 있는교수와 학생이 감당해야 할 현실입니다. 그렇다면 우리 사회에서 과연 대학의 역할이 무엇이며, 또 교수는 무엇을 해야 하는가에서 출발해보고자합니다.

대학을 왜 가는가? 당장 취업을 하려면 대학 졸업장이 필요하니까 간다는 실용적인 답변이 나올 것입니다. 그런데 그것만일까 생각해봅니다.대학교 4년 동안 당연히 사회에서 필요로 하는 여러 가지 지식을 배워야합니다. 그런데 대학을 '大學'이라고 규정한 이유가 무엇인지에 대하여역사를 거꾸로 올라가서 살펴볼 필요가 있습니다. 서양에서 대학이라는게 만들어졌을 때는 철학, 의학, 법학 등을 가르쳤습니다. 서양 역사에서대학은 지배계급을 배출하는 기능도 하였지만, 동시에 대학 밖에 존재하던 기성의 것을 비판할 줄 아는 자를 배출하는 역할도 하였습니다. 사회모순에 대한 비판이건, 기존의 과학적 지식에 대한 비판이건 말입니다.

우리나라 역사에서는 성균관이나 홍문관 같은 기관이 대학에 비유될수 있을 것입니다. 당시 이런 기관에 있었던 선비 중에는 권력지향적인 선비들도 많았습니다. 그렇지만 참된 선비들의 경우, 고향에서 공부를 하다가 어느 정도 실력이 쌓이면 관직으로 나가는데, 이중 상당수는 종종 왕과 목숨을 걸고 싸웠습니다. 귀양 가라고 하면 귀양 가고, 죽으라고 하면 죽으면서 싸웠지요. 그리고 아예 출사(出仕)를 하지 않고 사림(士林)에 묻혀 권력을 비판하는 선비들도 많았습니다. "왕대비는 세상 물정 모르는 일개 과부에 불과하고 임금은 선왕의 한낱 어린 아들이니"라며 왕과 대비를 격노하게 만든 '단성소(丹城疏)'를 쓴 남명(南冥) 조식(曺植), 대궐 앞에서 도끼를 들고 꿇어 앉아 자신의 목을 치라며 상소를 올린 중봉(重峯) 조헌(趙憲)의 예를 생각해보십시오. 물론 사림과 왕 사이의 여러 투쟁에서 모두 사림이 옳았다고 말하려는 것은 아닙니다. 당시에도 학문 연구는 기성의 것을 비판하고 대안을 제시하려는 노력과 떨어질 수 없었다는 것입니다.

다시 말씀 드리자면, 서양이나 우리나라 모두 예로부터 대학에서 배워야 할 것은 한편으로는 생업을 위한 실용적 기술이지만 동시에 기성의 것을 비판하고 대안을 찾는 사고 틀, 전망, 방법이라고 할 수 있겠습니다. 저는 특히 후자를 강조합니다. 그런데 어느 순간부터 이러한 대학의 기능이 약해지기 시작했습니다.

사회구성원의 수준이 높아지고 정보화사회가 되면서 특별한 소수만 지식을 독점하는 체제는 끝났습니다. 대부분의 사람들이 대학 바깥에서 책, 언론, 인터넷 등을 통하여 원하는 지식을 획득할 수 있습니다. 이러다 보니 대학을 졸업했다는 것, '명문 대학'을 졸업했다는 것만으로는 그 사람의 지적 수준이나 폭이 그렇지 않은 사람보다 우월하다고 단언하기가 어려워졌습니다. 예컨대 장정일 작가나 김기덕 감독의 경우 대학을 나오지 않았지만 세상과 사람을 보는 눈과 예술적 능력은 대학을 나온 어느 작가나 감독보다 탁월하다고 할 수 있을 것입니다. 이러한 지점에 대학의

근본적 위기가 있습니다. 과거에는 대부분의 지식인이 대학을 통해 배출됐는데 지금은 그렇지 않으니, 대학이 가지고 있던 기존의 기반이 많이 흔들리는 것입니다. 그리고 IMF 이후 신자유주의의 바람이 대학 내부에도 몰아치면서 교수든 학생이든 대학 공동체의 구성원들이 휘청거리고 있습니다. 학생들은 졸업 후 취업이 지상목표가 되어버렸고, 교수들의 경우도 불안한 고용조건에 처해지면서 교수노조까지 필요한 상태가 되었습니다.

한편 교수들의 윤리도 문제가 되고 있습니다. 예를 들어 이번 총선에 '폴리페서(polifessor)'들의 등장이 눈에 띕니다. 과거 해방 이후 주미 한국대사관에 근무했던 그레고리 헨더슨(Gregory Henderson)은 한국 정치를 "중앙권력의 단극자장(單極磁場)으로 휘몰아치는 소용돌이의 정치"로 규정한 바 있습니다. 중앙권력을 둘러싸고 극단적인 흑백대결이 계속된다는 것이지요. 이 '소용돌이'라는 개념을 빌어 말하자면, 한국사회에는 여러 중요한 분야가 있는데, 정치는 자신이 필요할 때 다른 모든 분야의 인재를 빨아들이고 그 다음에 부셔버리는 일을 하고 있습니다. 이념과 노선에 기초한 정당정치가 안착되지 않은 상태라, 선거 때마다 '뉴 페이스'가 필요하고 '새 피'를 수혈받아야 하는 겁니다. 정치권이 아닌 다른 영역에서 괜찮은 사람을 뽑아 쓰고 버리고 또 쓰고 버리는 일이 반복됩니다. 이때 교수는 주요한 새 피 공급원(源), '흡혈'의 대상이었지요. 수혈되는 교수의 입장에서는 학문 연구와 학생 가르치는 일이 재미없어지거나 시시하게 느껴지고, 반면 정치권력이 더 매력적으로 보였겠지요.

저는 이념과 정책에 기초한 정당정치가 자리 잡지 못한 한국 사회에서 교수가 정책을 가지고 기여하는 것은, 보수와 진보 어느 당이든 간에 필요하다고 생각하고 있습니다. 문제는 정치에 진출함에 있어서 교수가 자신만의 비전과 실력을 갖추지 않았을 경우 소용돌이로 들어가서 부서지고 만다는 것입니다. 내공이 없으니까요. 무협지 식 표현을 빌자면 열심히 수련을 해야 1갑자(甲子), 2갑자의 내공을 쌓아 '금강불괴(金剛不壞)'의 몸이 되지 않습니까?^(청중 웃음) 금강불괴의 몸이 되어야만 강호에 나가더라도 자기 몸을 지키고 대의를 실현할 수 있겠지요. 토머스 모어(Thomas More)의 『유토피아』를 보면, 여러 대화 중에 질문자가 "정치는 서비스가 아닙니까? 지식을 가지고 있으면 대중에 대한 서비스를 해야 하는 것 아닙니까?"라고 묻습니다. 그러자 주인공은 이렇게 대답합니다. "공적 서비스(service)와 노예 상태(servitude)는 철자 몇 개의 차이일 뿐입니다." 그렇습니다. 정치로의 진출은 항상 '노예 상태'가 되는 위험을 내포하고 있습니다.

생각건대 교수는 자기 전공에 대해 깊이 있게 연구하는 것이 본분입니다. 아주 작고 좁은 주제를 가지고 깊게 연구해서 논문을 써야 하는 사람입니다. 어떤 사람은 지렁이의 특성을 실험하고, 어떤 사람은 신체반응을 연구하며, 또 어떤 사람은 고문헌의 해석에 매달립니다. 자신의 논문을 실제 읽어보는 사람의 수가 열 손가락으로 꼽는다고 할지라도 말입니다. 돈과 권력의 관점에서 보면 미미해 보이는 분야를 교수들은 평생을 바쳐 공부하게 됩니다. 그리고 이것이 쌓이면 사회의 기초가 튼튼해집니다.

학자를 부셔버리는 소용돌이의 한국 정치

그런데 우리 사회는 '과잉정치화'된 사회입니다. 다양한 분야에서 유능한 사람들이 깊이 뿌리를 내리기 전에 정치권에서 쏙쏙 뽑아 먹는 거예요. 예컨대 텔레비전에서 "KBS 기자 아무개입니다" 하고 얼굴이 자주 나오다가 어느 날 갑자기 출마를 합니다. 저 역시 이름이나 얼굴이 이곳저곳에 팔렸다고 생각합니다. 제 나름대로 사회적, 정치적 발언을 하고 있고, 또 당연히 해야 한다고 생각하고요. 하지만 제가 이러한 것들을 활용해서 어느 날 지역구에 출마하여 "한 표 달라"고 나서는 것은 다른 문제거든요. 본디 해야 할 학문에는 소홀한 채 교수라는 간판을 정치권으로 들어가기 위한 사다리로 사용하는 것은 부끄러운 일입니다.

'선진국'의 경우 교수와 정치권이 긴밀하게 연결되어 상호작용을 하고 있습니다. 소속 정당을 분명히 밝히고 정책 생산에 일조하는 교수도 많으며, 교수 출신이 의원이나 장관이 되는 경우도 종종 있습니다. 예컨대 미국의 오바마 대통령 후보는 시카고 로스쿨의 헌법교수였고, 라이스(Condoleezza Rice) 국무장관은 스탠퍼드 대학의 정치학 교수였지요. 그러나 기본 전제는 교수와 대학이 독자의 논리와 독자의 문법을 갖고 뿌리를 내렸다는 것입니다. 그것이 안 될 때 사회에는 정치만 남고 다른 영역들은 뿌리가 없는 상태에서 말라비틀어지는 상황이 벌어집니다.

제가 조사해보니까 이번 총선에 50여 명의 현직 교수들이 출마하신 것 같아요. 직업 선택의 자유가 있으니 출마 자체를 비난하지 않겠습니다. 하지만 그분들이 출마 이전에 교수의 본분을 성실히 수행했는가를 따져보면 생각이 달라집니다. 학술진흥재단 웹사이트에 들어가면 전국 대학에 재직하는 현직 교수의 업적을 확인할 수 있는 프로그램이 있습니다. 이번에 출마하신 교수들의 이름을 쳐서 검색해보면 근래 5년간 논문을 한 편도 쓰지 않은 분도 계시고, 최근에 청와대에 가셨다가 낙마한 모 교수

같은 경우는 10년간 한 편도 쓰지 않으셨어요. 또는 제자의 논문을 그대로 옮겨 문제가 된 분도 있지요. 이러한 분들을 보면 교수로서의 기본은 행하지 않으면서 권력자가 되고 싶다는 욕망만 키워왔던 것이 아닌가 싶기도 합니다. 우스개소리로 하는 이야기인데, 평균적으로 일 년에 좋은 논문 한 편 이상을 쓰지 않은 교수는 선출직이건 임명직이건 고위공무원이 될 수 없다는 법을 만들면 어떨까 하는 생각이 들 정도입니다.

조선시대 선비 이야기를 다시 하겠습니다. 당시 선비 중에도 벼슬을 얻고 유지하는 것 자체를 학문의 목적으로 삼은 사람이 많았습니다. 그러나 제대로 된 선비는 학문에 임하다가 기회가 되면 관직을 받고 봉사를 했습니다. 서애(西厓) 류성룡(柳成龍)같이 훌륭한 학자로 시작하여 임진왜란의 난국에서 나라를 구하는 데 앞장선 훌륭한 정치가가 된 경우도 있습니다. 조선시대는 학문과 정치가 결합된 사회였는데, 당시에도 학문적 능력과 탐구가 없는 선비는 존중받지 못했습니다. 그리고 제대로 된 선비는 관직을 수행하는 도중 왕이 직언을 듣지 않거나 붕당정치 속에서 자신의 뜻을 펴는 것이 막히면 깨끗이 물러나서 고향으로 돌아가 제자를 가르치다 죽었습니다. 서애도 영의정, 도체찰사(都體察使)로서 변덕스럽고 질투심 많은 왕 선조를 모시고 전쟁을 마무리한 후에는 관직에서 물러나 은거했습니다. 자기 중심이 벼슬과 학문 사이 어디에 있어야 하는지를 분명히 알고 있었던 것이지요. 현대 한국사회의 폴리페서들은 이러한 모습을 배워야 하지 않을까요? 우리 시대에 정치 참여, 사회 참여를 하고 있는, 또는 하려는 교수들은 앞에서 말한 남명 조식과 서애 류성룡으로부터 배워야 할 것입니다.

지금까지 대학과 교수에 대한 이야기를 했습니다만, 이제는 학문에 대해 생각해보고자 합니다. 우리 사회에서 문·사·철(문학, 역사, 철학)을 공부한다고 하면 취직되겠느냐는 걱정이 돌아옵니다. 그런데 현대사회를 지식기반사회라고 부르고, 지식기반사회의 핵심은 지식경쟁력이라고 합니다. 전 세계의 석학들이 지식경쟁력을 키워야 한다는 이야기를 하고 있지요. 이 경쟁력을 키울 힘은 어디서 나오는 것일까요? 현 정부는 실용, 실용 하고 있지만 진정한 지식경쟁력은 문·사·철과 자연과학 역량에서 나옵니다. 그리고 지식경쟁력은 창조력에서 나옵니다.

과거 한국사회가 경제개발을 지상과제로 삼던 시절, 우리 교육의 목표는 무엇이었습니까? 중급 정도의 표준적 역량을 가진 사람을 대규모로 빠른 시간 안에 배출해내서 나라 전체의 수준을 높이자는 것이었습니다. 돌이켜보면 제가 어려서 사용했던 각종 물건, 시청했던 텔레비전 만화 등의 상당수가 일본 것을 베낀 것이었어요. 즉 빠른 시간 안에 외국 것을 베껴서 활용하여 사회 발전을 이루고자 하였지요. 현재 우리나라에서 신차가 개발되면 몇 달 후에 중국에서 '짝퉁 차'가 나옵니다. 우리는 중국을 욕합니다만 과거 우리의 모습이 그랬어요. 생각건대 지금 중국사회의 목표가 과거 우리가 가졌던 것과 같은 모양입니다.

하지만 현재 한국사회의 수준과 목표는 달라졌습니다. 중급의 표준적 역량을 넘어서는 사람, 기성의 것을 모자이크하고 정리하고 모방하는 수준을 넘어서는 사람이 필요합니다. 인문, 사회, 자연 모든 분야에 그러합니다. 그리고 이런 사람을 길러내는 곳이 대학이어야 할 것입니다. 저는 경제학자는 아닙니다만, '한반도 대운하'를 위하여 땅을 파면 현 정부가 강조하는 국가경쟁력이 높아질지 극히 의문스럽습니다. 대학을 실용화시키면 지식경쟁력이 높아질 것이라고 생각하지도 않습니다. 대학이 깊이 생각하고 넓게 보는 능력을 갖춘 사람을 배출할 수 있을 때 지식경쟁력이 높아지고 이어 자연스럽게 국가경쟁력도 높아질 것이라 생각합니다. 또한 대학이 기발하고 창조적이고 도전적이며, 심지어 모험적으로까지 보일 수 있는 사고, 구상, 시도를 북돋우고 키워낼 때 지식경쟁력과 국가경쟁력이 강화될 것입니다.

법률가 집단의 어두운 공모

저는 대학에서 법학을 전공한 이후 지금까지 법학을 직업으로 하고 있지만, 개인적으로 이 세상에서 제일 훌륭한 사람은 '법 없이도 살 사람'이라고 생각합니다. '무법천지'와는 다른 의미에서 법 없이도 살 사람이 많은 사회가 좋은 사회예요. 법이 있는지 없는지도 모르고, 어떤 제재가 있는지도 모른 채 자기 마음대로 말하거나 행동하는데도 전혀 법에 저촉되지 않는 사람 말입니다. 하지만 법 없이도 살 수 있는 사람들이 많지 않기 때문에 현실적으로 법이 필요함은 물론입니다.

통상 우리는 법이라고 하면 힘이나 권력을 떠올립니다. 법은 권력의 도구, 법을 위반하면 감옥에 간다는 관념이 강하게 존재하고 있지요. 그래서 법은 가까이하기 싫은 것, 꺼려지는 것, 나와는 거리가 먼 것 같고, 법조계의 사람들은 특별한 지식을 가진 특별한 존재로 여겨졌습니다. 원래 법이란 국민의 생명, 자유, 재산을 지키기 위한 도구여야 하고, 법률가란 국민에게 법률 서비스를 제공하는 '서비스업 종사자'이어야 함에도 말입니다.

이러한 현상이 생긴 데에는 여러 가지 이유가 있지만, 그중 법률가 집단의 '공모'도 한 몫을 하였습니다. 현재 사법시험의 합격자 수는 매년 1천 명 정도 되는데, 합격률은 1~2퍼센트밖에 안 될 겁니다. 제가 대학에 다니던 1980년대에는 200명 정도를 뽑았어요. 1970년대로 가면 많아야 열 명, 심지어는 한 명을 뽑은 해도 있었습니다. 박정희 정권에서 사법시험에 뽑힌 사람은 즉시 사회 귀족층에 편입되었습니다. 프랑스 절대왕정시기의 신층귀족집단이었던 '법복(法服) 귀족'과 유사한 존재가 된 것이지요.

극소수의 인원에게 법률가 자격이 부여되고 자연스럽게 고위 법관, 고위 검사의 길이 보장되며, 법률지식의 공급자가 극소수였기 때문에 퇴임 후에도 고수익의 영업이 보장되었습니다. 이 구조가 유지되는 한 법률가는 법복 귀족으로서 기성의 체제와 유착할 수밖에 없었지요. 법 때문에 고통받고 법적 조언과 지원이 실제로 필요한 사람에게 서비스하는 것이 아니라, 자기를 뽑아준 사람과 체제에 대해서 '노예' 역할을 하게 된 것입니다.

현재 변호사협회는 변호사 수가 너무 많다고 불만을 토로합니다. 그러나 저는 우리 사회에서 변호사는 여전히 부족하다고 생각합니다. 물론 근래 변호사 중에 파산한 사람도 있습니다. 그런데 파산한 변호사 분이 어디에서 개업했을까요? 서초동입니다. 서초동 변호사에게 서비스를 받으려면 1회 수임료가 적어도 300~500만 원입니다. 서초동은 임대료가 매우 높고 경쟁이 치열함에도, 고액의 수임료 수익을 기대하며 들어갔다가 파산한 것입니다. 제가 아는 후배는 학생운동에 참여하는 바람에 늦게 사법시험에 합격해서 봉천사거리에 개업을 했습니다. 그런데 그 변호사는 낮은 수임료를 받는 대신 새로운 법률 서비스 영역을 개척하면서 지금까지 아무 문제없이 잘 지내고 있습니다.

한국사람들의 자산의 1위가 집인데, 집을 사고팔 때 변호사의 도움을 전혀 받지 못합니다. 수임료가 비싸기 때문이지요. 그런데 그 집의 법적 상태에 대한 파악이 제대로 안 되거나 계약이 부실하여 나중에 낭패를 보는 일이 왕왕 발생합니다. 아파트 단지 상가 안에 변호사 사무실이 있는 것 보셨나요? 못 보셨을 것입니다. 외국에는 웬만한 주거지역에는 다 변호사 사무실이 있습니다. 이럴 때 국민을 위한 법률 서비스가 원활해지는 것입니다. 향후 지금보다 훨씬 많은 수의 변호사가 배출되어 보통의 시민들이 저렴한 비용으로 법률 서비스를 받을 수 있어야 할 것입니다.

이제 최근 도입된 국민참여재판에 대하여 말씀 드리고자 합니다. 저는 배심재판 도입론자로서 1990년대 중반부터 이 제도의 도입을 주장해왔습니다. 그러나 당시 다수의 법조인들은 시기상조, 또는 말도 안 되는 이야기라고 했습니다. 우리나라의 일반 시민들은 법률적 지식이 부족하고 연고에 얽혀 있기 때문에 부정확하거나 불공정한 재판을 할 것이라는 것이었죠. 그리고 법률은 아주 전문적인 지식체계이기 때문에 전문가가 다루어야지, 그렇지 않은 일반 시민에게 판결을 맡길 수 없다는 주장도 있었습니다. 그러나 저는 법률 논리에 대해서는 분명히 한 명의 법률가가 우수하나, 피의자가 범죄를 저질렀는지 아닌지는 다수의 평범한 시민이 더 잘 판단할 수 있다는 주장을 펼쳤습니다. 오래 전 영국의 철학자 제러미 벤담(Jeremy Bentham)도 다음과 같이 말한 바 있습니다. "상충하는 증거, 상충하는 사실이 논란될 때 그 사안에 대한 최상의 심판정은 배심일 것이다. 단독판사는 최악의 심판정일 것이다."

올해 초에 배심제가 도입되고 지금까지 전국에서 여러 건의 배심재판이 이루어졌는데, 법률을 전혀 공부한 적이 없는 일반 시민들이 아주 훌륭하게 유무죄 평결을 내렸고, 그 평결에 대부분의 판사가 동의하였습니다. OECD 가입 국가는 물론이고 대부분의 민주주의 국가가 배심제와 같은 시민참여재판제도를 운영하고 있었는데, 왜 우리나라는 이렇게 오랫동안 이 제도를 외면해온 것일까요? 여러 가지 이유가 있겠지만, 비법률가를 배제하려는 법률가들의 은밀한 음모도 한 몫을 하였다고 봅니다. 자신이 속한 직역(職域)의 구성원 수를 줄여서 몸값을 높이면서, 다른 한편으로는 자신의 직역 안으로 대중이 넘어오지 못하게 하는 전략을 구사했던 것입니다.

일반 시민이 이해하기 어려운 법률 용어를 쓰는 것도 같은 맥락에서 이해할 수 있을 것입니다. 그래야 시민들이 법률가의 도움을 받으러 갈 것 아닙니까? 법률 용어 중에 '원인으로부터의 자유'라는 것이 있습니다. "피고인의 행위는 원인으로부터 자유로운 행위이므로 책임이 없습니다"라는 주장에 사용되죠. 원인, 자유, 행위, 다 아는 단어이지 않습니까? 하지만 '원인으로부터 자유로운 행위'라고 하면 통상의 대중은 무슨 말인지 알 길이 없습니다. 그 뜻을 알려면 법률가에게 묻는 수밖에 없습니다. 뭐, 이 말의 뜻은 아주 간단합니다. 가령 내가 누군가에게 복수해야겠다고 생각하고 술을 마셨어요. 그런데 술에 만취가 돼서 필름이 끊긴 겁니다. 이렇게 제정신이 아닌 상태에서 복수하려던 대상을 때렸어요. 이런 상황을 '원인으로부터 자유로운 행위'라고 부릅니다. (청중 웃음)

법률가들이 우리가 접하게 되는 수많은 상황들을 법률적 용어로 정리해놓았는데, 이것이 매우 어렵고 이해하기 힘든 경우가 많습니다. 게다가 아주 어려운 한자를 사용하거든요. 일반 대중은 법전을 봐도 무슨 말인지 알 수가 없는데 법률 전문가들은 알고 있으니 그들이 특별해 보이겠지요. 그런데 배심원 재판을 통해서 이러한 생각이 틀렸음이 입증되었습니다. 법률 전문가가 아닌 배심원을 설득하기 위해서 변호사와 검사가 자신의 주장을 아주 쉽게 풀어서 설명했고, 그것을 들은 배심원들은 별 문제 없이 "피고인은 유죄이다", "저 증인의 말은 믿을 수가 없다" 등을 쉽게 판단할 수 있었습니다. 시민들은 입법자에게 법 자체를 알기 쉽게 만들라고 요구할 권리가 있습니다. 그리고 법을 해석, 집행하는 판사, 검사에게 내가 알아듣도록 말하라고 요구할 권리 역시 있습니다.

법은 무관심한 대중에 서비스하지 않는다

주권자인 우리 국민들은 국회의원, 대통령에 대해서는 관심이 많습니다. 정치인 이야기는 술자리의 좋은 안줏거리죠. 그들의 일거수일투족이 신문에 나고 전 국민이 관심을 갖습니다. 하지만 우리의 삶에 매우 중요한 영향을 미치는 판결을 누가 내렸는지는 아무도 관심이 없습니다. 여러분 중에 우리나라 대법관의 이름을 세 명 이상 아는 분이 있을까요? 제가 강의실에서 학생들에게 정치인 이름을 대보라고 시키면 강의실 끝까지 쭉 돌아갑니다. 그러나 대법관 또는 헌법재판관 이름은 세 명도 모르죠.

'새만금 사건' 이건, 노동권에 관한 문제건 대법관이 한번 판결을 내리면 그것에 기초해서 법이 바뀌고 삶이 바뀝니다. 사람과 제도가 그 판결에 따라 움직일 수밖에 없으니까요. 우리가 의식하든 그렇지 않든 법이 만들어지고 판결이 내려지면 우리는 그에 따라 제약을 받습니다. 국회의원들에게는 시민들이 항상 관심을 갖고 비판하고 욕도 하면서 감시와 통제를 하기 때문에 그들이 나름대로 조심을 합니다. 선거를 통하여 선출되므로 적어도 선거 기간만큼은 유권자에게 와서 악수나 포옹도 하고 순대국밥을 같이 먹는 척이라도 합니다. 그런데 판사와 검사는 우리의 삶에 결정적인 영향을 미치는 일을 하지만 우리가 뽑지 않습니다. 그렇다면 국민은 그들의 역할과 활동에 대하여 더욱 예민한 촉수와 배율 높은 현미경을 들이대야 하는데 그렇지 못했습니다. 법률가들이 스스로를 신성하게 만들었지만, 대중 역시 법에 대하여 무지했고 무관심했습니다.

이제 마무리할 때가 된 것 같은데요. 두 개의 법 상징물 이야기를 하겠습니다. 법(法)은 물수 변(氵)에 갈거 자(去)로 이루어져 있거든요. 물이 흐르듯 집행되어야 한다는 의미를 함축하고 있지요. 고대로 거슬러 올라가면 이 법법 자 위에 한 자가 더 붙어 있었는데, 그게 바로 상상의 동물인 치(廌)입니다. 해치(獬豸)라고도 불립니다. 중국 문헌인 『이물지』(異物志)에 따르면, 이 동물은 중국 기준으로 동북 변방에 사는 뿔이 하나 달린 동물로, 나쁜 자를 보면 바로 찔러서 옳고 그름을 판별한다고 하지요. 이 신수(神獸)의 동상이 서초동 검찰청에 세워져 있습니다. 1999년 동국대 법학과 손성 교수님이 기증한 것입니다. 그런데 그 해치 상이 검찰청 로비 안에 선 후에 검찰총장 등 고위간부가 비리에 연관돼서 구속됐어요. 그러자 검찰에서는 해치의 뿔이 검찰청 안을 향하고 있어 이런 일이 생겼다면서 해치의 방향을 돌렸습니다. (청중 웃음) 뿔이 검찰청 바깥으로 향하도록 말입니다. 스스로는 돌아보지 않고 바깥만 치겠다는 뜻이겠지요. 그런데 제가 최근에 또 다른 소식을 듣고 깜짝 놀라서 확인까지 하러 갔습니다. 검찰

21세기를 사는 지혜, 배신

청 로비 앞에 있던 해치를 통째로 뽑아서 청사 주변의 테니스장 옆에다가 놔뒀습니다. 씁쓸하더군요.

서초동 대한변호사협회 건물 안에는 정의의 여신(Justitia 또는 Dike) 상이 있습니다. 정의의 여신은 눈을 수건으로 가리고 한 손에는 천칭을, 한 손에는 칼을 들고 있는 것이 전형적인 모습입니다. 편견 없이 진상을 밝혀내고 균형 잡힌 판결을 하겠다는 의미겠죠. 그런데 우리나라의 정의의 여신은 종종 수건을 내리고 누가 자신 앞에 왔는지 살짝살짝 보는 것 같아요. (청중 웃음) 재벌 총수들이 몇 백억씩 회사 돈을 횡령하여 비자금을 조성해도 불구속재판 또는 6개월 정도 구속재판을 받은 후 집행유예를 받습니다. 그런데 한 중국집 배달원은 77만 원을 가로채 생활비로 썼다가 징역 10개월을 받았습니다. 현금 7천 원을 훔친 혐의로 구속기소된 사람에게 상습절도죄가 적용되어 징역 1년 6월이 선고된 사건도 있습니다. '유전무죄 무전유죄'라는 말을 되뇌지 않을 수 없지요.

유전무죄 무전유죄라는 말을 맨 처음 한 사람은 영화 〈홀리데이〉의 주인공으로 묘사된 지강헌 씨입니다. 지씨는 상습 절도범이었기에 당시 전두환 정부 시절에 있던 사회보호법이 적용되었습니다. 그래서 징역 7년에 추가로 보호감호 10년을 선고받았습니다. 절도에 대한 죗값으로 7년을 복역하고 난 후에도 청송보호감호소라는 중구금시설에 들어가 10년을 갇혀 있게 된 것입니다. 그런데 지씨는 전두환 씨의 동생인 전경환 씨가 새마을운동본부장으로 있으면서 공금 73억 6천만 원을 횡령하고 10억 원을 탈세했는데도 2년 만에 석방되었다는 소식을 감옥 안에서 듣습니다. 울분이 차오른 지씨는 탈옥을 감행하고 인질극을 벌이다가 결국 총에 맞아 죽었죠.

정의의 여신은 자신 앞에 온 사람이 남성인지 여성인지, 어떤 계급에 속하는지, 공부를 많이 했는지 적게 했는지 묻지 않고 그 사람이 행한 죄에 맞춰서 징치해야 함에도 불구하고 현실은 그렇지 않다는 것이 문제입니다. 노벨문학상 수상자였던 프랑스 소설가 아나톨 프랑스(Anatole France)는 다음과 같은 야유를 던진 바 있습니다. "법은 그 장엄한 평등 속에서, 가난한 사람뿐만 아니라 부자에게도 다리 밑에서 자고 거리에서 구걸하고 빵을 훔치는 것을 금하고 있다." 이러한 야유가 우리 사회에도 통한다고 생각하지 않으세요? 그렇다면 우리 사회의 법률가들은 법의 정신을 배신하고 있는 것입니다.

제 강의는 이 정도로 마무리하고 이제 질문에 대해 답하는 시간을 갖도록 하겠습니다. (청중 박수)

사 회 곳 곳 에 서 일 어 나 는 전 문 가 집 단 의 음 모

사회자 전문가 집단의 음모 말이에요. 저도 참 할 말이 많고, 이것에 대한 칼럼도 썼는데요. 〈몽유도원도〉(夢遊桃源圖)라는 그림 아시죠? 이게 이름이 바뀌었잖아요. 〈꿈속에 거닐던 복숭아밭〉이라고, 얼마나 예뻐요. 얼마나 좋고요. 몽유도원도, 무슨 소린지 모르죠. 진작 바꿨으면 얼마나 좋습니까.

은행에 가보면 당최 무슨 소린지 알 수가 없는 서류들뿐이잖아요. 의무교육만 마치면 웬만한 서류는 혼자 작성할 수 있어야 하지 않나요? 대학교, 대학원, 박사까지 마쳐도 자기 분야 아닌 건 읽을 수도 없어요. 유적지에 가봐도 주삼포 기둥에 맞배 지붕이니 뭐니, 이건 '로써'와 '하니'

만 우리말이지, 중국말인지 뭔지 못 알아듣겠어요. 누구 보라고 쓴 걸까요? 자기들끼리 학술회의 할 때나 쓰는 말이지, 초등학생들이 와서 미술 숙제로 그거 베끼고 있는데, 아마 교사들도 무슨 소린지 잘 모를 걸요. 그래서 저는 우리나라의 전문가 집단이 자기들끼리만 잘 먹고 잘살려는 음모인 것 같다고 생각했어요.

그런데 전문가 집단에서 나오신 전문가께서 오늘 이렇게 말씀해주시니 참 속이 다 시원하고 감사하네요. 저희야 신나지만, 제가 전에 의사는 서비스 집단이라고 말했다가 된통 얻어맞은 적이 있는데 선생님은 법조인들 사이에서 천기누설자로 미운 털 박히시는 거 아녜요?

조국 저는 이 문제를 오래 전부터 공공연히 지적해왔습니다. 초기에는 "잘난 체하며 나댄다" "변호사자격증이 없으니 샘이 나서 법률가 욕한다"는 등의 비난이 들려오더군요. 그런데 근거와 자료를 제시하면서 꾸준히 비판했더니 그런 비난도 사라졌습니다. 제 친구들 중 저를 잘 아는 법률가들은 처음부터 제 비판의 진정성을 알고 성원해주었고요. 무슨 조직이건 바깥에서 세게 비판을 해주어야 안에서도 변화를 추구할 수 있다고 감사하는 친구도 있습니다.

저는 법률가가 엘리트 집단에서 서비스 집단으로 바뀌어야 하며, 법률가들의 의식도 마찬가지로 변해야 한다고 생각합니다. 대중과 유리된 채 스스로를 신비화하는 폐쇄 집단에서 벗어나 대중과 같이하고 대중에 봉사하는 집단으로 바뀌어야 한다는 것이죠. 배심재판이 결국 도입된 것처럼 민주주의의 성장은 이러한 변화를 요구하기 때문이지요.

사회자 병원도 대학병원의 독선이 더 심하잖아요. 회진을 도는 선생님은 거의 신과 같은 존재죠. 환자들은 엄연히 돈을 내고 서비스를 받는 손님인데도 불구하고, 마치 죄인처럼 굽신거리게 되거든요. 지방에서 올라오신 어르신들은 덜덜 떨기까지 하세요. 그리고 환자 보호자로서 밤새도록 옆에서 지켜봤으니 회진하는 의사에게 말하고 싶은 내용도 있단 말이에요. 이야기 좀 하려고 하면 옆에 서 있던 인턴이나 레지던트 의사들이 가까이 가지도 못하게 경호원처럼 가로막아요. 그러고 나서 보호자가 써낸 것을 읽은 인턴이 보고를 시작하면, 외계인어 같은 게 나오잖아요. (청중 웃음) 그거 진짜 오줌 몇 씨씨 눴고, 방귀 뀌었다 뭐 이런 이야기예요. 그 말 보호자가 하면 안 돼요? 여러분도 주권 확립을 위해서 전문가 집단의 권위주의 해체에 좀 더 적극적으로 개입하셔야 할 것 같습니다.

아까 해치 이야기 너무 재미있었는데요, 선생님이 최근에 내신 책을 보니까 이런 내용이 있어요. 성경의 누가복음 말씀이라는데요, "저주받으리라, 법률가여. 너희는 지식으로 들어가는 열쇠를 가지고 너희 자신도 들어가지 않고 들어가려는 사람들까지 막았다." 그리고 『걸리버 여행기』를 쓴 작가 조너선 스위프트(Jonathan Swift)는 이렇게 비꼬았대요. "법률가 집단은 받은 보수에 따라 흰 것을 검게, 검은 것을 희게 만들기 위해 잡다한 말을 늘어놓고 그 말로 자기주장을 입증하는 기술을 가진 집단이며, 나머지 백성들은 모두 이 집단의 노예이다." 그리고 세익스피어는 자신의 작품 〈헨리6세〉(Henry Ⅵ)에서 "좋은 세상이 왔을 때 제일 먼저 해야 할 일은 법률가들을 모두 죽이는 것이다"라고 말했다네요. (청중 웃음) 이렇게까지 쓰셨습니다. 이 정도로 자신을 강하게 깎는 노력이 없이는 오래 쌓여온 자기 병폐를 씻지 못하겠지요.

동료들이 다 법률가인데 이런 말씀을 기분 좋게 하시는 건 아닐 거예요. 그만큼 인고의 노력이 있어야 한다는 뜻일 것입니다. 아, 제가 책을 읽은 독자로서 질문하고 싶은 게 하나 있는데요. 정치적으로 올바로 살기 위해서는 단어 선택부터 올바로 해야 한다는 말씀을 하시면서 '혼혈'이라는 단어 속에는 '탁혈'이라는 뜻이 포함되어 있다고 쓰셨거든요. 섞였다는 의미뿐 아니라, 섞여서 지저분하다는 뜻이 이미 들어 있다고요.

조국 그건 제가 비판적으로 생각해본 함의입니다. 사전적 의미가 그렇다는 것은 아니고요. 그런데 '혼혈(混血)'의 반대는 '순혈(純血)'일 텐데, 순혈에는 순수하다는 의미가, 반면 혼혈의 '혼'에는 이미 부정적인 의미가 포함되어 있지요. 우리가 혼혈이라는 단어를 사용할 때는 마치 원래는 순수한 피가 있으나 혼혈은 그렇지 않다는 느낌을 전제하고 있는 것 같아요. 저는 생물학적으로 볼 때 모든 인간이 혼혈이라고 생각합니다. 한민족 자체도 문화적(ethnic)으로 한 민족일 뿐이지, 생물학적으로는 여러 인종이 혼합되어 있음이 분명하지요. 아주 오랜 세월 동안 중국, 일본은 물론이고 위구르, 인도 등에서 많은 사람이 한반도에 와서 정착을 했어요. 제 고향이 경남의 작은 농촌인데, 가야시대 허 황후가 도착한 해안에서 김수로 왕을 만나러 가던 길 위에 있습니다. 당시 허 황후가 혼자 오진 않았겠죠. 여러 명의 수행인들이 함께 와서 경남 지역에 안착했을 것입니다. 이 점에서 제 몸 속에도 인도인의 피가 흐를지 모를 일이에요.

사회자 수많은 외침, 이민족과의 교류가 있었는데 민족 간의 결합이 한두 번이었겠습니까? 그리고 가까운 친족끼리 결혼하면 바보가 나온다잖아요. 한민족은 세계적으로 똑똑하기로 유명한 민족이니까, 아마 섞여도 많이 섞였을 겁니다. (청중 웃음) 아, 이제 '살색'이라는 단어가 폭력적이어서 법적으로 '살구색'으로 바뀐 거 아시죠? 혼혈이라는 단어 역시 좀 더 건강한 단어로 순화할 필요가 있을 것 같습니다. 이제 강의에 대한 질문을 받겠습니다.

'악법도 법이다?' 진정한 법치의 정신

청중1 최근에 대통령이 법치를 매우 강조하고 있습니다. 소크라테스(Socrates)
의 말대로 악법도 법이니 무조건 지켜야만 하는 것일까요? 진정한 법치의
정신이 무엇인지 알려주시면 감사하겠습니다. 그리고 전문가 집단의 음
모론을 이야기하셨는데, 최근 문제가 된 김앤장법률사무소가 떠오릅니
다. 이에 대한 선생님의 생각을 듣고 싶습니다.

조국 과거 권위주의적인 정권은 법에 대해 이렇게 이야기했습니다. "법은 무
조건 지켜라. 악법도 법이 아니냐, 실정법은 지켜야 하는 게 아니냐, 질서
를 지켜라." 그리고 대중이 "악법이 무슨 법이냐"고 반발하면 내놓았던
대답이 "소크라테스가 그렇게 말했다"였죠. (청중 웃음) 소크라테스가 악법도
법이라고 말하고 죽었는데, 소크라테스만도 못한 것들이 법을 어기려고
하냐는 식이지요.

　　그런데 일단 소크라테스는 '악법도 법이다'라는 말을 그런 식으로 한
적이 없습니다. 그는 재판 과정에서 자신은 "오로지 신께 복종할 것"임을
강조하며 악법과 배심원들을 조롱합니다. 그가 한 말을 정확히 옮기면,
"나는 죽음을 두려워한 나머지 그릇된 일에 관해서는 어느 누구에게도 복
종하지 않을 것이며, 복종하기보다는 차라리 죽겠다"입니다. 이는 "악법
에 복종하느니 차라리 죽어버리겠다"의 의미입니다. 이 속에는 부정의한
법을 반드시 준수하라는 의미는 전혀 들어 있지 않습니다. 그럼에도 그간
권력자는 소크라테스의 말을 "악법도 법이다"라는 말로 왜곡하여 사용한
것입니다.

　　우리에게 법치는 무엇일까요? 조금 전문적인 용어지만 '형식적 법치'

라는 게 있습니다. 민주주의 사회에서 국민의 대표기관이 만든 법률은 일단 정당한 것으로 추정되므로 그 법은 지켜야 한다는 요청입니다. 이와 동시에 '실질적 법치'라는 개념이 있습니다. 현대사회가 복잡해지면서 이 '실질적 법치'를 강조하게 됩니다. 법은 국민의 대표자인 국회의원들이 만들었기 때문에 형식적 법치의 요건이 충족되지만, 그 내용이 항상 옳은 것은 아니라는 겁니다. 그래서 국민이 법률의 실질에 대해 비판할 수 있고, 문제가 있는 법률은 바꿔야 한다고 말하는 것이 '실질적 법치'입니다. '실질적 법치'를 구현하는 기관 중의 하나가 헌법재판소입니다. 헌법재판소가 하는 일은 국회에서 만든 법을 위헌이라고 선언해서 날려버리는 거예요.

그리고 우리 일반 시민에게는 '시민 불복종권'이라는 권리가 있습니다. 형식적 법치가 충족된다 하더라도 실질적 내용에 문제가 있는 경우, 가능하면 합법적 수단을 다 동원해서 청원도 하고 법률을 개정하기 위해 노력해야겠지만, 그러한 노력이 다 무위로 돌아갈 때 그 법률에 대해 불복종할 수 있다는 것입니다. 영국의 식민지 지배에 맞선 간디(Mohandas Gandhi)나 미국 인종차별정책에 반대하여 투쟁한 마틴 루터 킹(Martin Luther King, Jr)의 활동을 생각해보시면 될 것입니다. 우리나라의 예로는 '낙선·낙천 운동'이 있습니다. 과거 성폭력, 뇌물 수수 등의 범죄를 저지른 사람들이 국회의원 후보로 나오자 시민단체에서 그들의 약력, 경력을 공개하려고 했어요. 하지만 당시 선거법으로는 후보자의 개인 정보를 알리는 것이 불법이었습니다. 황당하지요. 시민단체들은 여러 방법으로 청원을 했지만 선거법이 안 바뀌니까 결국 그 사실을 공개하였습니다. 그래서 선거법을 위반한 '범법자'가 되고 벌금형을 선고받았습니다. 하지

이 단체들이 법을 어겼다고 해서 비난만 할 수 있을까요?

그리고 김앤장은 우리나라 최강, 최대의 로펌이죠. 이 회사가 주로 변론하는 쪽은 외국의 다국적 기업이나 국내 대기업입니다. 그리고 김앤장의 고문이나 파트너였던 이들이 국가 권력의 고위직을 맡게 되는 경우가많고, 장관 등 고위 행정부 공무원이었던 사람들이 현재 김앤장의 고문자리를 맡고 있기도 합니다. 이들이 재경부 출신인 경우 재경부 대상 로비를 하겠지요. 그러다 보니 '김앤장 공화국', '권력의 회전문'이라는 말까지 나오지 않았나 싶습니다. 자세한 내용은 임종인, 장화식 두 분이 쓴『법률사무소 김앤장』이라는 책을 보시면 도움이 되실 것 같습니다.

폴 리 페 서 의   가 장   큰   피 해 자 는   학 생

청중2 저는 지금 여성가족부의 장관으로 계신 교수님 밑에서 수업을 들었던 학생입니다. 그 교수님 수업이 전공필수라서 어쩔 수 없이 두 개를 들었는데, 절반을 안 들어오셨습니다. 심지어 기말시험도 안 들어오셔서 한학기 내내 악몽 같았거든요. 오늘 아침 신문을 보니까 조국 교수님께서폴리페서에 대해 서울대학교 내에서 윤리 규정을 제정해야 한다는 건의문을 제출하셨다는 내용이 실려 있었어요. 그런데 이런 상황에서 제일 억울한 건 학생이거든요. 우리가 교수님에게 월급을 주면서 수업을 듣는 건데, 그렇게 수업에 소홀하다면 비싼 등록금을 내는 것이 합당하지 않다고생각해요. 학생의 입장에서 법적인 조치를 취할 수는 없겠습니까?(청중 웃음)

두 번째로 저희가 국민으로서 입법자인 정치인들에게는 관심이 많지만, 대법원 판사들처럼 판결을 내리는 사람들에게 관심이 없다고 말씀하셨는데요. 알고자 한다고 해도 언론에 노출되는 빈도나 정보의 양이 확실히 적거든요. 이것은 개인의 문제가 아니라 제도적 문제인 것 같습니다. 저희가 어떤 경로를 통해 법에 대해 관심을 가질 수 있는지 말씀해주시면 감사하겠습니다.

조국 일단 폴리페서 문제에 대해서 말씀 드리겠습니다. 얼마 전에 제가 속한 서울대학교에서도 말씀하신 것과 유사한 문제가 발생했습니다. 38세의 젊은 여 교수님인데 학교에 오신 지 얼마 되지 않아 국회의원 출마를 하시려 하였습니다. 그런데 휴직사유에 문제가 있고 학생들의 수업권 침해도 문제가 되어 소속 단과대학에서 휴직계를 수리하지 않고 사직을 권고하였는데, 본인은 이를 개의치 않고 지역구 출마를 강행하였습니다. 저를 포함한 중견, 소장 교수 사이에 이는 도저히 참을 수 없는 행위라는 데 의견이 모아졌고, 제가 건의문 초안을 작성하는 '총대'를 매고 여러 교수님들의 서명을 받아 제출한 것입니다. 아까 말씀 드렸다시피 교수가 진보든 보수든 정치에 관심을 갖는 것은 좋다고 생각합니다. 그러나 교수로서의 기본은 연구와 강의입니다. 정치 참여 때문에 기본을 하지 못하는 것은 문제입니다.

수업부실을 초래하는 교수에 대하여 학생들이 할 수 있는 법적인 조처는 있습니다. 수업을 안 한 것을 객관적으로 입증할 수만 있다면 학교 측을 대상으로 등록금 부분환급 소송을 낼 수 있을 것 같습니다. 보강을 하지 않고 수업 시간을 채우지 못했다면 등록금을 돌려받는 것이 당연하겠죠.

두 번째로 법률가들에 대한 관심 문제에 대해서는 이렇게 생각합니다.

일반 대중이 정치나 문화뿐 아니라 법과 법을 만들고 집행하는 사람들에게 관심이 있을 때 법과 법률가가 대중에게 봉사하게 된다는 것입니다. 여기서 관심은 비판과 통제와 감시, 격려까지 포함하겠죠. 그리고 그러한 관심을 갖지 않는 대중은 오히려 법률가에게 서비스를 받지 못하고 그들을 위한 노예로 전락하고 마는 것입니다. 대법관 후보가 나오면, 대중은 그 후보가 과거에 어떤 판결을, 어떤 일관성을 가지고 내렸는지 알아야 합니다. 국회의원의 경우는 과거에 무엇을 했는지 우리가 많이 알지 않습니까? 법과 판결만이 아니라 그것을 실제 해석하고 집행하는 사람에 대해서 알아야 합니다. 참여연대 사법감시센터처럼 법조계나 법률가에 대한 감시운동을 벌이는 시민단체도 있으므로 웹사이트를 방문하시면 관련된 좋은 정보를 얻을 수 있으리라 생각합니다.

저의 시민단체 활동 경험으로는 국가 기관에 대한 추상적인 비판, 어떤 정책이 잘못됐다는 식의 비판 정도는 '약발'이 안 받습니다. 하지만 그 정책을 만든 어느 과의 담당 누구의 실명을 내놓는 순간, 바로 관계자의 연락이 옵니다. 공무원들은 대부분 자신의 이름이 거론될 때 바짝 신경을 씁니다. 그래서 저는 항상 실명 비판을 해야 한다고 생각합니다. 법을 만든 사람, 법을 집행한 사람의 이름을 거론할 때 법을 만들거나 집행하는 사람이 조심하게 됩니다.

청중3 어제 〈손석희의 시선집중〉에서 교수님의 인터뷰를 들었습니다. 공천을 받고 육아휴직을 냈다는 교수 이야기를 듣고 깜짝 놀랐고, 교수가 공천에 나가려면 먼저 사직함으로써 학생들에게 피해를 주지 말아야 한다는 말씀을 들었습니다. 저희 학교에서도 아까 질문하신 분의 사례처럼 많은 교수님들이 정치적인 일로 바빠서 수업을 절반 이상 안 들어오는 초유의 사태가 벌어졌는데요. 이분들의 입장에서 보자면 낙선하게 될 가능성을 생각하지 않을 수 없으니 그후에 돌아갈 길을 만들어두고 싶을 것 같거든요. 정치 참여에 뜻을 둔 교수님들에게 공천 이전에 사직이라는 일방적인 희생을 강요하는 것이 타당한지 한편으로는 의문입니다.

조국 교수의 정치 참여는 많은 논란이 있는 주제입니다. 저의 생각으로는 교수의 정치 참여는 허용되어야 하지만 확고한 원칙이 있어야 한다고 생각합니다. 현행법에 따르면 교수가 국회의원 당선이 되면 자동으로 휴직된다는 규정이 있습니다. 이는 출마할 수 있음을 전제로 하고 있는 규정입니다. 그런데 출마를 위한 휴직이나 당선·낙선 이후의 복직에 대해서는 규정이 없습니다. 그러다 보니 학기 중에 출마를 하고, 낙선되면 아무 일이 없었다는 듯이 복직이 이루어집니다. 그래서 건의문 제출 교수들은 '첫째, 지역구 국회의원, 지방자치단체장 및 의원 등 선출직 공무원에 정당 공천 후보로 출마하려는 교수는 늦어도 공천 신청 직후에는 휴직계를 제출해야 하며 휴직계 수리 여부는 소속 대학 인사위원회의 결정에 따른다', '둘째, 선출직 공무원 후보에서 낙천되거나 출마 후 낙선된 뒤 이루어지는 복직, 당선 후 임기가 만료되어 이루어지는 복직은 연구업적과 향후 연구 및 교육계획 등에 대한 단과대학 및 본부 인사위원회의 심의를 거쳐 결정되어야 한다' 등 두 가지 사항을 건의했습니다.

이와 별도로 저 개인적으로는 교수의 선출직 공무원으로의 진출은 최대 한 번만 허용하는 쪽으로 법을 개정해야 한다는 생각을 갖고 있어요. 원천적으로 금지하는 것은 직업 선택의 자유를 제한하여 위헌소지가 있으니까요. 국회의원 재선이면 8년, 삼선이면 12년 휴직인데 그 기간 동안 학교와 학생이 감수해야 할 부담이 너무 큽니다. 재선을 노린다면 교수직은 사표를 내야 동료교수와 학생들에 대한 최소한의 도리이자 예의를 지키는 것이 되겠지요.

그리고 장·차관, 장·차관급 위원장, 대법관, 헌법재판관 등 임명직 고위공무원, 그리고 국제해양재판소 재판관, 국제형사재판소 재판관 등 국제기구의 주요 자리로 진출하는 교수의 휴·복직의 경우도 절차 정비가 필요하다고 생각합니다. 이 경우는 선출직 공무원에 비하여 교수 전공과의 연관성이 높으며 이론과 실무의 교류나 한국 학계의 국제적 위상 고양 등을 위하여 진출이 필요하기 때문에 선출직 공무원과 동일하게 규율하기는 곤란할 것입니다. 그렇지만 선출직이건 임명직이건 교수의 본분을 다하지 않고 그 자리만을 탐하는 사람은 이후 대학으로 돌아오지 않는 것이 본인과 대학을 위해서 좋은 일이라고 생각합니다.

정부와 거대 여당의 독주를 막는 국민의 힘

청중4 스물다섯 살의 복학생입니다. 만약 내일 총선에서 한나라당이 개헌이 가능한 정족수를 갖게 된다면 만일의 사태에 우리 국민들이 대처할 수 있는 법적인 조처나 물리적인 방법이 없겠습니까?^(청중 웃음) 그리고 대통령이 행여 대운하를 강행하게 되면 역시 국민들이 그것을 막을 수 있는 법적인 조처나 물리적인 방법이 없겠습니까?^(청중 웃음)

사회자 선생님을 선동자로 만드는 질문이잖아요.^(웃음) 그런 건 알아서들 하시면 좋겠는데 왜 꼭 행동강령을 알려달라고 하시는지 모르겠어요.

조국 일단 한나라당이 압도적 다수를 확보한다 할지라도 무리해서 개헌을 시도할지는 의문입니다. 현재 헌법 아래에서도 우향우 정책을 펼칠 수 있거든요. 그러나 한나라당 내에서 이명박 대통령 이후 권력 재창출에 대한 구상차원에서 개헌이 이루어질 가능성은 있습니다. 권력분점을 통하여 당의 단결을 도모할 수 있으니까요. 한편 이와 다른 차원에서 재계와 뉴라이트 운동진영은 현행 헌법의 경제조항을 삭제 또는 수정하자는 운동을 벌일 가능성이 높습니다. 경제조항은 시장의 지배와 경제력의 남용의 방지, 경제주체 간의 조화를 통한 경제 민주화, 경자유전(耕者有田)의 원칙 달성, 중소기업 육성, 소비자 보호 등을 규정한 헌법 제119~127조를 말합니다. 이를 수정하는 것은 재벌 또는 시장권력 중심의 시장만능주의를 마음껏 펼치겠다는 것이기에 결단코 막아야 한다고 생각합니다.

　　얼마 전 저를 포함한 서울대 교수들이 한반도대운하에 반대하는 성명서를 내고 토론회를 개최한 적이 있습니다. 이를 계기로 대운하 반대운동이 사회적 쟁점으로 부각되었지요. 만약 대운하를 시행하려면 이번 하반기에 반드시 대운하특별법을 만들어야만 할 겁니다. 현행법상 환경영향평가를 해야 하는데, 그 절차를 제대로 전 구간에 걸쳐 받으려면 적어도 10년은 걸립니다. 새만금 지역의 환경평가만 해도 2~3년이 걸렸거든요. 이 환경영향평가를 대폭 줄이도록 법을 바꾸어야 임기 내 착공이 가능한 거죠. 대운하특별법에는 그러한 내용이 들어갈 것입니다. 만약 그런 일이 벌어진다면 나라 전체가 분란에 휩싸이리라 생각합니다. 그런 날이 온다면 질문하신 분은 자신의 소신과 결단에 따라, 저는 저의 소신과 결단에 따라 행동해야 할 것입니다. 그 경우 우리가 이러한 장소가 아닌 곳에서 만날지도 모르겠습니다. (청중 웃음)

사회자 인해전술과 〈조선일보〉가 있기에 한나라당은 굳이 무리수를 둬서 개헌

하지는 않아도 될 것 같습니다. 헌법 경제조항 개정 시도는 경각심을 갖고 지켜보아야겠네요. 마지막 질문을 받겠습니다.

청중5 저는 교사입니다. 개인적이고 또 경제적인 이익을 당연하게 추구하는 사회 분위기가 조성되면서 교수나 법조인 등 지식인뿐 아니라 일반 대중조차 보수적인 사고방식을 벗지 못하고 있는 것 같습니다. 여기서 벗어나기 위해 행해야 할 지식인의 책무가 있다면 무엇일까요?

조국 저는 개인이 자신의 이익을 추구하는 것 자체는 나쁘다고 생각하지 않습니다. 하지만 그러한 인간의 이기적인 본성을 인정하면서도 지식인이 어떤 역할을 담당해야 할지 생각해보았습니다. 저는 육체노동을 하는 사람도 아니고 무산자 계급도 아니며, 한국의 학벌사회의 정점에 있는 대학에 속한 교수입니다. '가진 자'에 속하는 것입니다. 그러나 지식인은 자신의 존재 기반, 계급 기반, 생활환경과 자신을 떨어뜨려서 생각하고 행동할 수 있어야 합니다. 다수의 사람이 자신의 계층, 계급, 집단의 이익을 위해 움직이겠지만 스스로 지식인이라고 생각한다면 자신이 속한 내부를 성찰하고 그밖에 공공의 이익이라는 게 존재한다는 것을 직시해야겠죠.

그리고 사적 이익만이 판을 치도록 방치하면 전 사회는 강자의 논리가 지배하는 약육강식의 정글이 될 것이므로 이를 막는 정책, 제도, 문화를 만들어야 합니다. 그룹 아바(ABBA)의 〈The Winner Takes It All〉이라는 노래가 있지요. 가사 자체는 연인 사이의 사랑 이야기지만 마치 우리 사회의 '승자독식'을 경고한 것 같습니다. 지식인이 먹이사슬의 최정상에 올라가 먹이를 독식하는 데 여념이 없을 것인지, 아니면 만인 대 만인의 투쟁이 벌어진 상황에서 사회경제적 약자의 편을 들 것인지 고민해보아야 합니다. 저는 물론 후자가 지식인의 책무라고 생각합니다.

사회자 지식인의 책무에 대해서는 모든 강연자들께서 동일한 내용을 말씀해주신 것 같아요. 우리가 이런 자리를 마련한 목적도 그런 이야기를 듣고 다시 한 번 각오하려는 것이겠지요. 선생님의 마지막 말씀으로 강연을 마무리하겠습니다.

결국 진보가 승리할 것이다

조국 오늘 제 강의의 주제는 대학, 교수, 법이었지만 결국은 식자층, 지식인들이 나아가야 할 길에 대한 이야기가 된 것 같습니다. 이러한 문제의식을 가진 비판적 지식인들이 많아지고 뜻을 모아 각자 자기의 자리에서 해야 할 역할을 감당한다면 우리 사회를 바꿔나갈 수 있을 것이라고 생각합니다. 저 역시 속한 영역에서 제가 할 일을 해야겠죠. 제가 폴리페서 문제를 제기할 때 제가 속한 대학이 아닌 일반적인 대학의 이야기를 하면 편합니다. 그러나 제가 속한 학교에 대하여 문제를 제기하니 학교 내에서 여러 반발이 있었습니다. '잘나가는 사람한테 왜 그러냐'부터 시작해서 '네가 국회의원 못해서 그러는 거냐'라는 말까지 듣게 되었지요. 그러나 저는 진보라는 거대담론에 동의한다고 해서 진보적 지식인이라고는 생각하지 않습니다. 민주, 인권, 평등, 분배, 복지, 관용 등의 진보적 가치를 소중히 생각한다면 그 가치를 말하고 외치는 것뿐 아니라 자신이 자리하고 있는 바로 그 영역에서 조그맣게 변화를 위한 노력을 할 때 진보는 현실화된다고 생각합니다.

대선 이후 사회 전체가 보수화되었다고 다들 이야기하고 보수진영은 축제 분위기 같습니다. 그러나 진보진영은 길게 보며 지금부터 작은 노력을 해야 합니다. 다음 5년, 10년, 아니 50년을 내다보며 노력해야겠지요. 성인(聖人)은 천 년을 내다보고 자신의 시대를 살아갔을 것입니다. 범속한 우리이지만 각자 십 년 후를 내다보고 지금의 행동을 결정하면 미래를 움직일 수 있을 것입니다. 군사적 용어가 꺼려지기는 하지만, 사회 전체에 진보의 진지와 참호들을 만들어야 한다고 생각합니다. 이제 한 판 승부로 이기는 시대는 지났습니다. 우리 모두가 각자 발 딛고 있는 그곳에서 진보의 영역을 넓혀간다면 저는 결국 진보의 가치가 사회 곳곳에서 구현될 것이라고 믿습니다. 감사합니다. ^(청중 박수)

사회자 지식인뿐 아니라 우리 시민사회 모두가 익숙하고 편안한 것으로부터 스스로 빠져나와 이웃을 돌아보고 공공의 이익을 위해 자신이 가진 달란트를 하나씩 기부할 때 좋은 세상을 만들어갈 수 있지 않겠나 생각해봅니다.

　　이번 강의로 '제5회 인터뷰특강—배신'의 막을 내리게 됩니다. 여섯 분의 강사들께서 내놓으신 건강하고 의미 있는 담론과 청중 여러분의 교양과 열정 덕에 행복한 시간을 보냈음을 고백하지 않을 수 없습니다. 아무쪼록 이 자리에서 얻으신 깨달음과 성찰, 각오들을 일상에서 실천하고 또 널리 알리심으로써 신나는 공동체 사회의 작은 밀알이 되주시길 바랍니다. 진행에 오지혜였습니다. 감사합니다.